胡乔木

谈文学艺术

乔木文丛

《胡乔木传》编写组编

人民出版社

《胡乔木传》编写组

组　长　邓力群

副组长　程中原

成　员（按姓氏笔划为序）：

王玉祥　卢之超　刘中海　朱元石　李今中

李良志　张秋云　郑　惠　胡木英　徐永军

《乔木文丛》各卷编辑人员

《胡乔木谈中共党史》	主　编	郑　惠
	编　辑	鲁　静
《胡乔木谈新闻出版》	主　编	商　恺　朱元石
	编　辑	曹学海　王玉祥
《胡乔木谈文学艺术》	主　编	程中原
	编　辑	夏杏珍
《胡乔木谈语言文字》	主　编	凌远征
	编　辑	宋林林
全书资料工作	李今中　张秋云	
出版总负责	王乃庄	

胡乔木

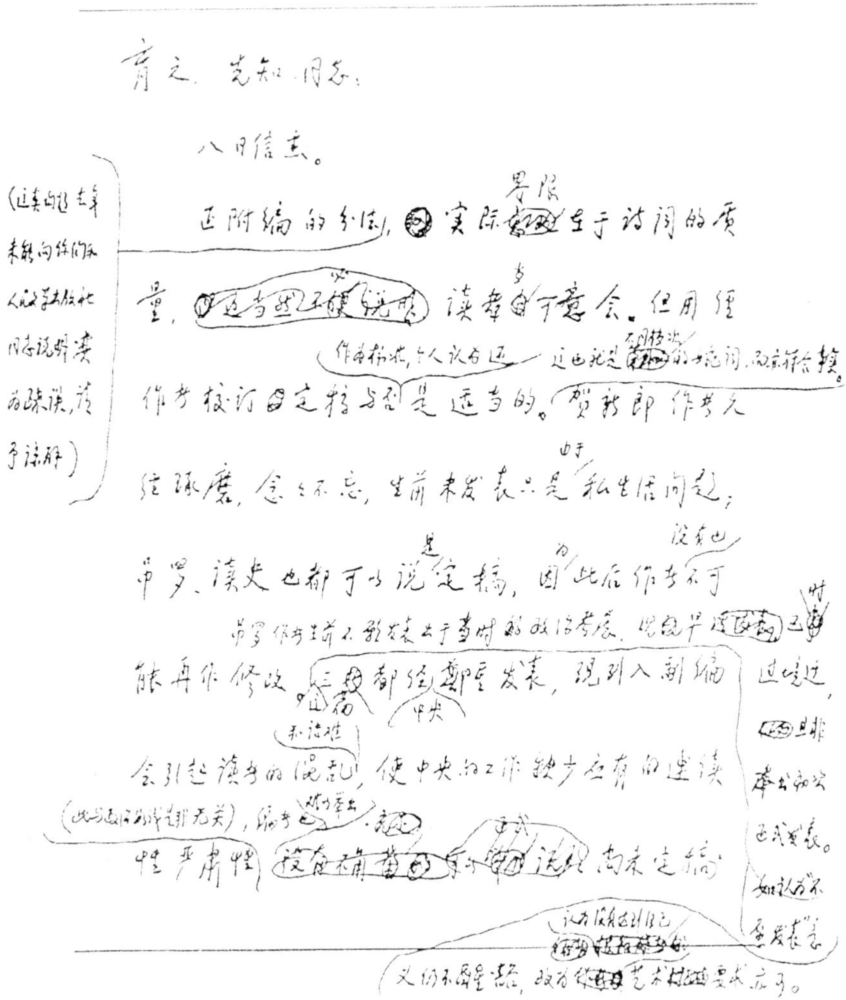

致龚育之、逄先知的信手稿

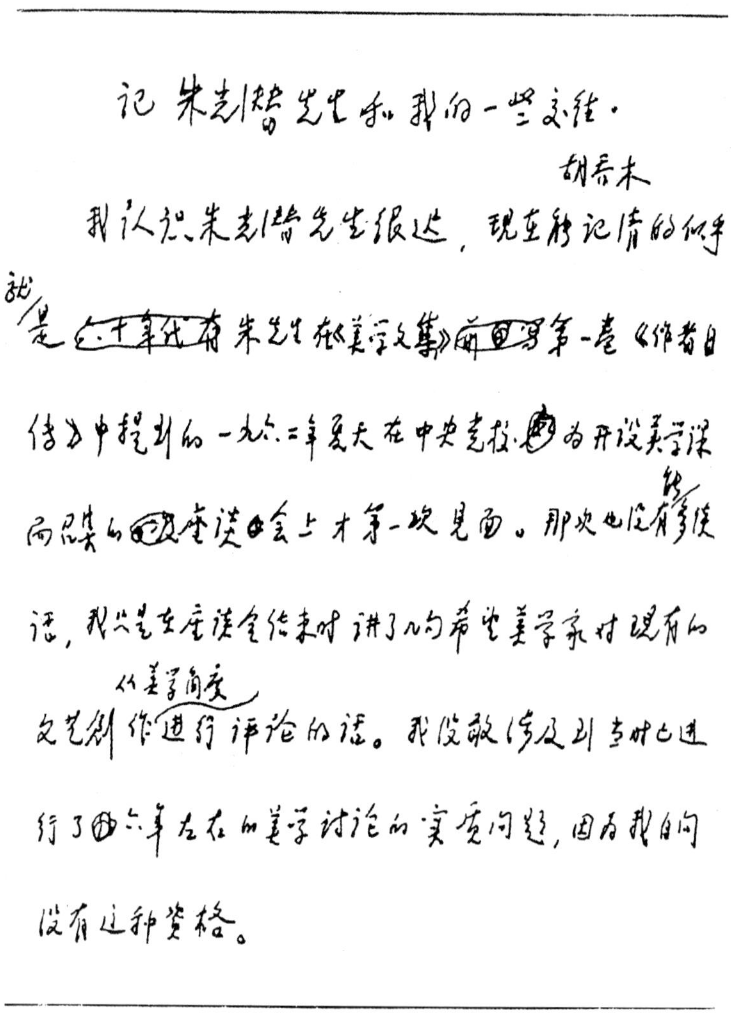

记朱光潜先生和我的一些交往

胡乔木

我认识朱光潜先生很迟，现在能记清的似乎就是朱先生在《美学文集》第一卷《作者自传》中提到的一九六二年夏天在中央党校为开设美学课而召集的座谈会上才第一次见面。那次也没有能多谈话，我只是在座谈会结束时讲了几句希望美学家对现有的文艺创作从美学角度进行评论的话。我没敢涉及到当时已进行了六年左右的美学讨论的实质问题，因为我自问没有这种资格。

《记朱光潜先生和我的一些交往》一文手稿

《乔木文丛》出版说明

胡乔木(1912－1992)是杰出的马克思主义理论家,百科全书式的学者。他长期担任文化思想和理论宣传工作的领导职务,在许多方面作出了贡献和建树,其中最为卓著、最具开创性的领域是中共党史、新闻出版、文学艺术、语言文字。《乔木文丛》即由《胡乔木谈中共党史》、《胡乔木谈新闻出版》、《胡乔木谈文学艺术》、《胡乔木谈语言文字》四卷专题文集构成,相当全面地记录和展示了胡乔木在这些领域的指导作用和学术成就,说明他不愧为中共党史研究和编纂工作的开拓者,新中国新闻事业的奠基人,中国文字改革和社会主义文学艺术事业的推进者。这部文丛是对已经出版的《胡乔木文集》的补充。文丛收录了胡乔木几十年来对上述领域产生过重大影响的文章、讲话,还选收了许多没有公开发表的文稿、讲话、谈话以及书信。它是胡乔木毕生创造的精神财富的组成部分,不仅为研究二十世纪中国文化思想史提供了丰富的材料,而且对中共党史、新闻出版、文学艺术和语言文字等方面的实际工作和学术研究也有长远的借鉴和指导作用。

《胡乔木传》编写组

1999 年 6 月

目　录

近代文艺观测*

（一九三〇年三月二十二日）

——岛崎藤村[1]："青年是应当合上了
老人的书，先去读青年的书的。"

通常所谓近代文艺这个名词，是指古典派以后的文艺而言。古典主义失去了权威以后，我们都知道是浪漫主义、写实主义和自然主义的时代。这汹涌的怒潮震撼了十九世纪的地球，留下了许多不朽的人名和著作；但是我们却不愿多所论列，因为他们于今是太陈腐了。

浪漫派和自然派的运动虽然已成往迹，可是对于后来的文艺实有不可磨灭的伟绩，尤其后者在突入社会艺术论这一点，给我们以深长的教训。左拉[2]说："为着要使人们发展善良扑灭恶害，所以我们的小说中须要探究根源，说明原委，及搜集人间纪录。"他

---

* 此篇写成于1930年3月22日，发表于1930年4月16日出版的《扬州中学校刊》第48期，署名胡鼎新。当时是该校高中三年级乙班的学生。文中的书名号是编者加的。

〔1〕 岛崎藤村(1872～1943)：日本诗人、小说家。

〔2〕 左拉(Émile Zola, 1840～1902)：法国作家，自然主义的代表。

又说："憎恶使人们得到慰藉，感知正义而成为伟大。"所以自然派作品常常注重暗面描写而有暴露文学之名。但是这种慰藉竟是不能长久的。淮尔特[1]说得好："十九世纪对于浪漫主义的憎厌是开立班(莎士比亚喜剧《风暴》[2]中的一个丑鬼)照不见自己面孔的憎厌，而对于自然主义是照见了自己面孔的憎厌。"自从自然主义在法国文坛受了郁斯曼[3]，佛朗士[4]等的猛攻而动摇，欧洲文坛便到了多事之秋了。

有许多批评家将此后的时代称为新浪漫派的时代。新浪漫主义的内容颇觉含混，现在为便利起见，还是舍去这个笼统的名词罢；但是要将以后的光怪陆离兔起鹘落的各种派别一一加以叙述，又自愧没有这么大的才力，只好把比较有重大意义的文艺思想，拣点说说。

当自然主义崩溃的当儿，正是欧洲资本主义开始动摇的时期，也就是十九世纪的最末期。在法文上有一个名词 Fin de Siècle(番格谢德勒)，他的意译是世纪末，一般都用来形容这一期的文学。在世纪末文学中最应当提出的，就是德卡丹(Decadant)的文学。德卡丹本是对于耽美派的贬词，但是如今也如过激派似的通行了。

---

[1] 淮尔特(Oscar O' Flahertie Wills Wilde, 1854～1900)：通译王尔德，爱尔兰作家，唯美主义的代表。下文提到的《道连·格雷画像》是他的小说。

[2] 《风暴》：通译《暴风雨》，是莎士比亚(1564～1616)晚期的主要剧作。

[3] 郁斯曼(Joris - karl Huysmans, 1848～1907)：通译于斯曼，法国小说家。前期是自然主义的拥护者，后期是现代派的先锋。

[4] 佛朗士(Anatole France, 1844～1924)：通译法朗士，法国作家、文艺评论家。1921年获诺贝尔文学奖，同年加入新成立的法国共产党。

原来打倒自然主义的第一个口号，就是“灵的复活”，承担这个职务的先锋，就是被西蒙士[1]尊为艺术的王道的象征主义。然而象征主义的大作家除了梅特林[2]，马拉美[3]等少数高贵的诗人外，最为人所称誉的还是那“可怜的离侣雁”魏尔仑[4]和美丽的少年诗人兰波[5]等这一伙波希米情调[6]的作家，他们前承《恶之华》著者的波特莱尔[7]，后启《道连·格雷画像》的著者淮尔特，自然形成一种颓废的系统，所谓德卡丹者，正是颓废者的意思。

颓废派一名往往招人误解，以为是非道德的堕落，虽然艺术至上主义因了论理的谬误而为现代批评家所不齿，但是对于这种误解实有解释的必要，因为从某种观点去看颓废派，正是一种深微的道德。淮尔特在《架空的颓废》中说：“我们对于艺术的要求是珍奇，魅力，和想像，简单地说只是美而已。”这所谓美即是生命之鉴赏，官能之逸乐，即是派忒[8]跋《文艺复兴研究》一文中所说“任

---

〔1〕 西蒙士(Arthur Symons, 1865～1945)：英国诗人、评论家，法国象征派文学运动的支持者。

〔2〕 梅特林(Maurice Maeterlinck, 1862～1949)：通译梅特林克，比利时剧作家，象征主义的代表之一。

〔3〕 马拉美(Stéphane Mallarmé, 1842～1898)：法国象征派诗人。

〔4〕 魏尔仑(Paul Verlaine, 1844～1896)：通译魏尔兰，法国诗人。晚年生活十分潦倒颓废。

〔5〕 兰波(Arthur Rimbaud, 1854～1891)：法国诗人。他的诗主要写于16～19岁。

〔6〕 波希米情调：小资产阶级情调。

〔7〕 波特莱尔(Charles Baudelaire, 1821～1867)：法国诗人，《恶之花》是他的诗集。

〔8〕 派忒(Ezra Pound, 1885～1973)：通译庞德，美国诗人、评论家。

何时,总以这坚硬的宝玉似的(生命力的)火焰燃烧,维持着这欢喜,这便是在人生的成功的意思。”我们人类在短暂的一生里,因了对于仅有的生之官能的热诚的真爱而使其在有限之中自由的伸展的一件事,难道有什么理由可以斥为堕落么?

然而即使德卡丹的诗人们能勇敢的生活下去,他们也会起一种孤独的哀感罢?周围是浅薄的俗众,空虚的灵魂,污浊的社会,他们的官能会不起一种极端的悲悯的憎厌么?所以从象牙塔的梦中醒来,一种 Disilusion〔1〕的悲哀开始向他们侵袭,因了这种侵袭而转换享乐的方向的,第一就要算英国的社会主义诗人威廉·莫理思〔2〕。

可是这种人,在占领近代文坛的小资产阶级的人们之中,是不多的。那些小资产阶级,一方面对于自己的地位不能放弃,一方面对于同阶级以及上等阶级的罪恶的生活表示痛恨,他们从迷渺的社会中找不到正当的途径,于是从颓废降而至于疯狂,在法国,不但有着疯死的莫巴桑〔3〕,并且有着色情的暴虐狂者沙德〔4〕。俄

〔1〕 Disilusion:在这里是幻想破灭醒悟过来的意思。

〔2〕 威廉·莫理思(William Morris, 1834～1896):英国作家、诗人。他的作品表现了对实现社会主义和共产主义的理想,有的作品直接抒写了巴黎公社的斗争。

〔3〕 莫巴桑(Guy de Maupassant, 1850～1893):通译莫泊桑,法国作家。从70年代起在同病魔搏斗中进行写作,最后因精神病严重发作去世。

〔4〕 沙德(Marquis de Sade, 1740～1814):通译萨德,法国色情文学作家。其作品充斥对妇女性虐待行为的描写,长期为法院禁止。萨德因此曾多次被监禁。

国神秘主义的大家安特列夫[1]在他最著名的小说《红笑》上明明他写着:"疯狂与恐怖……"又在人之一生中表示着与丹达琪儿之死同一的死灭的悲鸣。总之,这一期的诗人就正合着精神分析学者斯特克尔的话:"一切诗人都是神经病者。"

使诗人的神经质的敏感得到别一方面的发展者,还是科学的力量。科学带来了各种各样的钢铁的机械,又带来了近代味的工业化了的巨大的都会。机械的男性的笨重是一向被憧憬于田园的乡土文学者所丑诋的,但是到了惠特曼[2]和凡尔哈仑[3]开始用蒸汽机开车和冶铁炉做了诗的题材之后,一般的意见便慢慢转变了。我们在这个顺便的地方,可以选出近代许多新奇的旗帜中之一的未来派的理论,介绍如下:

未来派以为新世纪的特征是力学的,速度的,巨量的,动乱的,新世纪的文学和艺术应当接受这种新的特征,并须创出一种新的形式来表现新的情调。这种新的情调是如何的表现着呢?据未来派的意见,是全依运动与光;运动与光把物象的安定的状态破坏了,那些被破坏的物象都解体而成为许多的截面与线条,又因为运动的连续性,这等面线便暗示着一种永续的无限的运动之进行。所以未来派的画把由古典派以至后期印象派的画法一并取消,他们憎恶无变化的彩色,简陋的裸体,一切模仿,因袭与单调,他们画人像只要画出右眼和右肩(因为再画左边就无意义了),但画走马

〔1〕 安特列夫(Леонид Николаевич Андреев, 1871～1919):通译安德列耶夫,俄国作家。中篇小说《红笑》(1904)揭露日俄战争的残酷。

〔2〕 惠特曼(Walt Whitman, 1819～1892):美国诗人。

〔3〕 凡尔哈仑(Émile Verhaeren, 1855～1916):通译维尔哈伦,比利时法语诗人、剧作家、文艺评论家。

却要画上二三十只脚，若是画远眺则凡目之所及，心之所思，如车轮，烟囱，广告，白日，梦等等不相干的物事都会纷陈纸上；未来派的诗与他们的画差不多，你从他们的篇章中永不会找到庸俗的正统，矫伪的礼仪，闲雅，羞怯和冷静，却只看见在反逻辑反修辞废弃状词介词句读而夹着许多数学符号的强烈的文字里指示着独创，暴力，群众之赞美与女性之鄙弃；未来派文学的活动除了诗歌便是戏剧，他们的布景是动力的，他们的音乐是都会的骚扰的，他们舞台上的演作会侵入客座与观众。未来派的领袖是意大利的马里耐底〔1〕，但是他在英法俄德诸国的发展却更为可惊。我们试录伦敦未来派作品展览目录序文的几节：

“我们都是少年，我们的艺术都是革命的艺术。我们的运动，要和‘印象派’‘综合派’‘立体派’并行，而立于欧洲艺术运动的第一线上。不过我们对于印象派等的打破旧习，虽表同意，但他们恋恋的描写没有运动的死物，自然的一切静的外象，这是我们要宣言反抗的。

“我们要依了本质的未来意见，而从事于前不见古人的运动。要远离希腊人及古大家的典型，而欲颂扬个人直感。我们依据了这方则，造成确实的形体，却不把什么做根基。……

“我们的绘画，在伦理上，美学上，政治和道德上，都可说是绝对的未来的思想结果，所以要叫做未来派的绘画。……”

未来派和其他继起的诸派虽然在艺术上应用各种强烈的刺激

〔1〕 马里耐底（Filippo Tommaso Marinetti, 1876～1944）：通译马里内蒂，意大利文艺理论家。1909年起连续发表未来主义宣言，提出一整套未来主义的理论主张。

技巧,例如书籍的新式印刷和画布上的黏贴砂,毛发和各种纸片等,但是依然是失败了的。立体派(这是法国画家马的斯接到一幅没有看惯的画而给与的嘲笑的名词)和构成派(发源于俄国)在现代形象艺术上尚保有相当的势力;还有曾经霸占德国的文艺界的表现派,现在也不如从前那样活跃了。这种种派别为什么不能成功呢?第一便是他们虽在表面上迎接了新的时代,而实际上并没有拒绝了过去的思想的本质:没有拒绝了观念论的见解和形上学的倾向之故。因此在这种充满了新奇的光,力,与声音的世界中,他们只能夸张的发挥他们的个人主义,这种盲目的个人主义,经由了虚无而入于毁灭。这种倾向,可由大大主义者(Dadaiste——这也是由于一个杂志大大而得的讥诮的名子。大大是法德小儿的称谓词)——查拉[1]的宣言:

"我作了一个宣言,可是我什么也不探求。……我不是赞成,不是反对,并且我不是说明。为什么呢?因为我是嫌恶意义的缘故。……大大是追迫观念的言语。……我们欲探求一种纯真的,强的,正确的,而且永不能理解的事业。论理是错乱的东西,……对于我们神圣的东西,只是非人间的行动的觉醒。"

得到更深的认识。他们赞美工业化的雄奇的都会和他壮美的

[1] 查拉(Tristan Tzara, 1896~1963):原籍罗马尼亚的法国诗人。他于1916年组织DADA文艺团体,开始倡导达达主义。"达达"本是初学说话的幼儿语言,意为"马"。达达主义的宗旨在于反对一切有意义的事物,反对一切传统、一切常规,主张用梦呓一般混乱的语言、怪诞荒谬的形象表现不可思议的事物。查拉后来参加了法国共产党,曾赴西班牙支持西班牙人民的反法西斯斗争,二战期间参加法国地下抵抗活动的文艺组织。晚年主张诗歌为革命服务。

机械，他们也赞美劳动，赞美战争与革命，但是这仅仅是因了他们炫耀的外观，浪漫的狂暴而已，他们缺乏着唯物观的真实的理解，这从俄国革命后的未来派运动尤能得到一种重大的教训。《蔚蓝的城》英译者库尼兹在他的序文里写着这一段美丽动人的文章：

“就在这个时候，未来派由阴沈的睡窝里和波希米的咖啡店里出来，赢得公众的爱宠，博得普天下的阿谀，恍如重见天日一般。……初时，未来派既晦蔽而不蒙人之垂青，复为旧艺术界的耆宿所嗤笑，只得乞灵于种种把戏，俳偕，以惹起他人之注目——如戴耳环，穿花色的背心，作一种极端自己标榜自己的行为和实行流氓主义等。（这和淮尔特拿着向日葵的花炫服市行，波特莱尔染绿了头发，冬葛夏裘，以及在菜馆里高谈‘在杀了我可怜的父亲之后…’的故事等等可以找出一种异曲同悲的情味。）他们痛恨资产阶级之深，犹如一生不得志的人的愤世嫉俗，他们贱视他的礼俗，他的志得意满沾沾自喜之态。而今，革命来了，倒屣欢迎他的就是他们这班无所继承的人。无产阶级的鞋子（可看贝罗尔的童话《小小的玻璃拖鞋》）适合他们到十二分。在多才多艺的马亚可夫斯基[1]的统率之下，他们突进广场，攀上讲台，羼入旧学院的圣境，来夸说他们崭新的，未来的，革命的艺术的福音。……

“未来主义衰落之后，各种各色的文艺运动又跃登舞台……

“若把这个纷纭骚动的时期的史实一阅，我们会不禁为人类精神这种动的表现——人类的‘美’的追求——所感动。试一想像那

〔1〕 马亚可夫斯基（Владимир Владимирович Маяковский，1893～1930）：通译马雅可夫斯基，苏联俄罗斯诗人。曾参与发表俄国未来派宣言《给社会趣味一记耳光》。

时俄国的光景：内争，封锁，外侮，饥荒；没有燃料，没有灯光，没有纸；往日一世之雄的帝国，而今却灾难交侵，让死亡和疾病蹑足踏遍全境。然而在莫斯科和列宁格拉的幽暗的咖啡店中，冻馁的诗人，批评家，艺术家，美学家却正聚在一起，朗诵他们的诗，读出他们的评语，高声呼喊，互相赞美或非难，以至声嘶力竭。……

“这种情形真是自相矛盾。这时候的未来派、印象派和其他各派在意识上性情上都表现出他们是资产阶级艺术内分裂出来的分子，往日的波希米的传染物，而竟企图居工农苏维埃共和国的艺术独裁者的地位。……”

因为是资产阶级内分裂或是说遗留下来的分子，对于革命的社会的意义，当然只有感情的附从而无切实的理信，所以革命后的冷静的空气顿然如一块试金石似的给与这旧世界剩余来的最后的个人主义的浪漫的带翼的革命家们一种猛烈的失望。然而新兴的健全的革命文艺，驱逐了所有病态的分子，也于是一跃而起，把住了全俄以至全世界的文坛了。

所谓新兴文艺究竟有如何的意义呢？这当然是一个很复杂的难题。综合一般的见解，他是至少具有下列的几种性质。

第一便是继承着戈理基〔1〕以来的肯定的乐观的基调。革命文艺因为社会主义者对于胜利的明日之坚信而成为强壮的，向上的文艺；他没有沙多布易盎〔2〕的忧郁，道生〔3〕的哀愁，没有阿

〔1〕 戈理基（Максим Горький, 1868～1936）：通译高尔基，苏联俄罗斯作家。

〔2〕 沙多布易盎（Fransois－René de Chateaubriand, 1768～1848）：通译夏多布里盎，法国作家。

〔3〕 道生（Ernest Dowson, 1867～1900）：英国颓废派诗人。

蒲摩洛夫[1]和路丁[2],没有一切小资产阶级的怀疑和厌世,生的闷脱[3]和歇斯的里。代替了契诃夫[4],安特列夫的灰色人物的,是充满了光明的生动的活力的勇往直前的少年男女;渥格涅夫[5]在《新俄学生日记》中所给的可士底亚和丝罗非达就是最好的典型。

第二是自惠特曼,凡尔哈仑至未来派,构成派所赞美的工业化。这不是从前皮相的都会主义与浪漫的机械主义,而可以名为机械的写实主义。新的艺术决不如未来派"为使大众亦得享乐不思议的世界,所以要把这世界的物感给他们"的态度,反之,却是依据了大众的世界的表现。新的艺术,因了都会集中的必然性,因了机械的合理性组织性,所以不得不舍去存于封建社会的古城与农村的静的趣味而采取正确的简捷的力学的形式以表现都会和机械化的大众的运动美。这种倾向在小说格拉得可夫[6]的《水门汀》

〔1〕 阿蒲摩洛夫:通译奥勃洛莫夫,是俄国作家冈察洛夫(1812~1891)的长篇小说《奥勃洛莫夫》的主人公,一个养尊处优、整天空想而从不行动的地主知识分子。他是一个没落地主的典型,标志着传统的"多余的人"蜕化到极点。

〔2〕 路丁:通译罗亭,俄国作家屠格涅夫长篇小说《罗亭》中的主人公,"多余的人"的典型。

〔3〕 生的闷脱:英语 Sentiment 的音译,此处意为感伤。

〔4〕 契诃夫(Антон Павлович Чехов, 1860~1904):俄国小说家、戏剧家。

〔5〕 渥格涅夫(Иван Сергеевич Тургенев, 1818~1883):通译屠格涅夫,俄国作家。《新俄学生日记》是他的小说。

〔6〕 格拉得可夫(Фёдор Васильевич Гладков, 1883~1958):通译革拉特科夫,苏联俄罗斯作家。长篇小说《水门汀》,通译《水泥》。

和塞拉非莫维基[1]的《铁流》，戏剧《铁甲列车》[2]，电影《母》[3]之类极为鲜明。

使得上面的乐观性与机械性滤清了游离的浪漫的分子的，还是史的唯物论的功劳。新兴文艺者接受了这种艺术观，才从自来的传统的观念论艺术界划了新的阶段，所以说唯物的艺术观才是新兴文艺的根本性质，决不为过。我们试看淮尔特所说"一切艺术上的坏处都从实感产生。""艺术有独立的生命。"和有了《哈姆列脱》[4]才有厌世思想，有了《人间喜剧》[5]才有十九世纪的话，再看马里耐底的先是理想后成创造之力的运动的学说，艺术的批判是无益的宣言，我们也许会惊奇为什么这等不羁的天才还是死守着这样玄之又玄的形上学的古老的阵营，其实观念论的美学家由亚里斯多德[6]以迄康德[7]，黑格尔[8]都是这么说的。黑格尔说：美可以定义为"观念的感觉的显象"。又说："艺术就是那

---

〔1〕塞拉非莫维基(Александр Серафимович Серафимович, 1863～1949)：通译绥拉菲莫维奇，苏联俄罗斯作家。

〔2〕戏剧《铁甲列车》：由苏联俄罗斯作家伊凡诺夫(1895～1963)的同名长篇小说改编而成。

〔3〕电影《母》：据高尔基的同名长篇小说改编。

〔4〕《哈姆列脱》：通译《哈姆雷特》，莎士比亚的著名悲剧。主人公是丹麦王子哈姆雷特。

〔5〕《人间喜剧》：法国作家巴尔扎克(1799～1850)创作的九十多部长篇、中篇小说的总名。

〔6〕亚里斯多德(Aristotle, 公元前384～前322)：古希腊哲学家、文艺理论家。

〔7〕康德(Immanuel Kant, 1724～1804)：德国古典哲学和美学的奠基人。

〔8〕黑格尔(Georg Wilhelm Friedrich Hegel, 1770～1831)：德国古典哲学家，辩证法大师。

些存于现实的外观与形态中的永恒,神圣,绝对的真理等物之发现。”但是他们用来解说一切的观念,究竟是一种什么终古不坏的宝贝呢?这个问题,一直到了社会科学者用了辩证法唯物论的武器,才给以严正的驳斥。他们不但将荒谬的唯心的一扫而空,就是岱耐以来的不正确的社会艺术论也都施以否定的批评。我们试举社会主义理论家蒲列汉诺夫的公式〔1〕于左:

㈠生产诸力的状态;

㈡被这些生产诸力所决定的经济的诸条件;

㈢建筑于特定的经济基础上面的社会并政治的制度;

㈣一部分直接被经济一部分被社会并政治的制度决定着的社会心理;

㈤反映这种心理的诸种意识形态(文学艺术等)。

蒲列汉诺夫说:“艺术和文学都是人生的反映这句话,虽是正确的,但只能表示一种漠然的思想罢了。要理解艺术怎样反映人生,先得理解人生的机构。”所以我们从第三种特质还可以得着一种最重要的新兴文艺的要素,即是现世的人生的机构。现世的人生机构的原动力是什么?凡是客观的社会科学者都可以知道是集团的精神与革命的精神。若是新兴文艺者缺乏着这第四种特质的了解,那末无论他的技术是如何新颖,无论他的描写是如何优美,他的作品是不能取得时代的地位的。自从浪漫主义时代的雨

〔1〕 蒲列汉诺夫的公式:普列汉诺夫(Георгий Валентинович Плеханов, 1856~1918)是俄国最早的马克思主义的传播者。他在1907年写的《马克思主义的基本问题》中阐明马克思、恩格斯关于经济基础与上层建筑的关系时提出了这个有名的五点公式。

果[1]以来,各色各样的大小文豪不都曾在社会、在人道、在真理上着眼的么?然而他们都相继失败了,为的他们的立脚点是小资产阶级的个人主义,他们的社会意识的浅薄之故。

这篇短文都算可以结束了,虽然我只注重了颓废派—未来派—普罗派[2](这个不吉的名词原是与过去的布尔乔亚[3]文坛对待而言的;也许在最短的将来会从人们的历史上消灭罢,阿们!)的起伏,因而于近代文艺上有特殊贡献的如象征派的诗,表现派的剧,构成派的画等反略而未言,这是作者所引为衷心的憾事。但是我虽只叙述了这三派,聪明的读者或许已能从数十年来洪瀚的西洋文学中认识出一种主流的趋向,就是摇落的感伤主义,盲目的享乐主义,英雄的个人主义如何会销声匿迹,就是大时代中智识阶级的态度要如何的转变,就是进步的人类对于文学,对于艺术,对于一切高尚的学术,需要如何的强度的热爱,美丽的虔诚,需要如何的有伟大的真实的生命的宗教——这种宗教,不是幻的空疏的过去一切的旧的耶稣教,佛教,拜物教和拜金教,而是敢于以全人类的血肉为牺牲,以全人类的幸福为鹄的,将黑暗的昨日与混乱的今日勇敢的无畏的向明日的光明与快乐推进的新宗教——社会主义。

〔三月二十二日脱稿〕

---

〔1〕 雨果(Victor Hugo, 1802~1885):法国作家。浪漫主义运动的领袖。

〔2〕 普罗派:即无产阶级派,由普罗列塔利亚(俄文无产阶级的中文译音)的前两个音节而来。

〔3〕 布尔乔亚:即资产阶级。

评周文的创作集《父子之间》*

（一九三五年十二月二十八日）

《父子之间》，据我们所知，并不算是周文先生的处女作，但却是他的第一个创作集。这里面包含短篇小说七篇，大概都是在各文学刊物上发表过的。《弟弟》同《热天》描写军队生活的黑暗面，《一天几顿》、《投水》同《父子之间》则描写家庭生活的黑暗面，《一家药店》描写一家药店的黑暗面，最长的一篇《冬天到春天》则描写青年人的革命同恋爱的错综，题材在本集似乎别致一点，但也一样是用着真实的手法，所以虽然光明的成分较多，跟其他各篇排在一起也还调和。

作者在本集里的企图显然并不大。他既没有接触目前最严重的民族问题，也没有接触广大的经济恐慌和失业，甚至群众活动场面也完全给闪开了。作者所写的社会的不安是没有时间性的，《弟弟》和《热天》的主角们虽然都打过仗，读者只能隐约猜出那些仗是

---

* 此篇发表于1935年12月28日《时事新报·每周文学》第16期“书报批评”栏，署名乔木。原标题按该栏通例即为书名。现标题是编者另拟的。短篇小说集《父子之间》于1935年由良友图书公司出版，为“良友文库”之一。收入集中的小说曾在《文学》等杂志上发表过。周文(1907～1952)：四川荥经县人，左联青年作家。

起于军阀战争,要指出是哪一年的,什么样的军阀战争却很困难。《热天》里的军官和团正,《一家药店》和《一天几顿》里的老板和家长,《投水》和《父子之间》里的债主,乃至《冬天到春天》里的革命家,都像是太平世界的居民不消说了,就在《投水》里受着债主的催逼的陈幺,我们也只知道他是"跑过队伍,见过世面的",究竟现在除了喝酒,还有什么贫穷的原因就说不上。《父子之间》里的佃农陈大陈二,虽然说着是"如今世道,有饭吃就好了,哪还有钱!"而且实在也进了公所,卖了孩子,可是为着什么具体的来由缴不起租,作者也一直没有交代一句。至于对这些不安的挣扎,我们所看到的除了唉声叹气如《弟弟》里的哥哥,《热天》里的刘长发,《一天几顿》里的阿根,《父子之间》里的陈大之外,原也有顽强一些的如《一家药店》里的福田,《父子之间》里的陈二,但是他们的反抗其实也都是一走了之,打算怎么办呢,那只有他们自己知道罢了。因为这些原故,我推想作者的目的或者本来就在从记忆和想像里浮雕出一些普遍的现象;如果说是要表现眼前的活生生的现实,我以为作者是还得更多的"手触生活"的。

作者的技巧,在《一家药店》、《投水》和《父子之间》的布局的紧凑上,在《弟弟》、《热天》和《冬天到春天》的人物的刻画上,都显出了不小的成功,而《投水》和《一家药店》尤其出色,在很多的地方使人想起《一天的工作》〔1〕和《林家铺子》〔2〕来。自然,小毛病不

---

〔1〕《一天的工作》:鲁迅翻译和编辑的苏联短篇小说集;内收作家10人的作品10篇(其中二篇署为文尹译),小说集名取自收入其中的绥拉菲摩维支的《一天的工作》。作为"良友文学丛书"之一种于1933年3月由上海良友图书公司出版。

〔2〕《林家铺子》:茅盾的短篇小说。

能说没有，譬如《弟弟》里的弟弟和《冬天到春天》里的秀青的性格的发展缺少充分的说明，《一家药店》里用了福田做中心人物，却又夹写了父亲和陈师哥的心理过程，《冬天到春天》里关于秀青的家庭的描写和《一天几顿》里关于叙述者的身分的描写完全跟故事的要点脱节之类。此外，"眼圈一红"，"嘴唇立刻发白"的滥调太多了些，《冬天到春天》、《一天几顿》、《父子之间》的题目也不大切当，但是这些却都不妨碍读者把这本书从头看到尾。无论如何，读完了本书的人是都会感谢作者教给了许多生活上的知识，而且要希望作者再作进一步的努力的。

新的题材，新的人物*

——读萧军的小说《八月的乡村》

（一九三六年二月二十五日）

《八月的乡村》在中国文坛上的出现，可说是一宗意外。中国文坛虽不是没有组织，但是要能够有计划的生产出一部作品来的组织却还没有；因为如此，它也不能够有计划的去接应一部作品。《八月的乡村》出现以前，人们大概会一直想着，应该有这么一部作品才好呢。好虽是好，却并不见有人动手，因为大家尽管熟悉洋场上的掌故，对于民族战争可不很了然。现在真的好了，《八月的乡村》随着它的作者一起到洋场上来了，于是大家就齐声叹服，连职业的探捕之流也挤在人丛中说是"果然不错"了。

但一切的赞叹，对于作者和读者究竟供给了什么滋养，却是疑问。我是热心的读者之一，我读过了这本书以后就欢喜这本书，但

* 此篇发表于1936年2月25日《时事新报·每周文学》第23期"书报批评"栏，署名乔木。原标题按该栏通例即为书名。现标题是编者另拟的。《八月的乡村》是田军的长篇小说，鲁迅作序并编入《奴隶丛书》，1935年8月上海容光书局出版。田军：又名萧军（1907～1988），原名刘鸿霖，辽宁义县人，作家。

是我觉得除了赞叹之外，还以为这本书应该受些严正的政治上的和艺术上的估价，不应该被大家一捧了事。我是不配做这样的工作的，却很愿意来做一个不好的开头。

《八月的乡村》的伟大成功，我想是在带给了中国文坛一个全新的场面。新的题材，新的人物，新的背景。中国文坛上也有过写满洲的作品，也有过写战争的作品，却不曾有过一部作品是把满洲和战争一道写的。中国文坛上也有许多作品写过革命的战争，却不曾有一部从正面写，像这本书的样子。这本书使我们看到了在满洲的革命战争的真实图画，人民革命军是怎样组成的，又在怎样的活动；里面的胡子，农民，智识分子是怎样的互相矛盾和一致；对于地主，对于商人，对于工人农民，对于敌人的部队，它们是取着怎样的政策，做出来的又是怎样的结果。凡是这些都是目前中国人民所急于明白的，而这本书都用生动热烈的笔调报告了出来。

这本书报告了中国民族革命的社会基础。在神圣的民族战争当中，谁是先锋，谁是主力，谁是可能的友军，谁是必然的内奸，它已经画出了一个大体的轮廓。它用事实证明了这个基础不在智识的高下，不在性别，也不在年龄。它又暗示了中国民族革命的国际基础。此外，它又向读者说明了革命战争过程中无比的艰难，这艰难却不使读者害怕，只使读者抛弃了各种和平的美丽的幻想，进一步认识出自由的必需的代价，认识出为自由而战的战士们的英雄精神。

时间不许我更仔细的指出这本书在艺术上的成就，同样，也不许我枝枝节节的数说它的每个缺点。不过一个谨慎的读者看完这本书，总不能不觉得书里的故事，一方面“有些近乎短篇的连续”〔1〕，一方面对于满洲民族战争的多面性却并未能有充分的把握。它没有能触到全中国的政治背景，甚至也没有触到全满洲的政治背景。形成本书主人翁的武装队伍也显得孤立。它和别的队伍的关系太简单，太模糊了。这个队伍的来历很不清楚，几个中心人物如陈柱，铁鹰等的生活史尤其不清楚，因此虽然有了一些表面上的刻画，究竟不像萧明和李七嫂那样活灵活跳。这个队伍的政治纲领在行动里也看不大出来，反而让“新世界”、“未来的光明”这些空洞的概念占了上风。智识分子的发展似乎是一直暗淡了下去，这自然会是一部分的现实，然而普通的读者从这本书里只看到这一部分，那影响就有问题了。

最后我说些极小的事情。有些题目和一章的主要内容离开太远，譬如《疯狂的海涛》，最好是能在再版时改一改。有些文句太过生硬，譬如起头的“在茂草间，在有水声流动的近旁，人可以听到蛙，虫子……诸多种的声音，起着无目的的交组。和谐的随伴着黄昏，随伴着夜，广茫的爬行。”这一段翻成新文字就怕很难看懂。我再申明，我诚恳的希望我这些意见能够得到适宜的反响，那不但将教训了我，实在还将证明中国的批评界毕竟没有敷衍了这么一部好书。

〔1〕“有些近乎短篇的连续”是鲁迅在《田军作〈八月的乡村〉序》中的批评，见《鲁迅全集》，人民文学出版社 1981 年北京第 1 版，第 6 卷第 287 页。

作家间需要一种新运动*

——一个读者给作家们的一封信

（一九三七年三月十日）

“在今日多数进步的青年，负有领导大众的责任，而空知‘保卫文化’，不知尊重文化，空知有‘救亡知识’，而不知知识可以救亡。”（蒋弗华《青年思想独立宣言》——《学生与国家》创刊号）

“这里我附带要敬告一些出版家著作家学者。青年们这种肤浅庸俗的风气，你们是要直接负责。我不反对你们著书立说，但你们切不可再给青年那一套公式，那些浅薄的东西，那对青年是有害的，会使青年麻痹。给青年一些真的东西吧，有个性的有思想的有内容的；不然，你们可以不给。”（王永兴《北方青年的回响》——《国闻周报》十四卷十七期）

敬爱的先生们：我写这封信的直接动机一目了然，是因为读了作家炯之先生〔1〕在去年十月二十五日《大公报》上所发表的文章：《作家间需要一种新运动》。我觉得炯之先生的意见，虽然蒙上了过分泛滥的夸张，偏见和辱骂，也像过去许多引起不幸的论争的

---

* 此篇发表于1937年3月10日《希望》第1卷第1期，署名乔木。

〔1〕 炯之：沈从文的笔名。沈从文（1903～1988），湖南凤凰人，苗族，作家。1935年至1937年编天津《大公报》文艺副刊，常在该刊发表文章。

文字一样，在根本上还是有有益之处的。就由于他的那些夸张，偏见和辱骂，另外的一部分作家很自然的也生了过分泛滥之反感。今天的《大公报》又发表了炯之先生的一篇通信，里面说："但其实倒是这些人自信心不大坚强，或明知自己也空空洞洞，一点点成就还是'头脑'和'老板'凑和的，心虚而内恧，所以对我提到的一个名词便感到愤恼或痛苦，不然就不至于如此了。"我把这几句话抄在这里，并不希望有人看到了又做起文章来，只是很痛苦的感觉这个问题的愈扯愈远。我不赞成炯之先生的态度，也不赞成反对他的人，因为我从一个普通的文学读者的立场来说，也相信作家间真的需要一种新运动，不过这与炯之先生所认为需要的又不尽相同吧了。

敬爱的先生们，我希望您们全体能够注视而且指导这一场论争的发展，虽然炯之先生不喜欢这个，但是读者是需要的；读者恳切的希望中国文坛的空气能够因此澄清或走向澄清，免得他们老要陪着你们走多少冤枉路。在读者之一的我看来，这一场论争其实是代表了今日文坛上两个倾向的矛盾，我并且以为，这种矛盾不但必需消除，而且是完全可能消除的。我不很同意那种说法，说这种矛盾之所以必须和可能消除，完全是因为今日民族危机的加深，各阶层都得联合，其实，在中国自觉的长期过程中，作家就一直就得联合一致的。我以为作家间需要一种新运动，只有经过这种运动才会产生一种真实而悠久的联合，这个运动就是对于文学的再认识，对于别人和自己的再认识。

首先我要向属于那在事实上是主要的倾向的作家们提出我的申请。近十年来，主要的文学倾向无疑是有显明的政治倾向的文学。您们，这一倾向的作家们，对于很多论争都负着直接的责任。我现在按下您们的辛苦的功绩不说，也按下您们中间不少有远见的作家和批评家不说，这些是谁也不能抹煞的。我只说您们中间的有些人所做的有些事情，我以为他们曾在文坛上留下不良的影响，而且希望他们能够急速改正过来。

第一是把文学的范围看得太狭了。文学是人生的反映，文学是有教育价值的，这些主张，在中国实际上并没有人反对。但是人生是多方面的，反映的方法也包含直接和间接，积极和消极，而文学除了教育性以外，也还有娱乐性。文学对于人生的影响，是要从全盘来计算的，决没有一个读者只读一个作家甚至一篇作品，也决没有一个读者对于文学只有一种要求。因此，一部单纯的悲剧也反映了一部的人生，一篇神仙故事也供给了幻想的某种粮食，在通常的情形之下，一个读者未必就因此去自杀或者登山寻道。问题只是在乎配合——一篇作品里各种成分的配合，一个作家的各种作品的配合，一个时代一个民族的各种作家的配合吧了。正如一个人常是康健和疾病的配合，一个作家也常是进步和保守的配合。您们要求这种配合的改进，这是对的，但是即使他拒绝了，也并不能就说他是反对进步的。我常以为，您们对于周作人先生只看见他的打油诗，对于林语堂先生只看见他的笑骂左派，对于沈从文先生只看见他的自鸣清高，实在是错了。有人说，蔼理思〔1〕的时代是过去了，其实蔼理思的时代还刚在开始。蔼理思是一个渊博而勇敢的反对虚伪反对愚昧反对资本主义和战争的战士。中国的作

〔1〕 蔼理士(Havelock Ellis, 1859～1939)：英国医学科学家、随笔作家。对人类两性关系进行科学研究的先驱者。他以科学态度对两性心理进行研究，并以流畅多彩的文笔传播，冲破了19世纪英国传统的所谓社会风化的拘囿，为性心理研究和性教育奠定了科学基础。

家中间尽有这样的战士,尽能有这样的战士,但是他不能参加任何职业的政治团体,他只能使用他的常常太过矜持的武器:他的笔。您们的才力和忠诚尽能使他们感服,但是粗浅轻慢的三言两语只能使他们离开得更远。不幸您们却有人这么做了。

第二是把文学本身没能看做是目的。您们抱着一种追求光明的心愿,这种心愿,在中国也多少是人所共有的。但是您们是作家,文学应该是您们的专业。仕奉艺术和仕奉政治也许是一件事情的两面,但是有人却把前者当作方法,后者当作目的。这就不免忽略了文学本身的特点了。因为如此,您们中间的少数作家常常不免对于现实不能诚恳,对于题材不能广求,对于技巧不能深造,于是茅盾先生所说的"公式主义"和炯之先生所说的"差不多",就从这里出来了。您们所曾有的组织活动的方针,常受局外人种种揣摩,据我所知,或者是您们的劳作里最拙劣的。为什么?就是因为它漠视了文学本身。没有远大的文学建设计划,没有独创的文学批评理论。大众文学,搁浅在市场上;国防文学,也停滞在市场上。把文学活动看作是狭隘的政治活动的结果,是简单的反对反对自己的作家,亲近亲近自己的作家,不尊重自己的文学造就,也不尊重别人的文学造就,只追逐读者群众的表面欢迎,而不注意读者群众所受到的真实的滋养,只追逐政治运动的暂时利害,而不注意政治运动所要求的久远的助力,于是宗派主义和庸俗空谈,甚至商人政客化的市侩主义,就从这里出来了。谁要是侮辱了文学,也就侮辱了政治,我相信一个贤明的政治力量,也是永不会成为他的盾牌的。

其次我要请求您们,您们对于狭义的政治没有多大兴趣的作家们,来听一听读者们的发言。您们在这些年常发出些孤单寂寞的叹息，是的，读者们常不能了解您们，但是我以为您们恐怕也没能完全了解读者。中国的新文学不比章回小说有它根深蒂固的传统势力，它的传统势力是随着民族的政治变革运动而来的，因此，它的基本读众，不可免的就是那与民族政治息息相关的青年人民；而现在的这个时代，——这个时代是无须加引号的，因为炯之先生不但身体是属于这个时代，他的心，他的作品也是交给了它的，——却又正是政治变革最剧烈的时代。这时代的青年，尽许他们心粗气浮，眼光短小，喜欢自欺和自大，然而他们究竟是民族最能动至少是最易动最好动的血液，他们过去是新文学养育出来的儿女，现在还需要您们用智识和智慧保护他们。但是您们常露骨的怀疑和轻视他们，因为他们太幼稚，所以有人索性说他就是为自己写作，明知这其实只是说着好玩，至多也只有这句话本身是为着自己写作吧了。而且，难道国民的文化水平的一般低落，读者购买力乃至作家购买力的减退，作家能够不讲话吗？难道民族命运的悲惨，国家政治经济的黑暗腐败，作家应该不讲话吗？这不但是您们和天真的青年读者间的一个直接连锁，也是您们的义务。事实上您们也是做了，但是过去您们所做的，却常是多么的冷淡，多么的吝啬呵！

对于参与政治的作家们，您们有些人的了解也正如他们有些人对于您们所了解的一样不够。您们常只看见他们的弱点，而不看见他们的弱点的社会的根由，更不看见他们的受难，他们的严肃的工作。有些时候，他们的错误是暂时的，部分的，甚至是人们所恶意捏造的，您们却把那些当作是永久的，全体的，真实的；有些时候，因为过分夸大了他们的错误，根本的厌弃他们，以至为了和他们区别，他们说东，您们就说西，他们说是，您们就说不。您们想他们都是实在不懂文学，利用，也就是误用了文学的人，这实在也是错了。鲁迅先生的死，曾经使许多文学青年，连我在内，失声的痛哭，难道人们敬爱他，不因为他把最后的生命也献给了文学？难道偌大的一支文学潮流，准备把最后的生命献给文学的就止是鲁迅先生一人？我以为这个事实，您们可以不必犹豫。文学和政治的结合在文学史上不但不是新的，也不是轻微的现象，在现代文学里更不是的。从终极的目标说来，您们也是政治的作家，因为您们一样的爱好自由和正义，一样的憧憬着将来，所以您们与他们的分歧既不必要，而且徒然。

敬爱的先生们！中国新文学的一切读者，对于您们的要求是一致的，就是要求您们多色多香的教育我们，鼓舞和惊醒我们，鞭挞和安慰我们，使我们得到人格上的进益，思想上的丰饶，使我们满有戒备满有自信的上前，献身而为这个民族的伟大前途奋斗。真的，在我们的孩子气的眼里，您们本来全都是我们的灵魂上的父母和师长，简直没有红脸白脸的分别。但是您们偏生要教给我们相吵相骂！有多少事情，您们见个面通个信就解决的，一定要在书报上一刀一枪的争执起来，全不想到纸张印刷和我们的时间金钱的浪费！有多少话语，您们尽可以满怀好意互相商量的，一定要使出讽刺的侮蔑的笔法，全不想到我们不但不喝彩，而且厌倦，而且痛恨！过去我们没有说，因为我们不明白，但是我们，民族的这一代，现在已经长大了，已经逐渐成熟了，我们要向您们伸出手来，要求我们所要求的！敬爱的而且仁恕的先生们啊，这个民族的觉醒，我敢担保您们不会拒绝。

欢迎科学艺术人才*

（一九四一年六月十日）

随着抗战以来文化中心城市的相继失去，以及国内政治倒退逆流的高涨，大后方的文化阵地已显得一片荒凉，只有延安不但在政治上而且在文化上作中流砥柱，成为全国文化的活跃的心脏。

延安的古城上高竖起了崭新的光芒四射的新民主主义文化的旗帜，在这个旗帜下萃聚了不少优秀的科学艺术人才，从事着启蒙的研究的和实际建设的工作。建立新民主主义文化已成了全国进步文化工作者共同努力的目标，而只有在抗日民主根据地的边区，特别是延安，他们才瞧见了他们的心灵自由大胆活动的最有利的场所。

这就是为什么他们在延安身上看见了生机，一个民族的生机，寄托了完全的信赖和希望，这就是为什么他们到延安来，仿佛回到自己的故乡、家庭。

---

* 此篇是为《解放日报》写的社论。

最近边区中央局所颁布的施政纲领〔1〕内明确规定了提倡科学知识与文艺运动，欢迎科学艺术人才，这无疑地对今后新民主主义文化事业将有更大的推进，将会招致更多的科学艺术人才来到边区，将更提高边区的以至全中国的科学艺术的水准。

在延安，不拘一切客观条件的困难与限制，各种文化活动在蓬蓬勃勃地发展。科学和艺术受到了应有的尊重。在抗日的共同原则下，思想的创作的自由获得了充分保障。艺术的想像，与乎科学的设计都在这里发见了一个可在其中任意驰骋的世界。任何细小的创造与发明，都会博得赞扬与鼓励。自然，物质上的生活是较清苦的，然而大家精神上却并不以为苦，有一个共同的基本认识支配着大家：每个人都知道自己是在为什么人工作，为着什么目的。这里不提倡“与抗战无关”的作品创造，也不鼓吹为“一个领袖”服务的精神，一切都服从战争，服从大众。这就是科学艺术所以能够繁荣的真实原因。

科学和艺术，只有与现实斗争的实践任务相结合，才能向上发展；而要建设边区，提高边区，没有科学艺术的帮助，也是不可能的。由于历史的社会的种种条件，边区曾经是、现在也仍然是一个文化上落后的地区。不错，四年以来，我们曾做了不少启蒙的工作，艺术大众化（如利用地方戏，改造各种民间艺术形式等等）与科学大众化的工作，而且获得了初步成绩。民众娱乐已逐渐改进，民

〔1〕《陕甘宁边区施政纲领》是1941年5月1日中共陕甘宁边区中央局在边区第二届参议会举行选举之际提出、经中共中央政治局批准公布的，共计21条。在第14条中有“奖励自由研究，尊重知识分子，提倡科学艺术人材”等内容。

众的欣赏趣味与水平已开始渐渐提高。伴随着落后散漫的小农经济而来的人民的落后意识、迷信、旧习等等也已慢慢地被新的意识、观念和知识所代替。然而进步还不够得很。我们需要进行更广泛更深入的启蒙工作。我们期待着有更多的愿意到民间去的科学艺术人才来共同担负这个工作。

在边区的经济建设上,技术科学,尤其是一个决定的因素。不论是改良农牧、造林、修水利、开矿、工厂管理、商业合作,都必须有专门的知识技能,必须受科学的指导。祖传老法已经不行了,必须让位给科学。自然科学家在这里有着最广大的活动地盘。

边区,特别是延安,已成了全世界进步人士口头上的名词,关于它,已经有了几种书籍;然而却还没有看见在艺术语言上的较完整的反映。深入到边区里面去吧,深入到民众中间去吧,涌现在你眼前的将会是无限丰富而生动的形象,许多新奇的生活的故事,斗争的故事。不用歌颂,只需忠实地写出来,就会是动人的,富于教育意义的。对于边区的缺点(即是任何新社会亦所不免的),也正需要从艺术方面得到反映和指摘。我们看重"自我批评",尤其珍视真正的"艺术家的勇气"。

这样说,我们欢迎科学艺术人才,就只是为的要他们来反映边区,宣传边区,帮助建设边区吗?不,我们并不把科学艺术活动局限在启蒙与应用的范围,我们同样重视,或者毋宁说更重视在科学艺术本身上的建树,普及和提高两个工作,在我们总是联结着的。虽处在战争环境,但估计到战争的长期性,中国地大的条件,以及抗战与建设新民主主义的必须同时进行,我们不应把科学艺术上的提高工作推迟到抗战胜利以后。特别是因为中国新文化的根基尚浅,而民族化的程度又还十分不够,我们的责任是尤为重大的。

我们要急起直追。我们要有决心来做长期研究和长期讲学的工作。我们要大大发扬朴素切实的埋头做学问的作风。

我们面前放着的科学艺术的领域如此广阔,任务如此重大,所以我们虽然已经有不少的科学艺术人才聚集在这边区,然而还觉得必须有更多更多的人来和我们共负艰巨。我们忠实地遵守着列宁的遗教:"没有在许多不同的范围中与非共产党员成立联盟,任何共产主义建设的工作都是不能成功的。"何况,我们今天所着手的还只是新民主主义的建国事业。

我们虔诚欢迎一切科学艺术人才来边区,虔诚地愿意领受他们的教益。

文艺工作中的群众观点*

（一九四五年十月十九日）

鲁迅先生的逝世，到今天是九周年了。鲁迅先生离开我们是在抗战的前夜，今天抗战已经结束了，回顾这抗战的八年，我们不能不痛感鲁迅先生的损失。

鲁迅先生是一个真正具有群众观点的人，而在我们今天的文艺工作中，最感需要的也是群众观点。那么，就让我们用坚持和发扬文艺工作中的群众观点，来纪念鲁迅先生吧。

新的文艺是为人民群众的，这句话似乎并没有人否认。但是试一检阅，我们的文艺已经与群众发生了多少关系？已经对群众的觉悟与解放作了多少贡献？我们当然决不妄自菲薄，愚蠢地抹煞我们在险恶环境中的艰苦努力，但是就在这样的客观条件下，拿我们所已作的和所能作的来比较一下，还是不能不觉着有点什么不足。

我们的作品不能直接到广大群众中去，是由于这种那种限

---

* 此篇为纪念鲁迅逝世九周年而作，作为“专论”发表于1945年10月19日《新华日报》，署名北桥。

制，但是我们的作品教育了前进的青年知识分子，他们成了我们与群众之间的桥梁。是的，这是很重要的事。但是我们是在怎样教育着青年呢？是用人民群众的思想感情，还是小资产阶级知识分子的脱离群众的思想感情？是用唯物主义的人生观艺术观，还是唯心主义的人生观艺术观或艺术至上主义？是用觉悟群众的战斗，还是中间派的贫血的自由主义，还是原始自发性的狂热崇拜？如果我们的有许多作品中还没有摆脱旧思想旧感情的影响，那么我们就不能希望它们足以动员青年积极服务于人民的需要——政治的战斗的需要，就不能希望它们足以教育青年与人民群众密切结合，那么我们与群众之间，也就并没有什么桥梁可以自慰了。

难道今天不存在这种情形，难道这种情形在今天不严重吗？

为什么会有这种情形的？

因为在旧的社会中生长和活动的文艺工作者，“由一个阶级变到另一个阶级”，不可免地要“经过长期的甚至痛苦的过程”〔1〕。鲁迅先生是经历了这个过程的，他并且常常严格地公开地清算自己所曾沾染过的“中产的知识阶级分子的坏脾气”〔2〕，正因为这样，他才能够达到“和革命共同着生命”〔3〕，成为“在文化战线上，代表全民族的大多数，向着敌人冲锋陷阵的最正确、最勇敢、最坚

〔1〕毛泽东语，见毛泽东《在延安文艺座谈会上的讲话》，《毛泽东选集》第3卷，人民出版社1996年6月第2版，第851页。

〔2〕见鲁迅《二心集·序言》，《鲁迅全集》第4卷，人民文学出版社1981年第1版，第191页。

〔3〕见鲁迅《上海文艺之一瞥》，《鲁迅全集》第4卷，人民文学出版社1981年第1版，第300页。

定、最忠实、最热忱的空前的民族英雄”[1]。我们要使我们的作品经过青年贡献于群众的觉悟与解放事业，要“和革命共同着生命”，不经过一个严格的自我批评的过程，大概也是困难的吧？

而今天，虽在整风运动与毛泽东同志在延安文艺座谈会讲话发表以后，这种自我批评的精神还是何其少，而对于自己已经完全站在人民群众立场上的假定和确信何其多！桥梁，按我们的需要来说，何其薄而狭，而墙壁(读者如果不是通往群众的桥梁，就会是通往天空的墙壁)，按我们的不需要来说，却何其厚而广！

有一部分作品是不能直接到广大群众中去的，但是这不是说全部。还有一部分，譬如戏剧，美术，音乐，口头的文学，以至一部分书面的文字，是能直接到广大群众中去的。这甚至有更大的客观的限制，但是问题还是，我们是不是做了能做的一切，像鲁迅先生所希望于我们的。

也不是说，要一切的文艺工作者都弃“提高”而就“普及”。问题只是，我们有多少人做了这方面的工作，又有多少人指导或者至少关心了这方面的工作，像鲁迅先生所希望于我们的。

我们在这方面的工作，为什么这样可怜地少，这样可惊地缺乏计划性、系统性和坚持性啊！尽管在大后方浮起几朵浪花，从解放区也漂来几朵浪花，但是它终于不能成为潮流，就是说，它始终不能与我们的提高工作合为一体，“提高是在普及基础上的提高，普

---

〔1〕 毛泽东：《新民主主义论》，《毛泽东选集》第2卷，人民出版社1996年6月第2版，第698页。

及是在提高指导下的普及”〔1〕。当然，对于普及工作的关心和指导是有的，但是不关心、冷淡和鄙弃岂不是更多么？这个情形，岂不更加叫我们警惕地想起，我们与人民群众中间，确是还隔着一层什么东西么？

新的文艺运动是一个群众运动。它的内容是为群众的，它的方法是经过群众的。就是说，一方面作家——读者——人民群众连成一片，一方面提高工作——普及工作——人民群众的文艺活动也连成一片。

而且作家们的工作，提高工作，本身也就是一个群众运动，虽然范围是小些。一切向着共同目标前进的人，都是这个群众运动的一分子，都不应该加以抹煞。这个群众运动愈强大，愈能克服狭隘的宗派主义和个人主义的为害，对于人民的运动就愈有益。相互的批评是需要的，但是只有从团结出发，而又达到团结的批评，才是正确的。

这也是一个群众观点的问题。这个问题上的群众观点，当然决定于前面所说的为群众和经过群众的观点。鲁迅先生说：“我以为联合战线是以有共同目的为必要条件的。……我们战线不能统一，就证明我们的目的不能一致，或者只为了小团体，或者还其实只为了个人。如果目的都在工农大众，那当然战线也就统一

〔1〕 见毛泽东《在延安文艺座谈会上的讲话》，这句原话是：“我们的提高，是在普及基础上的提高；我们的普及，是在提高指导下的普及。”《毛泽东选集》第3卷，人民出版社1996年6月第2版，第862页。

了。"[1]我们的批评，应该以人民群众的利益为标准，统一我们的目的，从而统一我们的战线，而不是相反。

今天在我们的面前，我们正看到中国在开始着一个新的时代。在这个时代中，将兴起一个强大的人民民主运动（对于没有得到民主权利的人民）和一个人民文化运动（对于已经得到民主权利的人民）。在这个时代中，我们的文艺运动将比在过去的战争时期得到更广阔的发展，完成更伟大的任务。在这个时代中，坚持和贯彻文艺工作中的群众观点，也就更切要。

让我们高举鲁迅的战旗，克服一切脱离群众的倾向，展开新的强大的战线，来迎接那光明的，光明的将来吧！

---

〔1〕 鲁迅：《对于左翼作家联盟的意见》，《鲁迅全集》第4卷，人民文学出版社1981年第1版，第237～238页。

祝贺与希望*

（一九四六年五月二十日）

雪韦同志!

你的信收到了,你所嘱咐的事我已做了。祝你的愿望成功!

你以前给我的一封信我没有自己回你的信,这是我的一宗憾事。幸而党校最后作出了使你基本满意的结论。在今后的工作中党将更完全地认识你的战士的品质。

你在文学事业上已经有了一定的成绩,经过更多战斗的阅历一定会更为成熟。你过去和我讨论过鲁迅生活中一段的看法,我至今还感激你的厚意。希望将来见面(或通讯)时能够交换更多关于其他问题(文艺、文化、思想)上的意见。

握手!

乔　木

五月廿日

---

* 此篇是致刘雪苇的信。据手稿收录。标题是编者加的。刘雪苇(1912～1998):又名孙雪苇,贵州郎岱(今属六盘水市)人,作家,文艺评论家。当时是中共中央党校三部学员。

悼望舒*

（一九五〇年三月一日）

戴望舒先生因哮喘病逝世的不幸消息，重重地打击了我。我为中国丧失了一个决心为人民服务的有才能的抒情诗人而悲悼。

像许多纯良的中国知识分子一样，望舒在近年有了很大的进步。他暂时停止了他的文学活动，不过是这个进步的一方面表现。他决心改变他过去的生活和创作的方向，并且热情地学习新的事物，参加新的工作。虽然我只和他谈过几次简短的话，他的诚恳、谦虚、朴素和工作的积极性却留给我深刻的印象。只在三天以前，他还在病榻上和我一往情深地谈着他现在所担任的用法文翻译和写作对国外的报道的工作。不多几天以前，他还向旁的同志表示他在病后将要求加入中国共产党。他是能够实现他入党的愿望的，他是能够做很多有益的工作的，我并且相信，他在不久以后将写出新的美丽的诗章来。但是他的壮年的生命被夺去了，一切这些可能都永远不能实现了……让活着的把工作做得更多更好，来填补死者留下的空白吧！

---

* 此篇发表于1950年3月1日《人民日报》。戴望舒(1905~1950)：浙江杭县人，早年是现代诗派的代表，后来成为爱国主义诗人。逝世时在新闻总署国际新闻局法文组从事翻译工作。胡乔木时任新闻总署署长。

谈　诗*

（一九五一年九月四日）

诗是宣传，诗是特种性质的宣传，它是诉之于人类的感情的，如不能引起感情的振动，就不是好诗。这不一定只是抒情诗，叙事诗也可以更强烈地感动人，因为它有它作为诗的基本的要素。诗有感人的艺术力量和道德力量。人们会因为欣赏诗而得到一种情操生活的满足。诗，必须反映人民的思想感情，并提高人民的思想感情。

诗与非诗的界线很难定，但界线还是有的。鼓词写出来有艺人拿去唱，并不等于说这篇鼓词已经是流传了。要离开最初唱的几个人，还有人唱，才能叫做流传。如果一个人唱有人听，另一个人唱没有人听，也不是流传。元曲今天没有人唱，仍然是好诗；西皮二黄，“青的山、绿的水”，即使有人唱也不算是好诗。诗的流传，不是靠音乐，应靠诗的本身。

没有没有形式的艺术。诗不管是自由的还是什么样的，都有其规律性。散文也同样，如果散文是没有规律的，那便连传达思

---

* 此篇是1951年9月4日在一次座谈会上发言的节录。标题是编者另拟的。

想也不可能做到了。刚才大家主张对诗的各种形式多试验，多研究，这是应该的。不要下禁令，也不要排挤别家，仿佛是“只此一家，另无分出”似的。

但诗有诗的共同性。任何诗都要求有规律。好的自由诗是把规律掌握得完全一些，不好的自由诗是没有注意规律或掌握得不好。诗的形式基本上就是语言的形式，因此不能不有其民族语言的传统性。诗是有传统的。自由诗也逐渐在形成其传统。中国古诗有传统，而且规律很严，很复杂。中国过去的诗的规律不止是五七言。五言七言之外也有四言六言，四六骈文也是无韵诗。按中国诗的历史说，也有一种是两个字煞尾的。诗经、楚辞、赋，末一句都是两个字。但是没有发展。关于赋，后来因为文人赋出现，民间不流传，编入《古文观止》去了。

但每句句末三个字的却得到了很大的发展。直到今天，如民歌、民谣，尽管有种种体裁，基本上还是以七言为主。《小放牛》基本是七言，末为三字。这种七言，以三字煞尾的，在中国，应说是经过考验的。并未离现代语言太远。并没有变成油腔滑调，也没有受拘束。如《孔雀东南飞》，《木兰辞》，小学生读了也会懂。但五言老早就没有发展了，民歌民谣中也少见。现在以末三字煞尾的音节大部分油腔滑调，但也不能就以三字判断是不是油腔滑调。

“五四”以来，新诗也做了不少试验。“五四”以来的试验有些还是可以肯定的，不能完全抹煞。语言的变化有生活的基础。因为事物复杂了，事物之间的关系也多了，这究竟不是农民语言能包括尽的了。但它也有作得过分的地方，如欧化，不能一下听懂，但对欧化一概加以抹煞是不对的。毛主席的《新民主主义论》中，也有许多欧化句子，恐怕这也是不能拒绝的。因为如果没有“五四”以来的这些新的语汇语法，恐怕今天这个会也开不起来。所以赵树理同志的话还应考虑。自然，数典忘祖，这也是错误的。

闻一多先生的《死水》，其格律很整齐，并没有特别欧化，高小六年级的教科书上可以采用。如《洗衣歌》，也不全是欧化，有很好的民间语言。“五四”以来，许多诗的作者，在语言上花了很大工夫。这条路是否应完全抛弃，也可研究。我以为“五四”时代的诗也需要加以很好的整理。

诗有种种规律，诗的形式将有大的发展。不应限于五七言，尤其是五言。田间同志写五言诗，这可说是少数派，是“光荣的孤立”。但这个试验是勇敢的。当然我也不反对他写。

诗的形式会有许多样，所以当做种种有规律的试验，要求能念得出来。图案化，豆腐干似的诗，不能上口。

至于说自由诗在人民中朗诵能够感动人，这是应当肯定的，但讲演也能动人，所以恐怕还不能说这就是自由诗的长处。相反，比较整齐，有规律的诗，当会更易为群众所欢迎，如唐诗三百首和千家诗，小孩子都能记忆，这恐怕都是自由诗很难作到的。

诗本身包括音乐的要素。诗有规律，有音乐性，都很显著。比较写得好的自由诗也有音乐的要素，不过不整齐。词曲、鼓书、《义勇军进行曲》，是诗与音乐结合了的，变成了歌词。但与音乐结合了的也不一定就是诗，如三字经、千字文就不是诗。诗与音乐应当有斗争。问题在于诗与音乐谁做主人，谁做奴婢。如果音乐做了主人，诗即离开了诗的范围。但诗利用了音乐是好事，如一些词很坏的歌剧如今还在莫斯科上演。西洋、中国的歌剧，其剧本可能流传，就因为有音乐。有些直到现在仍未列入文学史，鼓词平剧也如此。不过诗如果利用了音乐，则好比骑马与步行比较，自然骑马有骑马的好处。但不必要求每一个诗人都利用它。所以诗人不但要与艺人和音乐结合，还应当领导艺人和音乐家。

唐诗以后是写词，其实词并不是诗的一种发展，唐以后的词并未超过诗。词是诗向音乐的投降。无论从形式从内容上说，词比诗的世界都狭小得多，能够打破这狭小的世界的词，数量很少。如果统计起来，依靠妓女而存在的词恐怕不少。但诗与妓女就没有这么多的关系。词投降音乐与妓女结合，从音乐来说，也不是高明的音乐。到了元曲，境界扩大了，产生了很多好作品。但它和词不是一个性质的东西，词也不能与诗和曲来比较。

现在与诗合作的音乐有京剧、地方剧和鼓词。诗人的光荣任务在征服这个领域。征服一部分就是很大的胜利。但主要的是诗应利用音乐，诗不应被作曲家与演员利用。鼓词是有作用的，但是鼓词也有限制。鼓词的演奏，是限制诗的活动的。所以我们应当利用新的音乐和新的歌唱家。

诗人与作曲家联合，可以创造出更好的作品，可以打破局面。不必几百行一韵。《长恨歌》就不是一韵到底的。快板也可以唱《死水》。在这一点上，我们是对于元朝人有愧色的。

朗诵诗的前途不是很大的，因为不能给人以诗的感觉，因为没有一定的规律，诗的朗诵和诗的歌唱不是必要的。它可以朗诵歌唱，也可以不。古今中外绝大多数的诗不唱也不朗诵，其中流传的还是不少，如果说非歌唱朗诵不可，那个论据应该重新审查。诗的流传应该依靠诗的本身。

中国现代诗有这样的一个任务，就是要把语言标准化，使土生土长的语言加上外来的成分，完成为诗的艺术语言。如果不这样，就是降低了标准。

中国的诗有数千年的历史，有很高的艺术语言的标准，这决不差于世界上任何国家。现在许多青年诗人完全没有估计到这标准，不知道老百姓的语言，这是数典忘祖。不知道屈原、杜甫，也是数典忘祖。不重视民族的伟大财产，是民族的虚无主义，这样就把中国的文化大大抹煞了。屈原、杜甫是与中国人民结合的，中国的诗在世界上也是值得骄傲的。苏联也在翻译白居易。如果否定过去，认为这些都是士大夫文化，是不对的。

“五四”以来，也有许多诗人创造了新的标准，也是值得重视的。新文化是有辉煌成就的。鲁迅是它的代表人物。如把三十年来诗人心血和对人民的贡献废除，那是很大的粗心。“五四”以来的诗也应当学习，在诗的创作上应提高艺术语言的标准。我们要提高、再提高，这丝毫不是忽略诗的传统和民间宝贵的遗产。

中国诗有光荣的历史，每个历史时代都有反映人民生活的作品。我们有许许多多前辈在前面，这是光荣的，不是负担；这是财产，不是枷锁。但弄得不好，就会成为枷锁。

这样说是否会妨碍普及呢？我看不会。提高和普及是两个方面，两者并不冲突，应该结合。好的村干部的工作和毛主席的工作是同样伟大的，都是对人民有贡献。提高并不妨碍普及，只不过是在普及的基础上的提高，在提高指导下的普及。今天的出席者，就都有这两方面的责任。

伟大的作家，伟大的战士*

（一九五六年十月十九日）

今天是我国伟大的人民作家和伟大的革命战士鲁迅逝世的二十周年纪念日。广大的人民怀着激动的心情纪念鲁迅，纪念他的崇高的人格和不朽的业绩。

鲁迅的活动主要是在文学方面。鲁迅同他的许多同时代同方向的作家在一起，开辟了我国文学的新时期。鲁迅生在我国历史的激烈的变革时代。他是时代和人民的忠实的儿子。鲁迅从他开始文学生活的第一天起，就自觉地把文学作为唤起人民觉悟、推动社会进步的强有力的武器。鲁迅彻底地革新了中国的小说。他在自己的作品中展开了在黑暗中呼吸着、呻吟着、挣扎着的人民的日常生活的真实图画，这些无辜的被压迫者的形象深深地震动着读者的社会良心，使读者不能不为他们的未来而斗争。这些作品由于具有巨大的社会意义和高度的艺术力量，帮助我国的新的人民文学迅速地取得了生存权，并且确立了近四十年来我国新文学中的现实主义传统的基础。依靠鲁迅和其他人民作家的努力，文学在我国社会生活中的作用大大地提高了。它不再像过去许多

* 此篇是纪念鲁迅逝世20周年为《人民日报》写的社论。

人所想像的那样，是个人消愁遣闷的工具和可有可无的装饰品；它的成为唤起人民觉悟、推动社会进步的强有力的武器之一，它的作为这种武器的特殊性能和特殊价值，已经是不需要争辩的了。

但是鲁迅的活动远不以文学创作为限。鲁迅用他的文学创作战斗，也用其他一切他所能采取的方式战斗。他创造了社会批评和文化批评的论文的新式体裁，在他的大量的论文里，他评论着当前的政治、社会、伦理、科学、文化、艺术各方面的问题，为反对人民的敌人和发展人民的文化进行了辛辣无情的斗争。鲁迅后期的论文里表现了坚定的和成熟的革命世界观，对于当时的人民革命事业作了杰出的贡献。这些论文跟他的小说、散文诗、回忆同样是他留给中国文学的宝贵遗产。此外，他还进行了很多翻译工作和有关中国文学史的科学工作。他始终是青年文艺工作者的最热心的教师和朋友。在他的一生中，他不但用笔参加革命斗争，而且也直接参加了许多支持革命斗争的社会活动和文化活动。他是中国共产党的伟大的同伴。

鲁迅的一生是大无畏的革命精神跟严谨的实事求是精神相结合的典范。为了祖国，为了人民，为了人民的文化，他献出了一切。他从不在敌人和困难面前屈服，也从不在人民面前打官腔，摆臭架子，粉饰自己的错误和缺点。在他的每一篇作品里，你不但可以用眼睛看到，而且可以用自己的心感觉到他的心的跳动。他严格地要求自己，而在原则的问题上，他也严格地要求他的同志。他说他所知道的东西，不懂的不装做懂，不相信的也不装做相信。他热爱自己的祖国和人民，热爱祖国文化中优秀的东西，但是并不因此而成为民族的自大狂；相反，正因为他是真实的爱国者，他成了这种自大狂的最坚决的揭发者。他在晚年是马克思主义者，但是并不因此而把马克思主义者的错误也说成是正确的，把非马克思主义者的正确也说成是错误的；相反，正因为他是真实的马克思主义者，他坚持实事求是的分析态度，而严肃地反对浮夸、武断和宗派习气。

鲁迅所痛恨的中国的反动统治已经被推翻了，鲁迅所追求的社会主义社会已经在中国建立起来了。因此，我们今天的斗争任务和斗争方式，跟鲁迅在世的时候已经有了不同。但是鲁迅对于人民文化事业和新的社会伦理的理想，还远没有完全实现。建设着新生活的人民，不但迫切地需要鲁迅式的艺术，而且迫切地需要鲁迅式的工作人员用鲁迅式的热情和顽强性为他们服务。让我们最广泛地传播鲁迅的思想遗产，让我们的文艺战线和一切为人民服务的人们都用鲁迅的斗争精神武装起来，让我们的青年都受到鲁迅的作品的教养——这就是我们对于这位伟大的作家和伟大的战士的最好的纪念。

诗歌的形式问题*

（一九五九年五月二十日）

不久以前，我跟何其芳同志谈了一些有关最近诗歌问题的论争的意见。[1] 我建议大家座谈一下，再进一步交换交换意见。后来，《诗刊》决定召集这个会。

在这个会上，我以一个诗歌读者的身份来谈一谈我的一些感想，希望它对这次论争有所帮助。

刚才克家同志说到格律诗和新格律诗等名目，说到其芳同志是一个新格律派。我想，应该先把名目弄清楚。新格律诗不能和民歌体分开，并对立起来。民歌体就是一种格律。民歌的格律，可能比何其芳同志所说的新格律诗更为严密，更为明显。现在不叫它旧格律体，叫它新民歌，因为它的内容是新的。但是论争似

---

* 此篇是 1959 年 5 月 20 日在《诗刊》社召集的诗歌座谈会上的发言。

〔1〕 在毛泽东倡导下，1958 年大跃进运动中掀起了一个新民歌运动。在一段时间里，新民歌被奉为至尊，其他诗体受到不同程度的排斥。在 1958～1959 年进行的“新诗发展讨论”中，主张新格律诗体的卞之琳，现代格律诗的倡导者何其芳，都受到许多批评，以至形成围攻的局面。在这种情况下，胡乔木找何其芳就诗歌问题争论交换了意见，同时建议《诗刊》编辑部召开诗歌座谈会。

乎不在这点上。

据我看，这一次的许多论争文章，措辞尽管不同，差不多都是主张格律的。这就是说，没有人代表自由诗出来讲话。讨论不在有格律没有格律这个问题上。

这次论争的两个方面是有分别的。我现在还没有想到一种很好的说法来概括它们。我想最好不说新的，旧的。因为推陈出新，也是两方面都赞成的。一说新的旧的，分别就很大了，就会给人一种想法，认为新的对于中国的传统有很大的改变。

如果我们说，这论争的两方面是五七言一方，非五七言一方呢？这种说法也不一定准确。我们平常说的五七言是有一定的音节的。旧体诗的七言和民歌体的七言又有所不同。我们现在笼统的说七言，也不好。我随便举些例子，比方说："帝高阳之苗裔兮"是七个字，"浩浩乎平沙无垠"，"不知东方之既白"，"悲哉秋之为气也，草木摇落而变衰"，都是七个字，但都不是七言诗，和我们所说的七言诗都不同。差别不在字数上。在中国的旧体诗里，如果把诗的范围说得稍微广一些，上面举的那些例子，都可以算作诗，但我们不能把它们算作七言诗。它们都是七言，却和这个茶座的墙上挂的这副对联"姓名天上碧纱笼"，念起来音节是不同的。

照何其芳同志的说法：有一种诗句是单字尾，另一种诗句是双字尾。林庚同志又说有三字尾或者四字尾的诗句。这些说法把好些情况的差别显出来了。但是三字尾，与其说是三字尾，还不如说是单字尾或双字尾。林庚同志举的例子"剑外忽传收蓟北"，全诗都是双字收尾。这是一首好诗，可是这不能完全说明问题，因为何其芳同志已经说过：读起来不是"收——蓟北"，而是读作“剑外——忽传——收蓟——北”，还是读作单字尾的。所以结果还是单字尾和双字尾的区别。不过这种说法过于着重字尾了。如果一个字尾是读得比较轻一些的，那就不完全适用了。

我想，关于它们，也许可以从中国几千年来长时期的诗歌作品中找出一些线索来。诗歌的演变过程尽管很复杂，但是找出这种由单字尾到双字尾的演变来会是很有意义的一件事。这种变化的规律，对我们将是很重要的。从某种意义上来讲，现在的新诗也还是面对着这样一个问题，要我们来解决它。

我今天谈的题目很小，即是诗的形式问题。诗歌的形式是有许许多多方面，我谈的只是诗的形式的一个方面，即是现在争论中的焦点——它在中国的诗歌中也的确有重要的地位。现在，我们有两种字句，它们可以产生两种格式的诗。它们的音节不同，甚至句法、章法、句与句之间的关系也各不相同。

五四以后，我们有了白话诗和新诗。从一个方面，而不是从所有方面来说，这是一个相当重要的变化。五七言诗，是有过那样长远的历史的。而五四以后，我们却多多少少是离开了这个传统，走到另一个方面去了。

去年新民歌的问题提出以后，使得我们有机会能够在事实面前回顾一下，并把这两种诗歌的形式拿来作一些比较。在我们讨论诗歌问题的时候，这两种诗体的比较，是很重要的。我们要有历史上的比较，也要有今天的比较。

我想，我们这样做，为的是要弄清楚，新诗是中国诗的历史的合理的发展，而不是外来形式的影响的结果，尽管外来影响起了很大作用，这也是不能否认的。

我想，所谓双字尾的诗句的这种诗体，也应该说是中国历史上几千年来诗体的一个正常的、合理的、自然的发展；它并不是不自然的。新诗也可以说是它的一种继承。因为中国的诗本来有两条路，两个轨道——一个轨道是三、五、七言，另一个轨道是四、六、八言。这两个轨道中间，还有许多小站。经过很长时间，五七言的诗逐步变成了正统，四六八言的诗慢慢的被人忘记了，可是到了“五四”新诗出现以后，在一个相当的范围来说，好像又倒过头来了。

四六八言的这种诗体本来并不比三五七言的诗体晚。究竟谁早谁晚是很难说的，我们很难把它们的年代查考清楚。但不论如何，诗经里边的诗，基本上是四言的，这大家都承认的。楚辞的格式比较复杂些，但可以说是六言诗，如“帝高阳之苗裔兮”，兮字不算，就是六言；下面一句“朕皇考曰伯庸”，也是六言。这就说明四言六言的历史并不比五七言诗来得晚，而正式的五七言诗显然是比较晚的。周朝也有三七言诗，有人说它们是假的，我们也弄不清楚。但三七言的关系是很密切的。比如：“百里奚，五羊皮，忆别时，烹伏雌，吹扊扅，今日富贵忘我为?”〔1〕又如：“君不见，东海头，古来白骨无人收”，也是这样。我们不去比较它们那个历史更长远一些，更光荣一些。这两种体裁都有比较长的历史。

后来，四言六言好像衰微下去了，也可以说成了地下水，跑到了一个看不见的地方。

赋体大体上是四六言发展的。现在人们对赋的观感不太好，

〔1〕 此为古乐府歌《百里奚》。扊扅：门闩。吹：当做炊。谓当年贫困之极，只能拿门闩之类的木制用具当柴烧。

因为楚辞以后接着来了一个汉赋，但在文学史里不能将它一笔抹煞。当然它有它的长处，它是那样的富丽堂皇。欧洲诗体中也可以找到类似的格式。有些赋比较短小，可以算是抒情诗。

赋的生命比较长，但到后来也不太兴旺，不太发展，这里边有许多原因。楚辞里边用了很多“兮”这一虚字，你把兮念做啊当然也可以，但是后来的赋体中用兮字完全是人为的模仿，它不能在人类的语言里成为有生命的语言。也没有人那样勇敢，干脆写啊、呀，如果几千年前有人敢把兮字写成啊字，兮字也就没有了。这一条路走得很窄，好像要写赋体就得模仿前人。当然也有些不同的样式，大体上是四六言方向的发展，也不像汉赋那样，如六朝庾信的《小园赋》，现在看看也还是可以的。那也是很好的抒情诗，里边也用了一些典故，可是并不妨碍它写得很好。李白、杜甫的诗也用了很多典故。毛主席的诗词中也用了一些。我们判断诗的句子不能单纯从修辞的标准来衡量，《哀江南赋》比较长一些，主要是更难懂一些。赋长，用的典故多，念起来更麻烦，因此群众难以接受。虽然这种赋体后来到了清朝也还是有人在写，可是到现在，就没人写了。

另外还有一种赋，朝相反的方向发展，更加散文化，变成一种散体赋。《古文观止》上有这样几篇，如苏轼的前后《赤壁赋》，欧阳修的《秋声赋》，杜牧的《阿房宫赋》等。《秋声赋》和《赤壁赋》比较流行，它的体裁比较自由，有的片断整齐，有的片断不太整齐。但是这种赋的发展总不能和五七言诗去比较。

五七言诗是诗的正宗。但五七言诗后来也有了变化，出现了词曲的体裁。现在我们把词和诗放在一起，其实开始时，真正的词不见得比赋更有资格放进诗里边去。词和歌曲差不多，它与曲调分不开。赋体和普通的诗差不多，不需要一定的歌曲来配它。不过词后来成了一种特殊的诗体。现在很少有人把词按照曲调来唱出——这在某种意义上可以算作否定的否定。

词里边，有满篇都是三五七言的，也有满篇都是四六言的，也有三五七言与四六言错综起来的，这样也就更能显出它的特色，也更好一些。

有一些诗人所写的诗，以及傅东华翻译的欧洲的诗，是用的一种新体裁，把单字尾、双字尾的体裁混合起来。这样的诗念起来有一种很特别的调子。这种调子，人家可以喜欢，也可以不喜欢，反正它构成了一种特殊的音响，这种音响大体上就是从曲的体裁中演变出来的。现在的鼓词也有这样一些单字尾和双字尾的没有规律的交叉，和自由体差不多。说话说到什么地方，需要用什么，愿意用什么，就用什么字尾。这与李季同志的《五月端阳》不同。他是有意地安排了单句单尾，双句双尾的，但也是大体上这样，不是那么得心应手。

词曲是从五七言、四六言发展起来的，也可以说是一种综合。它本来有它的历史，现在我们离开词的音乐和戏剧，单纯的把词作为诗来谈，只从格律上来谈，也许它是五七言和四六言的发展遇到了困难后的一种产物。词更自由一些？还是诗更自由一些？这看你怎么说，有人说词更自由些。这不是很怪的怪论吗？也许是这样的，有些曲子一定要排成七言，排不下去，来一些变化，就感到自由了；或者是词的本身的音乐也需要这种变化，这当然也可以。

我的意见是：五七言、四六言，在中国诗的传统上都有根据。不能说五七言是传统，四六言就不是传统；不能说四六言仅仅是诗经、楚辞时代有之，到后来就不存在了，不成为诗体了。我看还可以更宽容一点，如果宽容一点，也许问题就更容易解决。

对这两种体裁，我想说点比较啰嗦的话，做进一步的考察。今天在座的诗人很多，还有研究诗的人，在这方面，我如果有说错的话，也可以得到纠正。

五七言能在中国历史上取得这样重要的地位，决不是偶然的，一定有它非常深刻的原因，非常有力的根据。诗经、楚辞很口语化，很自然；名作家选择了这样一种四六言的诗体，也不觉得它不好，可见得四六言也不能说是不自然的。但是究竟是传统的关系还是其他什么原因，我们听起来，五七言比四六言更加好听、畅快，更加和谐、自然。可能是节拍更清楚，它比较容易安排：五言三拍，七言四拍，都有半拍休息。四六言在音节上也不见得不好听，为什么又不如五七言流行得久远呢？四六言如诗经的“关关雎鸠”，是四个音，都很重。这种句子，不但是古代有，就在现在也还可以接受，如儿歌里边，也有“下雨下雪”这样的句子。谚语，五七言的固然很多，四言的也不少，如俗语集子中有“与人不和，劝人养鹅，与人不睦，劝人架屋”，这样的句子，是四个字的。五个字的有：“路遥知马力，日久见人心”，七个字的有：“你走你的阳关道，我走我的独木桥。”五七言的谚语是很多的。四六言的也不少，但似乎也不如五七言更流行。这说明五七言有一些优点是四六言没有的。它居于劣势了。优胜劣败，这是必然的。平常我们打锣鼓点，普通的敲法有：Ti－tang－ti－tang－ti－tang－tang，这也可以算七言诗。如果打成六言或者八言，可能很难。当然，天下无难事，也许能打出来，我没作过研究，说不出其中的道理来。但平常总把这种打法当做通常的锣鼓点的。

在旧诗和民歌这两种体裁中，七言和五言很重要，而七言比五言更重要。它比其他的格式更容易显示音节的条件。这是我的一种推测：七言的音节到后来可以不受言语的限制了。原先，旧诗的音节和语言的音节是差不多的，但是在某些时候，语言离开了诗的音节了，比如"近寒食雨草凄凄"。这也是名句，它的语言并没有受音节的限制，却也不妨碍它是好的七言诗。它可以读成"近——寒食——雨——草——凄凄"，但一般的都读成"近寒——食雨——草凄——凄"。正如"剑外忽传收蓟北"，通篇的字尾都不受音节的限制。这是近体诗。古体诗也有这种情况，如鲍照的"奉君金卮之美酒，玳瑁玉匣之雕琴，七彩芙蓉之羽帐，九华葡萄之锦衾"，在古诗中是不错的诗，有它特殊的风味。李白等诗人也写过这样的古诗。它的念法是离开了语言的节奏的。按照诗句的语言的节奏，不能在这里用"之"字。当时的汉语和现在的有什么不同，我们已不能起古人而问之。也许，"奉君金卮之美酒"这种写法在当时更加自然一些。这与"剑外"一句不同，"剑外忽传收蓟北"七音都是重音，而这些诗行的第五字是轻音。可是尽管是个轻音，也可以念得很响亮，因为"之"字念重一点也没有关系。所以旧体诗，不论是古体今体，都可以冲破语言本来的音节限制而运用自如，它在文言体裁的运用过程中脱离了口语，在用词遣意方面，变化方便。虽只七字，可以表达出比较丰富的诗意。

"五四"以后，也有一些诗人写一种新体诗，也是七言，写来写去还是老式的七言诗。贺敬之同志写的《三门峡歌》，差不多还是旧诗的音节，读起来，给人的印象基本上是旧的。朱光潜同志去了玉门，李季同志也去了玉门。两个人都写了诗。朱光潜写的可以说是新派的旧体诗，或者就叫旧体诗。旧体诗这一条路好像也不容易离开，它还有一种吸引力。如果我们愿意用比较压缩的语言，旧体诗不见得完全不能用。它虽然和口语离开了，还是可以用，还能够听懂。卞之琳同志努力以口语来写诗，不用压缩的语言，可是许多读者却不谅解他。当然，这中间还有其他原因，但也说明用压缩的语言，未见得一定难懂，而用口语有时也可以艰深费解。

可见旧体诗中的七言诗，起很大作用，能够有两千年，甚至不止两千年的历史，是有原因的。

旧体和民歌体的七言诗是同一样式，但其中小有分别。民歌不能像旧体诗那样压缩，然而民歌并不排斥压缩的语言。它使用了一些并不是非常难懂的压缩语言。民歌大体上也和口语接近。和旧体诗不同，民歌中可以运用一些念轻音的虚字，或者不是虚字而也可以念轻音的字眼。轻音重音相结合的词句，在民歌中可以相当自由地运用。而在旧体诗里边，这多少有点不同。

大体上它们有这样一个音节上的分别。民歌的音节，一般的说，一三五七是重音，二四六不一定是轻音，但是可以是轻音，甚至全部是轻音。旧体诗差不多和它完全相反，可以七个字都是重音，但是它更着重二四六的重音。这个规律说明旧体诗里，二四六的地位比起一三五来更重要一些。

假如说七个字，一三五是重音，二四六是轻音，如“大的大来小的小，长的长来短的短”，这在民歌中不算是很好的句子，但是在民歌中，这样的句子俯拾即是。如《红旗歌谣》中有一首兰州民歌："武山的大米兰州的瓜，疼不过老子爱不过妈，亲不过咱们的共产党，好不过人民当了家。"这是一首很不错的民歌，它的音节是二四六轻音，因此可以加衬字，重轻相间，每句半拍休息，更加接近于音乐的节奏，和口语的节奏，和旧体诗的音节完全不同。我觉得七言的旧体诗可以有它的安排，民歌体可以有民歌体的安排。这两种形式各有长处，雅俗共赏。它们各自都可得到一方面的自由。这是一种在音乐方面的价值，是为四六八言所不易得到的。

前几年我给几位写诗的同志宣传过五七言诗的好处。那时的说法可能有些片面。现在为了弥补错误，我想指出五七言的体裁也有短处。

比如，五七言诗可以有三字尾的情况。如果一句末了是三个字而倒数第三个字是轻音，如五言的"看见个娃娃"和七言的"远远看见个娃娃"，由于"个"字是轻音，就使它们不成其为民歌，也按不进旧体诗中，两种体都不行了。因为倒数第三个字不能用轻音，（"奉君金卮之美酒"是另一种情况，）用了轻音，五七言的音节就被破坏了。

比方说，张光年同志的《黄河大合唱》："风在吼，马在叫，黄河在咆哮"的"在"字不能念重，这不成其为五言诗。作曲家给它做了很好的安排。"在"字在这个地方唱得不重。"看见个娃娃"的"个"字是独立的。某些三字尾的句子不一定是五七言体裁。

比如我们的国歌："起来，不愿做奴隶的人们……前进！"这样一首诗，是否要规定一种诗体把它排起来呢？这是不可能的。它没有一句是用七言写成的。它也不是民歌体。一定要把它编成旧体诗，也是非常奇怪的旧体诗。

诗经、楚辞里有许多双音词，可能早在那时的语言就需要有双音词来表现，这是不能忽视的。这就是说，我们谈到的两种音节可以各有千秋，不能互相排斥，否则历史上很多的现象就不能解释。

歌曲《在那遥远的地方》也是七个字。这样的句子很普通。在我们日常生活中是离不开这种语句的。我们给小孩子讲童话，说："从前有一个国王"。如果像这种句子都排斥了，我们就很难说话。如果写童话诗，我们怎么写呢？就要写成"从前有一个老国王"，或者"从前有一个小国王"了。像这样的句子，末尾的两个音是重的，中间是轻音，这样的音节在口语中是太普通了。像"奉君金卮之美酒"这句话的出现，也许是诗人想用特殊的歌调来作试验。多少也反映了这样一个客观事实，就是说有种句子是避免不了的，放在七言诗里边不太好，如果改掉它也很可惜，但把它放在词赋里边却不成问题。

现在我们的民歌就遇到这种情况。按照我上面的解释，有些七言体的民歌就要发生变化，我们承认这种变化是可能的，现在七言体的民歌可以发展。但这样一来，七言体的某些优点就要失去，可能就不合乎通常的锣鼓点了。所以说它是有它一定的限制的。

我想句子的结构的样式，是经过音节来贯彻的。当然也还有其他的原因。从语法上来看，整个句子的形式可能受音节的一些限制。如民歌体中间，第一句和第二句可以是连贯的两个句子合成一个完整的句子。这是和它的音节相仿的关系，在这种情况下，这个句子如果过于松散，就会有一种毛病。句子整齐有好处，可以使句子音节上的整齐变成句子整个构造上的整齐。这种构造上的整齐常常使这一段成为一首小诗，而每一个句子都是单句。每一个句子都是单句也有好处，但是也有一些缺点，有些说法就很难利用。

为什么一首民歌和一首新诗，题材相同，而音节不同时，读起来印象就不同呢？音节上多多少少的不同影响了造句，这样一来，造句的简单化，单纯化，缺少变化，也不免给写诗的人造成困难。旧诗有些要求也不一定复杂，主要是要求完整一些。如果想使句子完整一些，就要有音节，而音节的限制也会使得造句章法受到限制，也会造成一种我们不完全希望的那种影响。

“五四”以来的新诗，很少用五七言。比较整齐的诗都是四六八言，虽然并不是很整齐，在戴望舒写的那种自由诗中，也有些比较整齐的句子，就不是自由诗了。

新诗，押了韵的，比较整齐的，不很松散的，多半是四六八言，我想这是不需要详细举例的。四六八言是新诗的骨干。诗人若愈加注意格律，这就愈加显著。八言在《诗经》、《离骚》中是没有的，《离骚》句子有些不整齐，有点像八言。两头四个字，中间加一个虚字，如《胡笳十八拍》中的第七首：“日暮风悲兮边声四起，不知愁心兮说向谁是。原野萧条兮烽戍万里，俗贱老弱兮少壮为美。逐有水草兮安家华垒，牛羊满地兮聚为蜂蚁。草尽水竭兮牛马迁徙，七拍流恨兮恶居于此。”像这样的一首诗，颇有八言风味。

但是八言的形式是很难发展的。六言诗比较容易写，历史上各个朝代都有人写它，但是六言诗在中国诗史上也没有构成它的地位，只在词里，或在新诗中，才有了地位。

在我看来，冯至同志写的六言比历史上的六言诗高明得多，“给我狭窄的心，一个大的宇宙”，只是念时不是六个重音。在口语中很难设想编出六个重音的句子，如果编，也是很糟糕的，八字的都是重音的句子在我是更难想象。

闻一多的诗《死水》是八言诗，实际按字数是九言。

林庚同志提倡九言诗，他的意见是有相当的根据的。但他的九言诗实际上也是八言诗，四个双音加一个轻音字，即是加一个衬字。也不一定把八言看得那么死，都要重音。只要它有一定数目的重音，有一定的安排、排列，就可以得到一定的效果。在现代的新诗里边，四六八言中四言较少，六言八言是基本的形式。

把新诗说成是从外国移植过来的东西，这是不妥当的，当然它有一定的外来的影响。五言诗七言诗中也有外来影响的词句，但不是起决定的因素，因为诗是语言的形式，我们不能搬用整个外来的语言形式，而且外国语言的形式是搬不过来的。但是过去写新诗的同志并不太注意中国诗的历史渊源，关于它们的关系，说得比较少。实际上新诗体是我们现代的口语加上历史上的诗体的传统的一种发展，再加上外来诗的刺激，但这只不过是外来的刺激而已。现代的口语、汉语本身的形式和历史的传统这几种因素加在一起，就产生了现在的新体诗，其中有一部分是比较整齐的，以四六八言作为骨干的诗体。

新诗的诗句中有很多复杂的变化。我前面举过一些例子是关于旧体诗中不同的情况的。这些例子，如果和新诗去比较，就会发现从前的诗也不是那样正规。七言体，或其他形式在新诗中都可以存在，比方说，郭沫若同志的《女神》中：“我契己的心友呀”和“帝高阳之苗裔兮”音节一样。“女的抱的是什么”，“男的背着一捆柴”，“悲哉秋之为气也，草木摇落而变衰”，都是一样的。这是一种文字游戏，没有什么道理，不过有些比较重要一些。如《离骚》的第一句“帝高阳之苗裔兮”和“我是一条天狗呀”一样，何必加一个呀字呢？“浩浩乎平沙无垠”上三下四，在新诗中也是非常多的。

何其芳同志讲：袁水拍同志的诗，“美国第一靠不住，威慑政策一场空，新世界朝气蓬勃，旧世界老态龙钟。”前面两句是上四下三，后面两句变成上三下四了。所谓上三下四，和“浩浩乎平沙无垠”是一样的。这种句子是非常的多。

我们可以这样来设想，我们面前有了两种新诗的体裁——这是在我们这个范围说的。其实新诗的体裁不止这两种，有很多种。如果都说上，大概有七八种，而且都有发展的余地，都有前途，都可以提倡，都不要排斥。

我们可以设想，两种体裁都是中国诗体中正当的合理的合法的继承和发展。这样一来，我们就可以找到一条出路。否则就可能两面互相争论，会使我们的新诗不能得到比较顺利的发展。应该说，这两种形式都是新诗的基本方式，在语言中都有它的基础，在音节上都有它的长处。尽管从某一方面说有一种形式更加好，但是另外一种体裁也有它的优点，各有所长。过去一个时期，新诗的发展，忽略了七言诗，但是七言诗的生命并未结束，它还有很大的发展前途。我们的歌谣可以收集那么多，这是什么原因呢？而在歌谣中这种七言的形式还是很多的。可见七言的发展不仅是可能的，而且有它特殊的优点。人们对于音乐的感觉是非常具体的。五七言和六八言的两种体裁使音节和节奏有了变化。八言的节奏固然有些限制，但是也有优点，使人听了也有美感。七言诗的发展，不仅仅是因为可能，而且也有必要，它的音节给人的美感又是六八言诗所不能达到的。

这样看来，我是一个和事佬，不是各打五十大板，而是各给五分。各种形式都有它的优点，都可以发展。问题是如何使这些优点真正成为优点？从美学观点上来说，它们本身也有一种要求，要求互相配合，互相补充的。

现在的问题是对新民歌体和新诗体这两者的音节上和其他一系列的问题注意和研究得不够。这个问题可能是很复杂、很繁琐的问题，但对于现代诗歌的发展是很重要的。

无论那一种体裁，要真正能够实现，本来可以是非常简单的事，可是如果不注意有时可以弄得相当复杂。为了解决中国诗的出路，使之更好地发展，我建议：

首先把新诗诗体好好地确定起来，使之明朗化。旧诗有入门、启蒙的书，我们也应该做这种工作。各种诗体有了大体的定规，大家有了共同的语言，等于有了一个“宪法”。我是什么样的诗都能接受的，我要求大家都能了解这一点；诗是有很多种体裁的。

可以有自由体，而且自由体的长处也很多，对于自由体的诗不要施加压力。还有一种散体诗，句子结构有的整齐，有的不整齐，有些句子比较松散，音节比较随便，有时长，有时短，押一点韵，有时也不能用音节去计算，音节也有多有少。这种诗，可以从历史上的散体赋中去找解释，也可以有这样一种体裁。不过我现在稍微感到这种体裁有点泛滥了，这种泛滥对于诗造成了一种不好的声誉。

大家知道，有一个对于现代新诗的批评，这就是毛主席说的，“新诗我就是不看，送给我多少钱我还是不看”。理由是这种诗写的随便，想写成什么样子就写成什么样子，这还成吗？我想主席的这种批评是代表人民的批评。

诗没有一定的约束，使人有两方面的遗憾。一方面是如果诗句比较整齐，节奏也比较整齐，读诗的人就能够领略一种整齐的美感。跳舞和散步不一样，散步有散步的美感，但是跳舞常常是比散步给人的美感大一些，否则，散步的地方很多，何必去跳舞呢？不但在文学艺术方面是这样，其他艺术方面也有这种情况。节奏整齐能够使人心情上感到愉快；如果句子不整齐，就不能给人以快感。这是条件反射，因为在他精神上没有准备而引起的。这是一方面。另一方面是，如果这首诗是经过推敲的作品，有一种约束，读者对这样的作品便有一种钦佩心理。我们看到一种手工艺品，制造得非常精致，不管是采取什么观点去评价它，但是有一点是共同的，即是欣赏的心理，佩服的心理，承认他费的功夫深，他本领不小。我们对于毛主席的诗词，除去内容和情绪所引起的钦佩感情外，即是大家认为它写得太好了。主席对于诗的批评，也代表了群众的审美的要求。有些诗可以多添三五个字，也可以砍掉三五个字，可以随意加减字数。这种话对于写诗的人是一种批评，本来是写诗人的甘苦不易被外界人所了解，“此中味道，不足为外人道也”，可是现在写诗没有甘苦，这对于写诗的人是一种批评。

散体诗有一种好处，但是因为它现在占了一种压倒的优势，结果就使新诗受到了一种压倒的反感。于是，其他问题就不讨论了，首先讨论这个问题。遇到这种评论，我们就难以招架。我们首先把阵脚站稳，再来研究其他的问题，那时就比较容易。

各种体裁都应该存在，而且必然会存在。比如《后赤壁赋》，到现在大家都很欣赏，并不因为形式不整齐，大家不欣赏它。可见得文章只要写得好，就不会被忘记。

刚才我说的两种格式，应该成为主要的形式，前面我说过四种了。还有其他的形式，如词曲体，也还有人在写。田汉同志的作品就谱上曲子了。有人喜欢，也有人不喜欢。

民歌体有它的限制。我们可以做些调节，减少一些限制。但是它仍然保持它的缺点，何其芳同志举过的例子："走西口"，完全按照音乐的节奏，这种民歌的发展不一定完全妥当。因为离开了曲调，读诗的人不一定就读得那样好。李季同志的《王贵与李香香》头一段是"公元一九三〇年，有一件伤心事出在三边"。按"信天游"的调子来唱，这没有问题。懂得这个道理的人可以念得两句很协调，不懂得这个道理的人念起来可能就有小问题，就念不顺。因为"有一件伤心事出在三边"和"公元一九三〇年"连在一起，读者要费许多猜测。也许猜的对，也许猜不对，猜不对的人对这首诗就不感兴趣了，因为它的音节未被读者所了解。所以民歌完全跟着一定的音调走，会发生这样一些问题。

这给我们一种启示，七言诗可以有七言的味道，但是不一定是七个字，可以是八个字，九个字，十个字，但是还是保持了七言体的规律。它有着一定的规格。这个规格我们要承认它。这个规格也很简单，可以衬字。

将来小学一年级教科书中可以讲清楚诗的形式，这样可以形成一条轨道，一直发展下去。当然，发展中也会有变化。但总要有一种固定的形式。

七言诗中，还有这种情况，可以叫七言的变体，就是上三下四，上四下三混合在一起，这不是好办法。这点我和何其芳同志有同样的偏见。因为它不能给读者一种心理上的美感，读者读时摸不清规律，使人无法掌握音节。《五月端阳》是交插的，是李季同志有意的尝试，可以形成一种统一体，就和不变化差不多。我的想法可能过于旧了，因此不一定合乎实际。七言体可以有许多变化，但是他还是保持一种音节的形式。读者知道这种体裁，他就更容易接受。如果通篇都是上三下四这种体裁，也还是七言诗，也可以写得很好，不过按照我的分类，我就不把它分到七言体中去。

这种体裁叫什么，今天在座的有好几位教授，可以让他们想出一个名字来。我觉得上三下四的体裁宁可放在六言体，与其说它是七言体变出的不如说它是六八言体里变出来的。

六言八言这种格式究竟是一种什么格式？我也不太清楚。近二三十年很多人讨论这个问题。我的想法也是守旧，但是不一定能把这种诗体的特点说得更清楚。有人给音节起了一些名字，顿、音步、拍子等。这些术语不一定能把现在诗句中的音节关键说得很清楚。音步是翻译的说法，它的意思和拍子差不多，其中可能有轻重音。今天没有叫语言学家陆志韦来参加这个讨论。他也研究过这个问题。如果我们更多的注意中国历史上诗的传统所产生的规律，用外来的诗或者现在的口语来印证和研究这个问题的话，对于诗的创作实践会更有帮助。我没有更多的研究，也没有实践的经验，我觉得如果我们暂时不讨论外国的音节轻重音的变化，而从汉语、口语的音节出发，以口语的顿来做诗的顿，那样有些情况是符合的，但有些情况也会不适合，因为口语比较自由一些，口语中顿不是主要的，虽然有时说话也产生顿的美感。

而诗的情况不同一些，有时就会发生问题，也就是说念诗要合拍子，一顿有时要念三个重音或四个重音。有时，读者又不知如何数法，即如何分出顿来。这还不要紧，但是读起来就没有一个明了的节奏美感。诗应该有一种比较明显的，一种形成了习惯的节奏。

六、八、十言这种格式，也还有推敲的地方。有的人严格的照顿来写，但是读起来却不合传统，不能给读者形成一种美感。要形成习惯是比较容易的，但是至少需要训练。李季同志，田间同志他们在诗的音节方面做了努力的研究。卞之琳同志在另外一个方面对于音节进行了试验。

卞之琳同志的诗我可以了解，我可以读它，但是多数的读者并不能欣赏。作者费了很大苦心，读者看不出来，诗愈加口语化，音节就愈加不明了。三字一组的拍子在口语中大量存在，但是介绍到诗中来就不容易。还有待继续探索试验，开路的人免不了会感到寂寞。

还有些词，用的比较多，如“共产党”、“拖拉机”。这些词在诗句的安排上恐怕要比较慎重些。我的通篇发言，都是从比较守旧的观点出发的，如果从比较革新的观点来说，那自然是没有问题的。但我们要与中国诗的长期传统联系起来。三个字的音节，如果是重重轻，这样的音节是大量的没有问题。如果是重轻重，那就会造成一些小障碍。如果是重重重，障碍就会多一些。它们连到一起，读者读一拍或两拍都可以，如果把它念成七言诗的句子那就会念不好。卞之琳同志用通俗的口语写诗，但是当做诗的音节来看却是非常不通俗的，因此在读者中间引起不好的反响，发生了一些问题。三个字一定要切成两个字，语言的安排免不了有些简单，三个字的音节还是要用，但是作者要作一种安排，使得读者听起来和双音节差不多，这样就比较容易流行。

任何时代的诗，和任何民族的诗，以一种风格排斥另一种风格都是不好的。也许有某种风格为许多同志所喜爱，也许某种风格现在不为读者喜爱，将来会成为阳关大道。读者对于卞之琳同志的诗，没有给他应有的欣赏的程度，当然还有其他的，如修辞等等原因。

一个作家的作品，有多少手举起来赞成，并不能成为标准。批评家根本不能用这样的观点去研究作品。双字尾的诗，它的发展会比现在的情况更好一些。诗句本身的音节还要搞得更明朗，更自然。在音节的通俗化方面将来还可以多加注意，可以和音乐家合作，找到通俗的音乐的节奏，使读者更容易接受。

究竟诗的样式是怎样的？可以有各种的样式。也许除了那些短小的抒情诗，两节对称的诗之外，还可以有一些诗，这种诗中国外国都有，句子的变化或者每一小组都有它特殊的结构。它由于艺术的需要，有了一种特殊的安排。我们要做有意的安排，不要无意于安排；要严格而不要粗糙。这种诗能给读者音乐上和节奏上的明确的感受，他们接受它。这样，作者就要作许多推敲，使读者读时也能引起相称的观感。花的心血越多，读者给以称赞、鉴赏、欣赏的热情也会同样多。要把诗搞得更整齐，更美，更能够合乎现在的合理的要求，是完全可以的。民歌体也是这样。

我个人有一种希望，我非常希望诗人不要怕困难，多花一点功夫，把诗体在群众中间都弄清楚。让群众都知道各种各样的诗体都有它的好处。各种各样的体裁都是有意义的，也让群众都知道，什么样的诗情适合用什么样的诗体。虽然目前我们还有相当的困难，这些 问题需要弄清楚。当诗的必然性还没有被我们充分认识时，我们也就没有得到自由。必然性被我们充分认识了，我们得到了充分的自由了，那时我们完全可以像古人那样的即席赋诗，不仅当场读起来愉快，即席诗也可以成为不朽的作品。这是完全有可能的。我们历史上有许多这样的故事。这也合乎我国诗史的传统。诗的传统的发展，同时也是口头语言的传统的发展，如果有很多人努力去研究，这条路一定可以走得更快。

关于袁枚的《黄生借书说》*

（一九六〇年十二月二十九日）

彭真同志：

袁枚的《黄生借书说》〔1〕抄一份送上。因未找到普通选本，《四部备要》本头太大不便传送，未将原书送来。

文意颇好（末了还是要借书的早还，并不肯送人，不过这也证明借书之难），可以考虑请人译为白话，写一短文介绍，在《北京日报》或《人民日报》副刊发表〔2〕。

敬礼

胡乔木

一九六〇年十二月二十九日

---

* 此篇是致彭真的信。据作者手订的《书信选辑》（铅印本）收录。标题是作者加的。彭真（1902～1997）：山西曲沃人，时任中共中央政治局委员、北京市委第一书记、北京市市长。

〔1〕袁枚（1716～1798）：浙江钱塘人，清代诗人、散文家。穷书生黄允修向他借书，他在“授以书”时告之“书非借不能读”，并写了《黄生借书说》。

〔2〕1961年1月23日《人民日报》发表了邓拓的《从借书谈起》，并刊出袁枚原作和白话译文。

诗史上的创举*

——介绍郭小川的《厦门风姿》

（一九六二年九月六日）

陈总、康老：

介绍你俩看一首诗——《厦门风姿》。这首诗除感情热烈、文采富丽外，特别可注意的是一百六十行通体都用对仗（隔句对和当句对，略似骈赋）调平仄，每句押韵（北方流行的所谓十三辙的宽韵），章法严谨（每四行一节，每一大段一韵到底）。虽然篇幅略感冗长，不无小疵，但用白话写新式的律诗，究为诗史上的创举，也是主席号召的在古典诗歌基础上发展中国诗的一个认真的努力。这首诗发表已两个月了，我也是由于报刊的推荐和电台的朗诵才找出来看的。因为您俩都关心这方面的情况，不揣冒

---

* 此篇是读郭小川新作《厦门风姿》后致陈毅、康生的信。据作者手订的《书信选辑》(铅印本）收录。标题是编者另拟的。郭小川(1919～1976)：河北丰宁人，诗人。《厦门风姿》载1962年6月18日《人民日报》。

昧，特以奉上，并请对所见不当之处予以指正。[1]

胡乔木

一九六二年九月六日

〔1〕 陈毅9月8日在胡乔木信后批："康生：乔木同志送来郭小川长诗，请阅。我觉得郭小川在新诗人中是有前途的。乔木同志意见甚对，的确太冗长，不耐看。如何，请提意见。"康生9月9日批："已阅，甚好，确是创举。'无韵律不成诗'，这是历来的看法，读此诗，心中甚喜，惟词句尚欠精练，不知对否？"

辛弃疾词《水龙吟·登建康赏心亭》之我见*

（一九六二年十二月三十日）

承焘先生：

近读大作谈辛词《水龙吟》一文，[1]略有所见，写上呈政。

词中下片首两句，先生以为反语，这种说法对帮助读者了解稼轩抱负之不同凡俗，可能是好的。但作者原意果否如此，似尚有斟酌之必要。我国封建时代地主阶级文人羡慕归隐，几成通例，虽豪杰之士如稼轩者亦不能免，此在辛词中所在多有，即在与此作同一时期、用同一故实以示对张翰之向往者，亦屡见不鲜，所以这里很可不必曲为之说。求田问舍云云，直承上文，只是深一层来宣泄自己的痛苦心情，盖退既不能乐享林泉，进又不能报国救世，心非许汜，而迹则无以异之，坐视华年，冉冉以

---

* 此篇是致夏承焘的信。据作者手订的《书信选辑》（铅印本）收录。标题是编者另拟的。夏承焘（1900～1986）：浙江温州人，宋词研究专家，杭州大学教授。辛弃疾（1140～1207）：山东历城人，南宋词人。

〔1〕指夏承焘《谈辛弃疾的〈水龙吟·登建康赏心亭〉》一文，载1962年12月23日《文汇报》。

去，此真所谓大无可如何之日，故欲红巾翠袖为之一揾英雄泪也(红巾翠袖解为离骚求女之意，亦失之凿）。此词用意本甚显豁，先生一代词学大师，岂待班门弄斧。意者或求之过深，将以现代进步观点要求古人，解释古人，遂不觉大义微言，触目皆是。前之释苏词“朱栏绮户”句，殆亦生此耳。古人之进步，终不能如今人之进步，其于君臣男女家国出处之间，观点迳庭，直不可以道里计。我们只要还古人一个本来面目，便是马克思主义的唯物主义的历史主义的态度。这样，古人留给我们的好东西，其价值并不因而减少，反是亦未必因而增加。私见如此，不敢自必，献之高明，会其或有一助乎。书造口壁词解释很好，[1]邓广铭先生[2]考辨金兵实未追至造口，但宋后确曾逃经造口，谓与此词起兴全不相涉，理由似不能认为充足。

专此，即颂

著安

胡乔木

一九六二年十二月三十日

〔1〕指夏承焘《谈辛弃疾的〈菩萨蛮·书江西造口壁〉》一文，载1962年12月28日《文汇报》。

〔2〕邓广铭（1907~1998）：山东临邑人，北京大学教授，宋史专家，著有辛弃疾研究专著作多种。

对美术工作的一些意见*

（一九六三年七月至八月）

一

提高工作要做，普及工作也要做，阵地战与游击战都要打！美术馆内的固定陈列或经常举办的各种展览，都是提高的，是打的阵地战；此外，还要做一些群众美术工作。例如：可以挑选一些百幅一套的专题的、美术作品复制品，装裱和设备要灵活轻便，像游击队一样，过去美协曾将这类展览送到过农村展出，那么，现在还应将这类展览，送到城市里的机关、工厂、学校去展出，还可以组织美术家参加这一工作，接触接触群众。

---

* 作者于1963年7月9日到中国美术馆参观了“朵云轩书画复制品展览”和“江苏水印版画展”，7月29日参观了中央美术学院研究班作品展览。参观时谈了一些意见，8月13日又打电话给中国美术家协会负责人谈了一些意见。此篇是这些谈话的主要内容，摘录自中国美协当时整理的谈话记录。

二

油画要打开出路，旅馆里小幅风景也可以挂，原作价钱贵，但画店可在卖复制品的同时，陈列原作。

是否能和公园里商量特辟一间房子，轮换陈列美术作品，可以增加游人兴趣，公园出一点费用，每一期付给作者一定的报酬，就像出租小人书一样。

美协还可以设街头画廊，如中苏友协那些橱窗，我看最近没有什么可摆的，不如借用来轮换陈列各种美术作品。

雕塑也要设法摆到公园里去。像这个小孩石雕（指陈叔光作“小胖”）就会人人喜爱。我曾向杭州美院建议，放一些雕塑在西湖边。这里昆明湖、北海都可以考虑。

当然现在各单位预算都很紧，不易批准。但是事情开头总是难的，好事不会从天上掉下来，总要我们想各种办法去打开难关。比如没有钱，咱们先从私人爱好者募捐。乐意赞助的人还是有的，像郭老、茅盾等，你们要办时也算我一份。

三

对于齐白石、徐悲鸿等人的作品，要认真地分析、研究、评论。社会上还有一些喜欢美术的评论家，也可以请他们参加。对作品评论要展开争鸣。

对齐白石作品，就有不同的看法，我知道就有两位，认为齐白石作品是没有什么了不起的。一位是康生，另一位是叶圣陶。

我说，齐白石画了一些群众喜爱的新鲜的题材，叶说，齐学了吴昌硕，但不及吴昌硕。徐悲鸿是近代一个大画家，有些画确实很好，可以考虑复制。

齐白石、徐悲鸿过去虽曾开过他们的展览，今年是徐悲鸿逝世十周年，为了纪念他，是否还可以两个人分别或合起来在美术馆开展览。可以配合组织一些文章，也是一种纪念形式。

徐悲鸿纪念馆陈列得不太好。徐的生平经历无详细介绍，作品年表也没有。他和国民党的斗争，对坏的情况的斗争，对新事物的支持，都没有介绍。像这样一个美术家，纪念馆应该管得更好一些。

“芙蓉国”的意义*

（一九六四年三月十三日）

西民同志：

在沪时曾问起“芙蓉国”的意义，现查《北京晚报》一月二十六日有一篇答复，节录其意如下：

《佩文韵府》入声部“芙蓉国”条下只引明高启诗“芙蓉泽国临漫雨，禾秀田畴掩冉风。”（此诗未查出处，似非指湖南）但《全唐诗》第七六四卷唐末诗人谭用之《秋宿湘江遇雨》：“江上阴云锁梦魂，江边深夜舞刘琨。秋风万里芙蓉国，暮雨千家薜荔村。乡思不堪悲橘柚，旅游谁肯重王孙？渔人相见不相问，长笛一声归岛门。”芙蓉有两义，一指荷花，一指木芙蓉，二说均可通，因木芙蓉据本草亦称出自鼎州，即今湖南常德。

总之，“芙蓉国”即指湖南，作者用典亦出谭用之诗句。全诗是写湖南的大跃进（前五句是写地写景，但二、四、五句也是

* 此篇是为答复石西民关于毛泽东《七律·答友人》中“芙蓉国”的意义问题写的信。据作者手订的《书信选辑》（铅印本）收录。标题是作者加的。石西民（1912～1987）：浙江浦江人，时任中共上海市委宣传部长。

暗示，后三句点出主题，长岛即长沙，长沙附近湘江中有一长岛，至今仍在，亦即以得名），与日本毫无关系。

另请代告丕显同志[1]：上海和华东的话剧[2]在北京演出很成功，群众和绝大多数专家都表示满意。文化部和剧协前此对华东会演重视不足，态度不端，现在正在认真检查。遗憾的是中央领导同志因忙于中罗会谈[3]，未能观看，这是美中不足的一点。

在沪多承关照，特此志谢。

敬礼

胡乔木

一九六四年三月十三日

---

〔1〕陈丕显（1916～1995）：福建上杭人，时任中共中央华东局书记，中共上海市委第一书记。

〔2〕1964年3月，上海人民艺术剧院话剧二团和山东话剧团在北京演出话剧《一家人》、《激流勇进》、《丰收之后》等。

〔3〕此次中罗两党会谈于1964年3月3日至13日在北京举行。

谈民间文学工作*

(一九六四年四月十五日)

一、民间文学的记录。现在是记录文学的东西多些，至于民歌、民间故事实际流传的情况怎样，例如民歌是怎样唱的，在什么情况下唱，谁唱的，怎样流传的，这方面材料比较少见。

《民间文学》上过去发表评论，提出大的原则问题多一些，有关了解作品的民俗学方面的材料发表的很少。这种记录，过去做搜集工作的同志没有很注意。而这些材料是很有价值的。看一部民间故事、民歌集，可是不知道在什么情况下产生的，就等于看《诗经》一样。《诗经》由于当时没有记录这方面的材料，所以被后人作了种种曲解。过去的作品需要注出这种说明，才能使人了解。这些材料，我们今天不去记录，以后的人也就更不能知道。民间文学的研究，实际上与民俗学分不开的。我们很难设想把它们分开；分开了，人们就不易看清它的性质。比如明清民歌，我们就不容易弄清是不是都是民歌，是什么地方的民歌，流传的范围怎样，等等。现在我们搜集民歌，情况比以前不同了，但缺少说明，也不能使人正确地理解作品。民歌有的虽然写的是

---

* 此篇是1964年4月15日与民间文艺研究会负责人贾芝的谈话。

男女对唱，实际上是不是真是男女对唱的，民歌手是些什么人，这些都是很重要的历史材料。袁水拍曾说，他记得小时候听到过养蚕的人唱民歌，是年纪比较大的妇女在养蚕、缫丝时唱；唱歌的人都是女的，男的一进去，她们就不唱了。在云南，情况就不相同，每到晚上，男男女女一块唱歌。福建、广西都是这样。广西有“歌圩”的风俗，很盛行。关于“歌圩”虽有记载，但无准确、完备的记载。这方面的材料，我希望转告搜集歌谣的同志注意。刊登这些材料，对于了解歌谣有很大帮助，可以帮助我们判断它的性质。旧社会有种种特殊情况，我们要记录下来。甘肃人民出版社出版的《花儿》编得还好，我很感兴趣，但这方面的材料也没有记载。前言中有一些介绍，也比较简单。作品选得还好，如莲花山庙会，有情歌对唱，庙会是男女彼此对唱的机会，可是我发生了一个疑问：回族人在男女婚姻关系上很封建，男女能否对唱花儿呢？这些情歌表现的感情相当真诚，不像广东特别是粤东的某些情歌，表现男女爱情以金钱为转移。例如有很多歌中所说的男女爱情大概都是非法的。但非法到什么程度却不得而知。这种民歌所反映的男女关系是什么关系，最好能说明。这类男女的结合，一般往往最后总是两个人一跑了之。有的是，女的总是说要杀就杀，要剐就剐，反正她不变心。大概是没有结婚的妇女，与男的爱上以后，不愿嫁给别人，要坚持爱情。有的是，男的也许已结婚，也许没结婚，也许双方断了关系，过了一些时候又恢复了关系。双方的结合，不合旧社会的婚姻关系的法律。比较起来，这些作品比较真实。但这些我们只能是猜想。编者对民歌的背景应有所说明。要作这种说明不太容易，需要花些力量，把作品流传情况的真相记录下来。

民歌还有一个唱法问题。民歌中多数是有音乐的；也有的没有音乐，有简单的调子，不定型的调子，或者是儿歌。儿歌、民谣，这种情况更多一些。在这方面也应有相当的说明。这本书（指《花儿》）引起我很大兴趣。这些都是临夏花儿。与全国汉族的歌谣不同处，是它们有一个特点：接近新诗。我不知道何其芳同志看到这些花儿没有，他要看到了我想一定很高兴。何其芳同志所说的三个字结尾、两个字结尾，有固定的规格，这些民歌里就是这样。第二、第四句是两个字结尾，从这本书里选的民歌看。这种民歌是很特别的。我发现了这种情况很高兴。中国民歌，《诗经》是四言，现在怎么一下变成七言的？是不是中间没有其他体裁？从《花儿》里可以看到诗歌形式的某些变化。我们出的民歌集，最好有音乐上的说明。现在搜集民歌，从音乐观点搜集的人，只搜集曲调，不注意歌词，往往记不全；从文学观点搜集的人，不注意记曲调，也有不会记曲调的。能同时记曲、词的人很少。最好民研会与音协合作，你们进行调查，他们最好参加。一首民歌，有曲和词，好像一个铜板的两面，也是不能分开的。民研会也可邀请他们合作。

民间故事究竟在什么情况下面流传的，这也是一个很有兴趣的问题，我在儿童时就听说过很多故事。我那时能听到很多民间故事，可是我的孩子就听不到了。那时候，老年人肚子里的故事很多，到晚上，一讲两个钟头，讲得很有兴味，不觉疲乏。现在有说新故事的，提倡说新故事，是一个方面；把老故事怎样记录下来，从科学观点说，是很有意义的，值得记录的。《民间文学》上发表的故事，记录得很简单，甚至谁讲的也不写明。这么一来，真假分不清楚。工作要求做得精细一些，认真一些。

民歌还有这种情况：伴随着跳舞，或有其他活动。云南的少数民族，常常男男女女唱到夜里，还三三两两出现，有的唱着相跟到树林子里去了。如果把这些情况记录下来，是非常宝贵的材料。如果不记录这些，只记录了歌词，就仅是文学的东西而已。还有比这更带有民俗学成分的，如风俗歌、礼俗歌。礼俗歌中，关于婚礼的歌，在什么情况下唱什么歌，有的地区是有一定的，如举行婚礼时怎么唱，挂帐子的时候怎么唱，铺毡子的时候怎么唱，等等。北方的秧歌也有一定的风俗，总是有一些人结合起来，有一定的组织，有一些工具。有的是娱乐的性质，也有兼带谋生活的性质的。苏北有一种花鼓，就很惨。唱两三句，人家给他一块饼；为多要一块饼，就多唱几句；主人如果不给他，他就会在唱中骂起来。这种情况已超过了礼俗的范围，但都跟一定的民俗相联结。

五四时代的歌谣研究会，记录民俗比较多。现在，搜集工作着眼在文学多，民俗的记录少了。民间文学和民俗学没法子割开，它们本身就是一个东西，民歌中有各类的民歌，有民俗性质的，有技术性质的，有仪式性质的，不止要把文学记录下来，还要记下来围绕它的东西。有些材料可能不适于在刊物上发表，也可搞一种内部的东西。因为这是一种历史，一种科学。而且老年人死了，就记不下来了。现在的社会变化很大，我们要记录新的，也要记录旧的，这是千载一时的机会，现在不记录，将来就不容易了。这是民俗方面的问题、音乐方面的问题。流传、表演的方式、方法，都要记录下来才好。

二、现在民歌出版得很多。解放以后，民间文学搜集工作成绩很大，尤其是民间文艺研究会的工作有很大成绩。我非常高兴。可是把历年出版的集子排在一起，就可以看出：有些地区、有些方面出得多些，有的地区、有些方面没有。云南大学有一些同志有兴趣，他们做得多些，贵州、广西、西藏也搜集得较多，新疆就少些。新疆维吾尔族和其他很多民族都会唱歌。可是解放了十几年，搜集得太少了。如果民研会的力量少，可以通过中宣部，请新疆领导上注意这个工作。不但是新疆，如果画个地图看看就可看出非常不平衡。自从毛主席提倡搜集民歌以后，各省都出版了一些。但各省都是一阵风，没有持久的工作。希望将来由文化部用行政方法使搜集工作持久地做下去，不至成为一阵风。现在各省搜集出版的书、材料，不能说是使人很满意。把汉族搜集的与少数民族搜集的相比较，汉族的就差多了。汉族地区，过去李景汉等人编的《定县秧歌选》，是有价值的。可惜这种工作后来没有人做了。其中有些作品，或变成曲艺，或变成戏曲。变成曲艺时改得很多，甚至连作品的面貌都改变了。从演出的观点来看，改是好的；但从科学观点说，不用改。记录保存，要保存原来的东西。民间文学要防止这一点。现在有的作品加工太厉害。这样改过的作品究竟是不是民歌呢？加工可以加好，也可以加坏。这项工作究竟怎样做，的确是一个问题。在延安的时候搜集陕北民歌，后来是搜集东北民歌，那时工作做得比较仔细。这个工作我们怎样继续下去要注意。有一些民歌可以整理出版。公开出版不适宜的也可内部出版。使做研究工作的人得到需要的材料。

工作要把面铺开，希望搞一个规划。民研会只有二十七八个人，少一些。像云南，依靠云南大学，也是一种方法。别的大学，如复旦大学也很注意。不用另设编制。利用各大学的中文系也是个办法，可想想这种办法。当然对他们不能要求太高，但也不无小补。

三、关于民间文学研究工作。在我们的刊物上，这种研究还是需要的，就是历史性的研究。过去北新书局出版的《呆女婿的故事》，一部分还可选。徐文长的故事，糟粕比较多一些，例如开玩笑，做损人利己的事，等等，但是不是就不搜集了？如果不搜集，将来就没有徐文长的故事了。还有解学士的故事，以及各种神童的故事，都可以搜集。解学士的故事，江苏有“将父作马，望子成龙”的故事，仔细推敲，也可以说它有封建的东西，但历史上的东西这是免不了的。“望子成龙”不一定真要儿子作皇帝，不过是非常希望儿子发达。这些方面，还是要搜集，因为作为历史科学去研究，不能抹煞这些。没有这些，就不能进行系统的、科学的研究，不能全面地认识民间文学。像孟姜女的故事，梁山伯与祝英台的故事，各地就有，都可以搜集。

民间文学的研究，比较历史研究法还是要承认的。要作一种历史的研究。一部分民歌、民间故事，没有特殊意义；一部分神话、童话，的确有很古很古的历史。可以追溯到原始时代。虽然有些学者有些附会，但不能说完全是附会。有些神话后来变成了民间的东西，实际上本来是自然方面的东西，其中有超自然的东西。如同语言的比较研究一样，比较历史研究法可以帮助我们研究历史。民间故事的演变，雷同是有的。民间故事的分布表示文化流传的路线。也有一种特殊的表示居民迁徙的痕迹。这些对研究历史是有价值的。现在人少，从事研究的少，过去研究的人现在又不研究了。这些还是要研究，像顾颉刚的孟姜女故事演变的研究，还是有价值的。他的材料不完全，解释可能不准确，但故事的演变可能是事实。民间故事由一个地方流传到另一个地方，由一个国家流传到另一个国家，这是有的，如阿凡提的故事，就流传在不同国家，同样的民间故事，中国有，离中国很远的国家也有，不应轻易武断，拿一两条根据推断，但的确可以研究。从民歌、民间故事中看出人民对反动统治者的愚弄、反抗，一目了然。这比较容易，主题是男女的忠贞爱情，一目了然，也比较容易；如进行大规模的科学研究，就不那么容易。

我们的任务很多。记录、表演新的很重要，可是研究历史，还是要研究的，如同我们要革命，历史还是要研究。研究有比较简单的方面，如语汇规律、形式、体裁。这些比较容易。这方面的研究，现在因为人少，进行得也比较少。

四、其他。

新的民间故事，应该是口头流传的，而且是在相当范围内流传。如果没有这个条件，不能说是民间故事。说故事，稍接近民间文学形式，电影故事也能说，却不是民间故事。如果从一本书改头换面，如现在有人说《红岩》，如果没有创造性的加工，也不能算民间故事。民间文学为社会主义服务不易解决，像历史怎样为社会主义服务一样。研究民间文艺是研究已经存在的民间文艺，不能把将要成为民间文艺的东西当成民间文艺。可以提倡，但不能肯定它的地位，不能强加于人。

民间文学要为农村服务的确不大容易，旧作品恐怕要改造，有些作品要直接服务会有困难。可以考虑另外出一个“农村故事”或《民间文学》农村版。本子薄，字大点，作品经过挑选，不限于农村，出普通版，城市工人也可以看。

毛主席对民间文学很感兴趣。但他要求比较严格。他能背诵一些民歌（汉族的）。对歌颂他的，他不看，当然也不是完全不看，有些艺术上好的作品，他也会看的。主席欣赏的水平很高，不是名字叫民歌就满足了。他认为《红旗歌谣》选得不精，水分太多，现在的民歌，搜集得少，选的质量也不高。

甘肃的《花儿》，我建议重版一下，选入你们的丛书。

我的这些愿望，如果可取，也并非容易实行。

关于《词十六首》的通信*

（一九六四年十二月至一九六五年二月）

一、胡乔木致毛泽东（四封）

（一）

主席：

词稿〔1〕承您看了，改了，并送《诗刊》（现因停刊改送《人民文学》），这对我是极大的鼓励，非常感激。康生同志告，您说词句有些晦涩，我完全同意，并一定努力改进。三首词结句

---

* 作者在杭州休养期间于1964年10月至11月先后写成词十六首，经毛泽东悉心修改，在1965年1月1日《人民日报》和《红旗》杂志1965年第一期发表。这里选辑的是围绕《词十六首》的主要的通信。据作者手订的《书信选辑》（铅印本）收录。标题是作者加的。《书信选辑》中陈毅致胡乔木信为节录，编者据陈毅信原件收入全文。

〔1〕词稿：指作者1964年10月下旬寄请毛泽东阅正的十三首词的未定稿。

的修改[1]对我是很大的教育。

因为粗心，稿中有一首漏了一句，有一首少抄了两个字。幸同时寄呈郭老，他详细地推敲了，给了我一封长信，除指出以上错漏外，还提了许多修改意见。为了便于您最后改定，我向人民文学社要了清样（结果不知怎的寄来了原稿），想根据郭老的指点先作一番修改。有些觉得两可的，就只注在上面，请您选定。有几处修改要加说明，用纸条贴在稿旁，供您斟酌。此外，我又续写了三首《水龙吟》，重加排次，使这一组词[2]相具首尾，补足稿中应说而未说的方面，请您审阅。这三首我也另寄郭沫若同志和康生同志了，请他们把修改的意见直接告诉您。

《沁园春》一首，在此曾给林乎加同志[3]和陈冰同志[4]看过，后来又把其中提出的意见同霍士廉[5]、曹祥仁[6]两同志说了，得到了他们的完全同意。省委决定对西湖风景区进行改

---

〔1〕 胡乔木词稿《水调歌头·国庆夜记事》结句“万里千斤担，不用一愁眉”，毛泽东改为“万里风云会，只用一戎衣”；胡词稿《沁园春·杭州感事》结句“天与我，吼风奇剑，扫汝生光”，毛改为“谁共我，舞倚天长剑，扫此荒唐”；胡词稿《菩萨蛮·一九六四年十月十六日原子弹爆炸（其五）》结句“魔尽凯歌休，濯缨万里流”，毛改为“魔倒凯歌高，长天风也号”。

〔2〕 10月所作十三首词中有《水龙吟》四首，加上11月续写的三首，这一组词共七首。

〔3〕 林乎加（1916～ ）：山东长岛人，时任中共浙江省委书记处书记。

〔4〕 陈冰（1920～ ）：江苏淮安人，时任中共浙江省委常委兼宣传部长。

〔5〕 霍士廉（1910～1996）：山西忻县人，时任中共浙江省委副书记兼浙江省副省长。

〔6〕 曹祥仁当时任中共浙江省委书记处书记。

造。《浙江日报》已登了十几篇读者来信，要求风景区也要破旧立新，彻底整顿，把苏小小[1]墓等毒害群众的东西加以清理。这是你多年以前就提出的主张，在现在的社会主义革命新高潮中总算有希望实现了，[2]所以在此顺便报告，并剪附今天的《浙江日报》一纸。此事待有具体结果后再行报告，以便能在北京和其他地方有所响应。

敬礼

胡乔木

一九六四年十二月二日

(二)

主席：

第二次修改稿[3]十九日收到，因清样今早才到，所以回信迟了些。

这几首词承您和郭老几次费心修改，去掉很多毛病，增加很多光彩，非常感激。关于不应轻敌的批评[4]，我完全接受，那段话去了很好。

在清样上作了一些细小的文字更动，除校正原稿排错的地方

[1] 苏小小：此指南齐名妓苏小小。

[2] 毛泽东在此处写批语："这只是一个开始而已。"

[3] 指毛泽东对12月2日胡乔木寄去的包括11月新写《水龙吟》三首在内的《词十六首》及其"引言"的修改稿。

[4] 批评写在《沁园春·杭州感事》词旁和"引言"旁。详见《致〈人民文学〉、〈人民日报〉编辑部》注〔2〕、〔3〕。

在清样上作了一些细小的文字更动，除校正原稿排错的地方外，想尽力所能及，使之比较好懂，不知妥当否？有两处略加说明于下：

（一）《水龙吟》第一首结句：“看风帆竞驶，鹏程共驾，比云天壮”，终觉不甚称意。为此曾苦思多日，最后才想到了现在的改法：“唤鹰腾万仞，鹏征八表，看云天壮”，意思是想表示领袖群伦，高瞻远瞩，奔赴世界革命和世界共产主义的伟大远景。觉得在气魄韵味方面和上文“洪钟”、“南针”、“文章”、“谈笑”等的关合方面，似较原句稍胜。不知想得对否？

（二）《水龙吟》第五首结句：“幸良师三径，长蛇封豕，作妖魔舞”，揣摩许久，仍不敢说是懂了。我猜测这可能指赫下台了，帝国主义的原形更易暴露了，但赫当政时帝国主义也作了许多妖魔舞。又猜测是指赫虽下台，他的门徒和他仍有三径可通，所以修正主义者们仍作妖魔舞。但这样与全文不甚调和。不敢妄断。因此就很冒昧地重拟了一个自觉较为醒豁的结句〔1〕，敬供您审阅时酌定。

现将改过的清样送上两份（其中一份有些旁注，另一份没有），请定稿后交《人民文学》和《人民日报》编辑部。
敬礼

胡乔木

一九六四年十二月二十日

〔1〕 这个结句是：“看后车重蹈，愁城四望，尽红旗舞。”定稿用此。

（三）

主席：

改稿因信使往返赶不上新年发表，由一秘书用电话传来，全听懂了。改的地方除两处外，均完全同意，现将这两处的意见用电话传回，托人抄上，如下：

（一）“肺腑如见”的“见”字〔1〕属霰韵，与全篇所用霁未韵在古今音中均不能通押，故不好用。另，用“如见”与正文“记”字呼应也差些。

（二）“当年赤县，同袍成阵”〔2〕，似觉不如原句自然亲切、意义含蓄又明白易解。另，改句与下文“寒风里，生机旺”的关合似不够紧凑，“赤县”与“当年”连用也觉有些勉强。因此，这一句我想不改也可。

专此谨复。敬祝

新年快乐

胡乔木

一九六四年十二月二十七日

---

〔1〕作者自注：《贺新郎·看千万不要忘记》一词中，原句为“记寻常亲家笑面，肺肝如是”，主席曾改为“……如见”。定稿时主席同意改为“……如是”。

〔2〕作者自注：见《水龙吟》（七首）第一首中，原为“喜绿荫千里，从前赤地”，主席第一次改为“喜当年赤土，绿荫千里”，后又改为“喜当年赤县，同袍成阵”。编者按：这句定稿用“喜当年赤县，同袍成阵”。

（四）

主席：

“北辰俯仰”[1]一句，把领袖和群众的关系两面都说到了，说活了，实有点铁成金，出奇制胜之妙。现因想到“南针思想”一句（此句以思想居主位，南针居宾位，前后句本不相称）可否仿照改为“南针指掌”，此语除通常解释外，还有领袖指导、群众掌握之意，如此则在内容和形式上都可与“北辰俯仰”一句相配合。“东风旗帜”原也想改为“东风驰荡”，但觉不如原句鲜明，故放弃了。又前句“晓歌齐唱”原作“战歌齐唱”，拟恢复，使意义较明确。

以上均请酌定。

敬礼

胡乔木

一九六四年十二月二十八日

[1] 作者自注：原为“北辰共仰”，主席改为“北辰俯仰”。

二、胡乔木致《人民文学》、《人民日报》编辑部[1]

《人民文学》
《人民日报》 **编辑部同志们：**

近日**病中多暇**，学习写了几首词，多关时事，略表欢喜之情，**并鼓同志之劲**。内“杭州”一首，借指文化革命。但国内至今庙坟尚如此之多，毒害群众，亦觉须加挞伐。令人高兴的是，杭州孤山一带成堆的坟墓，经过广大群众热烈讨论和领导的决定，已经在十二月二日分别情况迁移或平毁，西湖风景区内各种反动的、封建的、迷信的、毫无保留价值的建筑和陈设，也正在有计划地清理和改造。[2]词中的一些话现在对于杭州基本上已经不适用了。[3]杭州一呼，全国响应的日子，想亦不远。至于这些词，在艺术上是不成熟的，不少地方还有些难懂，**未能做到明白晓畅**，以后当努力改进。现送上，**请加斧削。如以为可，请予发刊。**

胡乔木

一九六四年十二月五日

---

〔1〕 此件原为《词十六首》“引言”，经毛泽东改为致《人民文学》、《人民日报》编辑部的信。文中黑体字是毛泽东加写的。

〔2〕 对这段话，毛泽东在胡乔木的《沁园春·杭州感事》词旁写了一段批语：“杭州及别处，行近郊原，处处与鬼为邻，几百年犹难扫尽。今日仅挖了几堆朽骨，便以为问题解决，太轻敌了，且与事实不合，故不宜加上那个说明。至于庙，连一个也未动。”

〔3〕 此处毛泽东批：“基本上还适用。”

三、陈毅致胡乔木

乔木同志：

两次收到来信，又收到词二十六首[1]及小梅花一首“欣闻印尼退出联合国”。均读悉。你修［休］养期中，以填词自遣，这办法最好。

那天在主席处，主席说，乔木词学苏辛，但稍晦涩，主席又说，中国新诗尚未形成，恐怕还要几十年云云。把这消息告诉您，供您参考。您填的词我是能懂的。我认为旧诗词可以新用，您的作品便是证明。因此您初次习作，便能入腔上调便是成功，中间有几首，我很喜爱。您多写便会更趋熟练，以此为祝！大创作是等着您的，更以此为祝！中国新体诗未完全形成，我亦有此感。我也是主张从旧体诗词略加改变去作试验。我写新诗亦习作旧体，就是想找一个办法有助于新诗的形成。这想法不坏，但实践还跟不上。因而看到您填词，便大喜，以为我们是同路中人也。自然您比较严守词格，这是对的。不依规矩不能成方圆，但也有到了大破规矩的时候，便更好些，这看法也是可以成立的。

从五号伤风至今未愈，终日咳嗽颇苦。医者要我在家休息几

---

〔1〕词二十六首及《梅花引》一首共二十七首作于1964年11月至1965年1月。后几经修改，删去其中六首，又补入七律五首，以《诗词二十六首》为题在1965年9月29日《人民日报》和10月1日出版的《红旗》杂志第11期上发表。

天。因而才动笔回信，十分抱歉太迟了。

张茜到句容蹲点去了。

您的词我还要再读一下，有意见再写下送您，无意见便不写了!

利用故宫搞世界人民友好活动事我告总理，他同意已要人去研究办法。春暖后可能开始。

北京今冬至今未下雪，枯燥之至。湖上谅晴朗，祝您身体康复更快。

陈　毅

一九六五年一月二十日

四、胡乔木复读者（三封）

（一）

耿庆国同志：

一月十日来信收到。你在毕业后决心服从国家的分配，到党最需要的任何地方去，搞一辈子革命和建设，这个志愿很好，祝你成功地实现你的愿望。

你对于我的几首词感觉兴趣，因而问起我以前写过的能不能发表。我告诉你吧，以前我没有写过词，这次发表的是我初次的习作。以后可能还写一些或发表一些，但这现在还不能决定。当然，我以前曾经读过一些词，作过一些初步的研究，否则是不会一下子就写出来的。

词这种文学体裁很特殊，严格地说来是已经过时了，要学习写作需要一定时间的学习，以便掌握有关知识和技巧，因此我并不鼓励你认真去写它。你写的几首，热情是有的，但是对于文字的掌握还没有“过关”，有不少词语用得不恰当。比较起来，末一首《渔家傲》文字通畅，但是情韵还嫌有些不够味，需要更多的精练和抒情化。我想，你有了这份革命的热情，这是最重要的，至于写不写词，或者写得好不好，这对于一个从事自然科学的青年来说并不重要。

我近年由于得了比较严重的神经衰弱症，不能工作，也因此才有时间学习这些东西。虽然它们的内容完全是革命的，没有旧诗词中常见的那些坏东西，但是无论如何，如列宁所说，写革命都不如实干革命更为有趣。不多谈了，祝你顺利地完成你的毕业论文。

胡乔木

一九六五年一月二十一日

(二)

汪志伟同志：

一月十二日来信收到了，已送胡乔木同志看过。现就你所提出的问题答复如下：

一、“卖亲朋”至“媚音容”一段，即指赫鲁晓夫修正主义集团联美反华的勾当。

二、《水调歌头》这首词的下半首是描写一些外宾在参加天安门庆祝晚会时的感情。“天外客”即指来自远方的客人。

三、“浮云西北去，孔雀东南舞”，各由古诗“西北有浮云”、“孔雀东南飞”两句稍加变化而来。这里都有双关的意义。前句既可指原子云向西北飞散，也可指赫鲁晓夫下台。后句既可指北京演出《东方红》大歌舞（十六日晚毛主席等党和国家领导人出席观看），也可指原子云状如孔雀开屏。

四、“十载簧言”和“十年一觉邯郸梦”的十年，均指赫鲁晓夫当政的十年。赫系一九五三年上台，距一九六四年下台时约为十一年，这里举整数。

六、台湾虽尚未解放，但全国究竟是空前未有地巩固地统一起来了，所以仍不妨说“喜江山统”。作诗词不能也不必像写论文那样每句话都要求数学式的精密准确。

胡乔木办公室〔1〕

一九六五年一月二十八日

（三）

徐拒沿同志：

一月十六日来信收到，并已转给胡乔木同志。他嘱咐我们对你所提出的三个问题简复如下：

一、“谁共我，舞倚天长剑，扫此荒唐。”〔2〕上文的土偶妖骸所指很广，并不限于有形的庙坟，一切旧文化中的偶像骸骨都包括在内，对这些东西必须进行很艰巨的长期的斗争。这里用

---

〔1〕 此信是作者起草。

〔2〕 此句见《沁园春·杭州感事》。

“倚天长剑”，是为了加强声势和渲染形象，只是一个比喻，当然不是说依靠武力或单纯行政力量。“谁共我”也只是对群众的一个呼吁，并不就是说依靠少数人。在诗词中的文字不能看得太死。

二、“举世饥寒携手”〔1〕，是从《国际歌》“起来，饥寒交迫的奴隶”一语演化而来，我们现在唱《国际歌》并不发生“过时”的问题，成为问题的倒是有些号称社会主义的国家把全世界饥寒交迫的奴隶给忘记了。这首词是从一个革命还未成功的国家的革命外宾的角度来写的，他在北京看到全世界被压迫人民的团结和希望，所以用这句话比较恰当。此句上承“乐土人间信有”，下接“前路复奚疑”，如改为别的话就缺少了必要的反衬（乐土——饥寒——前路）和逻辑（饥寒——前路——乐土）的力量。

三、“似曾相识归来燕”〔2〕一句，是为了使人们对现代修正主义联想到第二国际的老修正主义。这一句与全词的前后文有不可分割的联系，改掉就索然无味。这个句子，不过是一个现成的熟句，并非政治公式，中央的信件引用这句话也并非要把它变为政治公式，所以在什么地方利用它，都可以按照需要给它以新的含义。你想得未免拘泥了一点。

敬礼

胡乔木同志办公室〔3〕

一九六五年二月

---

〔1〕 此句见《水调歌头·国庆夜记事》。

〔2〕 此句见《水龙吟》第四首。

〔3〕 此信是作者起草的。

关于评论《水浒》的谈话*

（一九七五年九月十六日、十月十四日）

一

宋江搞修正主义〔1〕，只是借用。

农民战争同无产阶级革命不是一回事。农民起义中有革命和投降两条路线的斗争。中国农民战争史很长，从长期的农民战争经验中吸取教训，是很需要的。

---

* 此篇是在国务院政治研究室讨论撰写评《水浒》文章时的两次谈话。标题是编者加的。前一次在1975年9月16日，讨论评《水浒》文章的提纲；后一次在1975年10月14日，讨论评《水浒》文章的初稿。这篇评论文章没有定稿。

〔1〕这是毛泽东的评语。1975年8月13日毛泽东回答一位大学教员的问题，对中国古典小说《水浒》作了评论。《人民日报》1975年9月4日发表社论《开展对〈水浒〉的评论》，引用了这篇评《水浒》谈话的前两段："《水浒》这部书，好就好在投降。做反面教材，使人民都知道投降派。""《水浒》只反贪官，不反皇帝。屏晁盖于一百零八人之外。宋江投降，搞修正主义，把晁的聚义堂改为忠义堂，让人招安了。宋江同高俅的斗争，是地主阶级内部这一派反对那一派的斗争。宋江投降了，就去打方腊。"

中国历史上的农民起义，夺取政权后本身变质，不是投降。

不是处处扣《水浒》，但也要多用《水浒》的历史教训。

斯大林关于皇权主义的话，〔1〕要作正面的批评，要答复这个问题。历史上的农民起义中，并不是一定拥护原来的好皇帝。有很多农民战争是拥护好皇帝的，但也有很多是不拥护的。有的自己要作好皇帝。自己当皇帝，不用贪官污吏。历史上农民战争有不同情况，有各种各样的领袖，项羽、李密、宋江。不能把投降派用农民阶级的局限性来概括。只反贪官，不反皇帝，不是农民的局限性。很多农民起义是反皇帝的。这个方面，要多少提一下，批一下。否则，文章就不够分量。

二

农民革命有长期失败、分化、投降的教训。无产阶级革命同农民革命首先是有区别的。即使是革命的农民运动也有它的局限性。

农民是不是皇权主义者？投降是不是农民的局限性？农民有没有局限性？这些问题要有明确的正面的回答。

农民同地主在斗争过程中，在思想上、政治上、组织上互相渗透，不仅通过宋江这样的投降派带进来，即使是革命派也要带

---

〔1〕 斯大林1931年12月在《和德国作家艾米尔·路德维希的谈话》中谈到俄国农民起义领袖拉辛、普加乔夫等时说："除此以外，在说到拉辛和普加乔夫的时候，决不应该忘记他们都是皇权主义者：他们反对地主，可是拥护'好皇帝'。要知道这就是他们的口号。"

进来。因为农民不能同封建主义彻底决裂。历史上农民运动总是得不到出路的。

无产阶级革命的前途是明确的，但是还要解决一个问题，资产阶级影响还是强大的，还要从思想上、政治上、组织上向无产阶级渗透。过去无产阶级革命中对这一点估计不够。

从过去农民战争的失败，可以从哪些方面得到教训？

首先是认识阶级斗争的复杂性，认识统治阶级有长期的优势。封建社会的农民如此，我们今天也如此。资产阶级思想、经济、政治的因素，决不会因为建立了无产阶级专政而不发生强大的影响。在这方面要有充分的认识。梁山农民不可能有这种认识，我们要拿来作借鉴。不能低估统治阶级影响的长期存在。农民运动不能低估封建阶级的影响，无产阶级革命运动不能低估资产阶级的影响。

苏联人民在相当一段时期内对阶级斗争的复杂性估计不够，对资产阶级复辟的可能性没有警惕，所以一旦发生资产阶级复辟，人民群众几乎陷于麻痹状态。对社会主义社会的辩证法，社会主义社会仍然是充满矛盾，对立统一，长期不宣传。因此，在苏联这样一个建立了多少年的社会主义国家，发生了资产阶级复辟。我们就要警惕。

农民要从理论上、思想上完全自觉地区别混进来的人，相当困难。农民不可能有科学的阶级概念。农民有的要求分土地，有的要求推翻皇朝，有的只反贪官，有各种不同的情况。就是觉悟最高的，要求分土地，由于没有先进生产力，没有科学理论，最终只能失败。

苏联有先进的生产力，有科学理论，但也会被腐蚀。列宁建立了苏维埃政权，也不能保证建立的政权后来不变成修正主义。应当充分认识到敌对阶级的互相渗透，这种渗透在夺取政权以后更危险。敌人混进来后，篡夺了政权，一个社会主义大国就变成社会帝国主义。

从这个观点来吸取梁山的教训。梁山这是个悲剧，但并不是不可理解的。我们现在就是从多方面来吸取教训，来对付内部、外部的敌人。

农民战争也有不同情况。有拥护好皇帝的，有自己要做皇帝的；有提出土地纲领的，有不提出的；有推翻地主统治重新建立一个地主统治的，有投降的。

不要把历史看成一个平面的问题，把无产阶级革命同农民革命的问题放在一个水平去观察。要把农民运动同无产阶级革命的区别说一下。李逵不能解决的，无产阶级完全可以解决。总的归结到努力提高阶级觉悟，提高识别能力。这就是我们学习毛主席关于评论《水浒》的根本意义所在。可以比较，不是类比。

中国党同苏联比较，为什么在中国右派搞复辟不会那么容易？斯大林缺乏一种明确的认识，我们有了明确的认识，有了自觉。斯大林一直在理论上强调没有阶级斗争了。斯大林在理论上的弱点被在他身旁的叛徒所利用，来彻底反对他。

请帮助姚雪垠出版长篇小说《李自成》*

（一九七五年十月二十三日）

主席：

送上长篇小说《李自成》作者姚雪垠由武汉写给您的一封信。[1] 姚在信里说，这部小说他拟写成五卷约三百万字，第一卷已改写，第二卷已写成近两年，但还没有地方出版，请求您能给予帮助。

姚的信是宋一平同志托我转送的。宋现在哲学社会科学部工作，以前长期在武汉，所以姚把信寄给他。宋还把姚给他的两封

---

* 此篇是致毛泽东的信。按档案收录。标题是编者加的。1975 年 11 月 2 日，毛泽东在这封信上写了批语："印发政治局各同志，我同意他写《李自成》二卷、三卷至五卷。"

〔1〕 姚雪垠致毛泽东信全文附后。

信〔1〕也给我看了。因为这两信可以帮助了解姚目前的具体困难，所以现在也一起附上，供您在需要时参阅。

敬礼

胡乔木

一九七五年十月二十三日

附：

姚雪垠致毛泽东

（一九七五年十月十九日）

敬爱的毛主席：

我是长篇历史小说《李自成》的作者。解放后我在您的思想教育下立志以李自成为主人公，写一部反映我国历史上农民战争的长篇小说，书名就叫做《李自成》。《李自成》第一卷于一九六三年在中国青年出版社出版后，我曾给主席寄上一部，表示对主席的无限敬爱，也表示是在主席思想的哺育下开始做出的一点成果。

---

〔1〕姚雪垠致宋一平第一封信写于1975年10月8日，信中讲述了《李自成》书稿的“进行情况和出版问题”，说明“我想给主席写一封简短而诚恳的信”，并详细叙述了内容要点，希望宋设法“通过什么渠道，将我的信转到主席手中”。宋接读姚信，即向胡乔木汇报，很快复信表示支持。10月19日，姚给宋写了第二封信，致毛泽东的信也附在这封信中。

一九六六年夏，得知主席看过了这部书，曾指示说：这部书虽然有些问题，但应该让作者继续写下去，将全书写完。我对主席的关怀和鼓励，多次感动得热泪奔涌，下决心更加勤奋学习，改造思想，力求将这部书完成得较好，以实际工作成果报答主席。

无产阶级文化大革命后期，《李自成》被列为第一批开放书目，至今继续在工农兵和知识分子读者中发生着影响。甚至远在新疆西陲（叶城）的边防战士，也来信说他们深为书中所塑造的李自成等英雄人物的坚强不屈的革命精神所感动鼓舞。由于我的思想水平低，加上第一卷出版匆忙，书中问题不少，总想修改重印。

这部书共有五卷，估计写成后字数在二百五十万至三百万之间，愈往后反映的社会生活愈广阔，阶级斗争愈深刻复杂，而故事也愈波澜壮阔。我一直认为，我是生活在伟大的毛泽东时代，我的社会主义祖国是拥有八亿人口和数千年文明史的伟大国家，纵然外人和古人不曾有过这样部头庞大的和内容繁富的长篇小说，我应该有写成这样一部小说的雄心壮志，以巨大的热情付诸实践。

第二卷稿子已经写成将近两年，约七十万字左右。由于十年来继续学习和探索，尤其经过无产阶级文化大革命的思想教育，第二卷在思想内容和艺术上都会有所提高。

虽然我寸阴必争，不论盛暑严寒，每日凌晨三时左右起床工作，但我已经是进入六十六岁的人了，不能不有任重道远之感。许多读者都担心我会完不成《李自成》的写作计划。虽然我打的是较有准备的仗，但我仍须要对有关的历史问题和历史生活继续做大量的研究工作，而且将历史研究的成果化为小说艺术，要花费很多的辛苦劳动。往往为几句符合人物性格和历史特点的对话，得反复推敲，才能写定。至于构思一个艺术细节，安排一个人物活动，更要苦心经营。我从来只靠下苦功，不曾靠什么灵感，不曾有过“文思如泉”、挥笔千言的时候。倘若在一切方便的条件下，我能够专心致志地工作，加上已经有了个八万字的写作提纲和第一二卷的基础，大概用三年时间可以写成一卷，由于部头庞大，书中出场的人物众多，头绪穿插复杂，反映的历史问题和生活方面较广，五卷陆续出齐后必须统改一遍，才算完成。主席：要在我的老年完成这样大的写作计划，不仅需要我自己加紧刻苦努力，更需要党的切实领导和具体帮助。我多么希望能得到有关部门或机构具体抓一抓我的工作！

原中国青年出版社文学编辑室的负责同志虽然表示愿意将《李自成》继续出完，但该社能否复业，何时复业，至今音信渺茫。全国读者都需要读文学作品，也渴（盼）《李自成》第一卷早日重印，以下各卷能快点出版。我想，当前正在深入批判《水浒》所宣扬的投降路线，《李自成》这部书倘能及早印行，更能发挥其战斗意义。我考虑再三，鼓起勇气来写这封信，请求您将《李自成》的出版问题（包括第一卷的修改本重印），批交中央主管部门解决，或直接批交人民文学出版社处理。

敬爱的主席：我原先除写《李自成》之外，还有一个写太平天国的计划。也作了些必要的准备工作。如今转眼间已经六十多岁，身体也不十分好，而《李自成》尚未完成一半。我希望再一次获得您的支持，使我能够比较顺利地完成《李自成》，争取在七十五岁以后写出长篇小说《天京悲剧》。为要替党的文学事业多尽点微末力量，为无产阶级专政的利益占领历史题材这一角文学阵地，填补起五四新文学运动以来历史长篇小说的空白，我将不断地努力工作，努力追求，直至生命终止。即令最后完不成我的写作计划，我也不会丧失我作为一个毛泽东时代的作家的雄心壮志，任何时候都不会将意气化为寒灰。但是我相信，主席是会给我的工作以支持的。为着让主席了解我的心愿，附呈旧作七律一首。

敬祝

健康长寿!

姚雪垠

七五年十月十九日

抒　怀

(赠老友)

堪笑文通留恨赋，耻将意气化寒灰。
凝眸春日千潮涌，挥笔秋风万马来。
愿共云霞争驰骋，岂容杯酒持徘徊。
鲁阳时晚戈犹奋，弃杖邓林亦壮哉。

谨抄旧作七律一首呈

敬爱的毛主席

姚雪垠

一九七五年十月十九日

关于文艺理论研究问题*

（一九七八年十二月）

规划草案，经过了长时间的反复研究，有了很多改进。但是也还有缺点。总的面貌看起来还是跟解放后一般搞研究规划的格局差不多。例如研究文艺理论，先是马列的，毛主席的，再是中国文学批评史。这个格局本身不能说一定不对，问题是应该有更深入的内容。马克思主义文艺理论的对象是很宽的，但是我们设想得很不够，没有拟出关于文艺理论本身的题目。研究的只是马列主义经典作家的文艺论著，然后梅林〔1〕、拉法格〔2〕、普列汉诺夫〔3〕、

* 此篇是 1978 年 12 月在中国社会科学院讨论《中国文学学科研究规划（1978～1985）》会议上的讲话。登载在内部刊物《哲学社会科学规划通讯》第 12 期（1979 年 1 月 8 日）。

〔1〕梅林（Franz Mehring, 1846～1919）：德国工人运动活动家，历史学家，《马克思传》的作者。有《莱辛辨伪》等文学史著作和专门论述文艺理论和美学问题的著作。

〔2〕拉法格（Paul Lafargue, 1842～1911）：法国社会主义者，法国工人党的创始人之一。现存他的文学论文七篇。

〔3〕普列汉诺夫：见本书第 12 页注〔1〕。他也是一位马克思主义文艺理论家。主要文艺理论著作有《没有地址的信》和《艺术与社会生活》等。

高尔基[1]等等。他们的论著，是否已包括了马克思主义文学理论应该研究的全部内容？马克思主义文学理论的研究不能等同于马克思主义经典作家著作中有关文艺问题论述的研究。他们的论著中，涉及文学的多数是片段，一部分提出了一些基本观点或一些方面的基本观点。总之，他们提供了研究的方法，这对我们是极端重要的，是我们所必须精通的，但是并不能完全包括我们需要研究的问题。这就需要我们用马列和毛主席提出的立场观点方法加以全面的展开，也就是以马列毛之矢，射文艺学之的，而不能停止于以矢为的。现在规划中的主要选题，给人的印象，似乎研究马克思主义文艺理论，就是研究他们的论著。这样表面是忠于马列主义，实际是把马列主义狭隘化、教条化了。也可以说，这是中国传统中的经学家的研究方法。普列汉诺夫关于文艺的著作比较多，但严格说来，他也没有专门研究过文学理论问题，只是研究了一部分艺术史和文学史。例如说，他论证了劳动先于艺术，这很有意义，但是还不能说这就解释了艺术的起源。艺术的起源问题，还得我们进行独立的认真的研究。同样，形象思维是许多文艺理论家肯定的艺术特征，但仅仅运用形象思维并不能构成艺术，它是艺术创作活动的必要条件（也有一定的例外）而不是充足条件，艺术的全部特征究竟是什么，仍然有待于深入探讨。如果我们按现在提出的这个框子研究，就会发生这样的情况：研究马克思主义文艺理论是一个摊子，研究中国历史上的文

---

〔1〕高尔基：见本书第9页注〔1〕“戈理基”。他是无产阶级文学和苏联文学的奠基人。文学论文有《论社会主义现实主义》、《论剧本》、《苏联的文学》等。

学理论是一个摊子，研究西方文学理论又是一个摊子。怎样把这三者统一起来呢？而且我们自己应该进行一些什么独立的研究呢？如果我们对文艺理论没有进行独立的、全面的马克思主义研究的要求，只是去研究马列主义文艺论著的背景、源流、注释，这能否算是已经完成了研究任务呢？我想是不能。如果我们研究中国的文学历史时，只是勉强应用几句马克思主义文艺家的话，那实际上只是算术上的加法，两者大部分联系不起来。因此我们必须考虑增加一些题目，并且是主要的题目，否则很难以前者为武器，来答复后者的问题。就是鲁迅，也没有给我们留下专门的文学理论著作，他在杂文和其他著作中提出了一系列宝贵的观点，但是并没有形成完整的思想体系。本来，文学理论的学科范围是很广的，内容是很丰富的。不论是研究一般的文艺理论，或者是研究中国文学历史，我们都需要建立真正有系统的理论的基础。现在的计划，规模不够完备，视野不够宽广，要求不够深刻。我们研究的对象主要是前人的著述而不是文学的直接现实，这就不容易做到独立的研究。前人的著作，也是当时他们对文学上一系列问题的理解。我们现在需要的是以马克思主义的方法去研究文学本身，而不能局限于研究前人的研究。研究之研究当然也要做，也许后一辈人还要搞研究之研究之研究，但是这究竟不是第一义的研究，不是根本而是枝节。

中国古代的文艺批评，是我们的一项研究对象，研究它可以帮助我们了解中国古代文学。但是古代的批评家一般没有正确的方法，对于同时代的文学现象甚至没有全面的观察，以至今天我们认为主要的，他们认为简直算不得文学；我们认为算不得文学的，他们却认为是文学的正宗。这个问题要我们自己来弄清，不可能靠古代和外国评论家代我们弄清。写文学史当然要有理论的说明，但是我们这样的研究还很少。例如说，中国文学的整个历史，为什么有它的特殊发展？几千年的散文为什么在文学史上占了这么重要的地位？它们同欧洲的散文比较有什么特色？中国的诗和世界各国的诗比较，也和中国的新诗比较，它有些什么特点，这些特点是怎样形成的？中国的长篇小说，这里是说新文学运动以前的，也应该作一个完整的研究。规划中也没有这样的题目。仅仅有《红楼梦》研究，《水浒》研究，仅仅有目前格局的小说史，并不能解决这个问题。要研究中国文学的特殊面貌，它的特殊的发展规律。用一般的历史的、社会的、文化的原因分析还不够，还要分析它特殊的艺术发展的规律。跟世界上相似的体裁的作品比较，它们有什么特殊的贡献，特殊的成就？它对今天有什么意义？如果不能提出这种问题，提供给现代的文学青年，那末将来培养出来的人，至少大多数人也将继续不能答复这些问题，因为在他们的头脑里首先不存在这些问题。对中国文学的理解没有科学的基础，就很难有历史的比较和分析。我们现在搞了很多一般化的研究方法，是历史上长期形成的研究方法，在很大程度上不能适应科学进一步发展的需要。

清末以前似乎没有人编文学史，也似乎没有真正的作家研究。文学史和作家研究的出现，是清末特别是"五四"以后的进步。但现在不能停止在这个水平上。现在规划中的题目，大体同解放前差不多，出选本，文学史，断代史，作家的研究等等。我想还需要在更广的范围作一些新的研究。要开拓一些新路。这当然是不容易进行的，但应该作为努力的目标。

文艺学应该当作科学的整体，应该把马克思主义的方法应用到研究文艺科学上来。现在的规划中没有把文学当作科学的对象进行研究，规划虽然有一两个题目，但整个规划中看不出来。

有些选题可以列上，太具体的不必列举。例如对“四人帮”的政治批判，可以不列。我怀疑“阴谋文艺”能够列入文学理论研究题目，“四人帮”没有什么值得大规模研究的文学理论问题，但对“三突出”〔1〕之类的批判还是有必要。至于“阴谋文艺”作为历史现象应该留下记录，就如清朝的文字狱，当作文学史的题目很需要，但说不上是严格的文学理论问题。还有些历史性的东西，个人回忆，例如周总理与文艺。周总理对我国文艺事业的发展起了很大作用，应该纪念，应该写回忆录，但不一定要列为理论研究题目。关于作家研究，如鲁迅研究，郭沫若研究，一定要有科学水平。这是搞学科规划，如果把规划的范围不适当地扩大，就会降低规划的水平，把规划变成时事性、新闻性的了。规划稿现在用不着再修改，可以先拿出去讨论。重要的还是在做。不要在做什么、怎么做上占太多时间，到后来很多事都没有做。

有了文学研究规划，加上世界文学研究，再加上艺术研究规划，就比较完整了。美学问题，如果只从文学方面研究，不跟其他艺术，如音乐、美术方面的研究联系起来，不容易得到预想的结果。

文学研究，搞古代的也好，当代的也好，除了作家与作品

---

〔1〕“三突出”：是“四人帮”在上海的亲信于会泳根据江青的指示归纳出来的塑造人物的重要原则。即：在所有人物中突出正面人物；在正面人物中突出主要英雄人物；在主要人物中突出最主要的中心人物来。1969年11月，由姚文元改定、江青批准作为文艺创作原则。

外，还需要作一点关于文学的艺术发展和文学体裁的发生发展的研究，关于文学作为社会现象的发展程度和文学的社会地位、社会作用的历史特点的研究，文学思潮、文学主题、文学题材的研究。如果只注意个别作家作品的研究，特别是如果只注意作家作品的社会研究，很可能掉进这样的公式：某一作家是某一思潮的代表，他的社会政治倾向，他在什么作品中表达了他的什么观点，就完了。这就很难真实地再现文学的历史。而且读了这样的历史，对研究文学现象和希望从历史得到创作的借鉴的人也不会有什么帮助。此外，历史的发展变化，文学作品中反映到什么程度，现在几乎没有这样的著作。例如，对于五四运动到一九二七年的革命史、社会史，文学反映了什么，这就不是研究某一两个作家作品所能解决的。彻底地研究了鲁迅，也不能解决这个问题。又如妇女在中国过去文学上的反映，在现代文学上的反映，工人、农民的形象在文学上有些什么反映，少数民族从什么时候开始进入中国文学领域里来，这些账都值得算一下。文学作品有哪些传统的主题，这些传统的主题经历了一些什么演变，现在有些什么新的解释，新的意义，这里也有一批很重要的研究题目。有的主题出现在中国的新文学，而中国旧文学没有出现过，否则怎么叫新文学？新文学与传统文学究竟有什么不同？只一个《狂人日记》研究，不能答复这个问题。不能以几个作家研究代替文学的全面研究。规划中有这个缺点。目无全牛，只看见一个个人，一个个作品，没有看到整个文学运动，而不研究这些，就难于写好文学史。

明年是五四运动六十周年，要研究这六十年文学的变化，过去没有做过认真的研究，这方面希望进一步探讨。

规划中，我们的力量究竟怎样，怎样培养新生力量，还没有认真研究，要想出办法，把它订入规划，如只讲两句抽象的话，不能解决问题。现在，文学研究力量遇到了危机，光凭大学培养，不能解决问题，要注意最缺乏的是什么力量，用什么办法去解决，要解决哪些问题，多少年内解决到什么程度，将来修订规划时要注意。

新诗要在继承自己的传统中提高*

（一九七九年一月十四日）

现在很多同志都提出要打破“禁区”。在党的中央工作会议、三中全会上，着重提出要解放思想。我想对于新诗的工作，这也是很重要的一条。

我所说的就是要打破“禁区”。我认为，新诗是有成绩的，不是没有成绩的。就我所知道的，毛主席对新诗是有过兴趣的，是注意过的。我举一个确实的证明：他在一次跟我谈话时曾经谈起冯雪峰，他对冯后来一些见解、表现是不满意的。我曾经向他推荐过《回忆鲁迅》这本书。毛主席看了；看了以后说，这本书水太多了，实在的东西不多。在这前后，他和我讲，冯雪峰在青年时候写的《湖畔》〔1〕，最初的版本不是写得非常好吗？为什么现在写的文章这么别别扭扭的？写《湖畔》那时的精神到什么地方去了？实在说，我那时还没看过《湖畔》这本诗集。我在朱自清的《诗选》里读

* 此篇是在1979年1月14日在《诗刊》社召开的诗歌创作座谈会上的讲话。标题是收入《胡乔木文集》时加的。

〔1〕《湖畔》：冯雪峰与汪静之、潘漠华、应修人的诗歌合集，1922年3月自费出版。由此成立了“湖畔诗社”。当时冯雪峰是杭州浙江第一师范学校的学生。

过冯雪峰早期的诗。后来我在旧书店里买到一本《湖畔》。看了以后，觉得《湖畔》确实是一本很好的诗集。在新诗初期，里面确实有很多很好的作品。有些作品直到现在还是新诗历史上很可宝贵的财产。确实有一些很好的。不但有很纯朴的感情，很热烈的感情，而且也有相当优美的表现形式。大家可以相信，我说的这话完全是确实的。这就证明，毛主席第一他是看过一些新诗，而且第二他认为新诗是有成绩的。如果认为新诗没有成绩，那么，他就不可能跟我说这样的话。他就认为《湖畔》是很好的诗。

应该说，在中国新诗的历史上，跟《湖畔》有相等的价值、比《湖畔》有更高的价值的诗集多的是。所以我认为，不能讲新诗搞了多年没有任何成绩。本来，要说新诗的成绩，要从实际出发，不能从任何权威人物的评判出发。评判，要拿实践来检验。确实，毛主席在延安时候，很注意新诗。不过，以后毛主席对新诗是表现了相当的失望，这是事实，可是就在这时，毛主席在很长时间还是肯定新诗，不愿意肯定旧诗。所以，就在写《沁园春·雪》这首词的时候，毛主席不愿发表。不久以前，《新民晚报》的赵超构同志说了这个经过，毛主席是不愿发表的，后来在《诗刊》上发表毛主席的诗词，毛主席就说，诗歌应以新诗为主。我认为这是毛主席的基本论断，至少是代表了毛主席的基本论断。

新诗是有成绩的。这个成绩，是客观存在。这个成绩在每个人的心目中造成的印象是不一样的，这是必然的。首先，新诗没有普及到那么一种程度，到现在还是少数人看。不要说每个人都看，就是大多数人看，或者多数人看，都很难说。这样一来，有许多好的作品没有能跟读者结合起来。所以，评论新诗的人也就很难作出公正判断。除非他对新诗确实不管是什么一种体裁，什么流派都看，看得很多，有研究；这样，这种评判才能是可靠的、公正的。希望大家不必因毛主席说过一些不利于新诗的话，就觉得有什么困难，感到一种压抑，或感到一种迷惘。完全不需要采取这种态度。

新诗的成绩从什么时候算想，就拿刚才说的毛主席说的这个例子，那么，新诗的成绩就应从开始有新诗的时候算起。《湖畔》不是延安文艺座谈会以后的作品，可是毛主席就肯定了这个作品。这也说明，新文学运动的历史，当然就要从最早的新文学作品（不管哪种体裁的作品）开始出现时算起。我们没有理由把新文学从一九四二年算起。就是无产阶级的新文学，也不能从一九四二年算起。这样算法不合乎客观实际，这样写出的历史，不能完整地反映新文学运动，包括无产阶级文学运动的历史。无产阶级文学运动以前的新文学，它仍然是新文学；它仍然是区别于旧文学；它仍然是中国新文学史上的划时代的大事。不能因后来有无产阶级新文学的崛起而抹煞新文学运动的功劳。在这方面，毛主席在《新民主主义论》里，以及在其他的一些著作里，也都讲得很清楚。新文化运动包括新文学运动，是同五四运动联系在一起的。我们说，新诗运动也应是这样。

从有新诗历史以来，产生过很多的诗人。今天在座的就有很多位，像谢冰心同志，像冯至同志，像卞之琳同志，像艾青同志以及其他许多同志。我没有准备，不能一一提到，随便举几位来说。当然，郭沫若同志，还有其他许多同志，都是中国新诗的大诗人、大作家。他们对于新诗的领域、感情的领域、对新诗题材的扩大、主题的扩大、各种形式的探索，都作了非常重大的贡献。今天不是来讨论新诗历史的时候，这个会没有这个任务；我也没有企图完成这个任务。提到这个问题,不仅为了说明新诗是有成绩的,而且承认这个成就,对于新诗的发展有非常大的关系。什么非常大的关系呢?我们现在的新诗经历过很多发展阶段,出现很多流派,出现很多不同的风格;各个流派、各个风格、各种体裁的作家,对于新诗的艺术,都作出了贡献,都作出了很大的贡献。离开这些贡献,来发展新诗,能不能这样设想呢?我认为不能这样设想,不应该这样做。如果这样做,那我们就会遇到非常大的困难,我们就会徘徊不前,我们就会落在时代的后面,我们就会脱离群众。为什么?因为新诗如果不承认自己的传统,要提高是不可想象的。不承认在自己的传统里面已经得到的成就,那么,新诗的艺术的提高,是不能想像的。不能从零开始,我们的基础不是零。如果我们从零开始,而且不断从零开始的话,那么就真有变成零的危险。我们已经有了很多的先驱者。做了开头的工作,做了拓荒的工作,付出了非常辛勤的劳动。这些劳动如果一笔抹煞,采取虚无主义的态度加以否认,这是非常简单;或者说在一首诗里找出一句话两句话,或者把这些诗的题目加以统计,证明这些诗人是脱离时代的,他们是根本与人民大众没有丝毫的关系的,他们表达的是什么感情……如果是这样,说起来是很容易。要知道,要创造一个新的文体,像诗歌这样的领域,要摆脱中国几千年的各种各样的旧诗体,在那个范围以外创造一种新的诗体出来,这是非常艰苦的工作,这不是很容易的事情。我们决不能把过去的诗人所做的劳动任意贬低。

不仅新诗的形式,各种各样形式的新诗都需要认真研究。这些诗的主题、题材,这些诗里表达的感情,也不能一笔抹煞;也不能说这些都是资产阶级的感情,这些都是剥削阶级的感情,或者这些都是颓废派的感情,都是个人主义的感情。

毫无疑问，这些是有的，有这些感情，应当分析。可是不能轻易地、大刀阔斧地来一笔抹煞了事。如果我们采取这种态度，新诗的发展就会遇到困难；而且已经遇到困难。现在就是这样。因为我们根本不承认二十年来中国新诗走的道路，在这里积累的非常宝贵的经验。那么正好，我们每个人说从零开始，这是不行的，这是一种夸大。从自己开始或从自己所接近的、所接触的作品开始，开步走，这是一种很大的不幸。这是我们今天新诗为什么不能像其他艺术形式，在解放后发展得那么快的一个原因。当然，其他形式也不是发展那么快的，这是比较来说，这是个很重要的原因。这是我个人的看法。

诗，要成为诗，要为群众所接受，为群众所喜爱，这是很不容易的。不是有这种愿望，有这种热情，不是仅仅就这样自己坚持努力奋斗所能做到的。历史上无论什么伟大的诗人，也还是从比他更早的诗人学习了很多。我们的新诗，不仅要学习过去的新诗人的作品（这部分作品究竟有限）；还需要学习中国历史上几千年伟大诗人的作品；还需要学习世界各国诗歌的伟大作品。这样才能得到丰富的营养。那么，我们才能创作出真正的珍珠般的诗篇。这种作品，使人百读不厌；不需任何人去鼓吹，它就会在人民中间流传，也禁止不了。还有，例如说要有强烈的感情；当然从一个方面来说诗歌并不单是感情。这个问题比较复杂，一下子说不清楚。

诗歌包含很多因素。这些因素的一种非常和谐的、非常巧妙的结合，使读者读后得到各个方面都满足的享受；这是一种非常高超的艺术，这不是随便可以做到的。古代的诗人，同外国的诗人，留下来的作品，名家的作品，解放后出版介绍方面做出很大功绩（可惜后来受到很大挫折）。把这些都加起来，可以作为我们营养的来源。营养的来源当然不能代替最重要的生活的来源。生活是最主要的来源。可是,其他方面的营养也是绝对不能缺少的。仅有生活是不能产生诗歌的,就如同仅有生活,不能产生剧本,不能产生小说一样;仅有生活也不能产生机器,一定要有科学。那么,文学艺术的各个部类也是一样。科学是从生活发生出来的,就如同树木是在地上从土壤中生长出来的,但树并不是土壤。所以,我们过去对于新诗的传统的忽略、对新诗的成就的否定,对新诗是一个很大的打击,很大的损失。因为有很多古代的诗人,外国的诗人,要把他们的遗产变成我们今天诗人的营养,要消化这种食物,要有特殊的胃口,要经过特殊消化的过程。并不是所有的人都有这种消化的器官,这是事实。所以新诗的传统,对新诗学习者是特别宝贵的。因为,它是可以直接吸收,直接帮助我们的。

我在不久前,看到报上介绍《于无声处》作者〔1〕的谈话。他说,早就想写剧本,他总没有写成,直到打倒"四人帮"以后,他有机会看到曹禺同志的《雷雨》,然后,他就觉得他能够写这剧本了。这是一个很明显的事实。有了生活,有了素材,有了激情,可是怎么样表达,怎么样构思,才能达到作者预期的效果,这条路不是很容易走的。如果曹禺同志的《雷雨》帮助了《于无声处》的产生,那么,同样可想到"五四"以来的很多新诗。那些新诗大部分在解放后没

〔1〕《于无声处》作者宗福先,是上海一名青年工人、业余作者。《于无声处》是他创作的一部四幕话剧,反映了1976年"天安门事件"的历史真实面目,歌颂了"四五"运动群众英雄的浩然正气,无情地揭露了"四人帮"反对周总理、镇压革命群众的血腥暴行。剧本在中共中央为"天安门事件"正式平反之前,即由上海《文汇报》于1978年10月28日至30日发表。

有出版，而且很难看到，很少有人评论介绍。不讨论新诗的艺术，新诗的形式、技巧；新诗的形式虽然曾有过讨论，但变成了纯粹的技术问题的讨论，脱离了诗的内容，这样一来，对写诗的人是不会有多少帮助的。

我最近读到曹禺同志的《王昭君》。从前读他翻译的《柔米欧与幽丽叶》，已经知道曹禺同志是有诗歌才能；在《王昭君》剧本里，我才发现曹禺同志不仅在剧本里、戏剧里表现了诗，还在剧本里实际写了诗。有各种各样体裁的诗。我不是提倡大家都来学习《王昭君》剧本中所采取的诗的体裁。不同的题目，所要表现不同的境界，要求不同的形式。这种形式要在作者手中运用自如，确实需要掌握各种各样的形式。可以说，我们现在的诗人手中所能掌握的形式是太少了，以至于他就干脆写旧体诗。实在说，有许多旧体诗，写得是不成熟的，不成功的，可是他也要去写。因为在新诗的范围中，能锻炼一个诗人的艺术的地盘是太小了。

《诗刊》里面的诗我读得很少，很难作出什么评判，没有发言权。但也读到不少好诗。比如李瑛同志写的关于群众悼念周总理逝世送灵柩那首诗[1]，就是很好的一篇。其他还有好多的诗篇，已在群众中广泛地流行了。

不过总的说来，我们对现在诗的艺术的锤炼要求太低了。锤炼是太少了，平淡的话是太多了，有时使人觉得罗嗦。诗和散文的界限也太少了。这样就妨碍了诗的提高，也妨碍了诗在群众中的

---

〔1〕 指李瑛(1926～)的《一月的哀思》，全诗五节六百余行。前四节作于1976年1月15日，当时不能发表。1976年10月粉碎“四人帮”后，作者又增写了第五节。

威信。这是一个矛盾,如果这方面要求得太高,可能会使很多人觉得这样难写,那样难写。不是不让大家写,只是在练习中间不断地提高。这是一个方面,同时还有另外一个方面:如果不注意到我们今天新诗的提高,他即使有人民的生活,人民的感情,但他提炼得不好,表达得不完美,那么它即使在一个时期在群众中得到相当程度的流传,也是不容易长期存在下去的。历史上留存下来的诗,虽然不少,但总的说来还是不多。因为人民是要选择的,实践是要选择的,历史是要选择的。历史在这里也要作许多无情的淘汰;这种淘汰,是有标准的,不是哪一个个人作淘汰,而是整个群众经常地、历史地在那里淘汰。所以希望我们今天的新诗歌能提高水平,这样就可以使得将来我们的作品更经得起时间的淘汰,更经得起广大群众,直到我们的后代长时间的选择。

我想要说的,说来说去就是这个意思,就是说我们的新诗是有传统的,我们的新诗是有成绩的。我们要肯定这些成绩,我们要在已经有的成绩里面学习,我们不能否定我们的成绩。决不能从零开始,如果从零开始,那就顶多得到一,不会得到十;从一开始,顶多得到二,甚至于不能得到二;从一开始,可能变成零点五。所以我们必须要对新诗已经取得的成就,十分地尊重,认真地研究。

新诗的这些发展,新诗的这些创作,不是偶然存在的、偶然流传下来的。它们所作的贡献,如果视而不见,把它唾弃,那只是说明我们自己犯了错误。

今年是"五四"六十周年,我们很希望在这样的年份里,能够把我们六十年的诗歌历史认真地研究一下。希望过去写得好的一些大诗人的作品能够重新出版。可以稍微有些选择,但也不必选择得太严。比方说闻一多的诗,可以出他的全集,或者说可以出他的某一个诗集。这也许是我个人的偏见。我想,像卞之琳同志的《十年诗草》,像冯至同志的《十四行集》,都值得出版。假如我们今天的中国的新诗人,连这些诗都没有读过,都没有研究过,都没有刻苦地研究过的话,我们的新诗的水平怎么会提高呢?现实的成绩摆在我们的面前,我们完全不管,那么怎能一下子就跳到很高的地方去呢?当然,像《王贵与李香香》这样的作品,它也同样已成为我们新诗歌的经典作品,还有其他的同类作品。这些作品,需要重新出版,需要讲解,需要评论,需要把这些诗的艺术造诣加以宣传。如果不作宣传,不仅一般读者,甚至一般的作者都不容易掌握。当然,刚才说的,并不是说这些作品,都要模仿;不是这个意思,我们都应当掌握这些财富,掌握这些财富,不等于把这些财富都通通背在身上。如果我们不掌握这些财富,两手空空地去创造,这样困难就会多得多。我们今天建设社会主义,我们要实现四个现代化,我们不是还要从外国"引进"吗?如果说我们一切都是自己创造,不要说二十世纪末叶,就是三十世纪末叶,我们也不能实现现代化。不能说通通依靠自己的创造,这种想法不是马克思主义。前人的实践为什么不是实践呢?为什么只有自己的实践才是实践呢?我们说的实践是广义的。只有把这种广义的实践,结合今天人民的需要、自己的感受、自己新的感情、新的思想,这样,我们的新诗就会不断地得到新的生命、新的发展。

我相信,在我们今天的条件下面,在"百花齐放,百家争鸣"的空气里面,在党和人民的支持下,我们的新诗必然会繁荣昌盛!

如何把握中国当代文学史的研究对象*

（一九七九年八月二十九日）

首先，我认为文学史研究的对象是文学创作的有重要意义的成果，而不是成果形成过程中这样那样的临时性的政治事件（不包括积极的社会变革，这种变革的影响是长期的），这些政治事件对于文学的影响是客观事实，但是这些影响也是临时性的，它们不能产生甚至也很少影响有重要意义的文学成果，这是更重要的客观事实。文学史家首先要把这些真正重要的事实从那些千变万化的现象中区别出来。确实，一些临时性的政治事件会影响到作家，甚至也可能影响某些临时性的作品，但是极少影响到那些值得写进文学史的有重要文学价值的作品。影响作家的传记，这在作家的传记部分需要说一些，但也不需要说太多，这不是因为我对作家的遭遇没有同情，而是因为文学史究竟不是作家的传记集。比方我们写新中国三十年的科学史，虽然内容不多，总还有些内容。那么

* 此篇是1979年8月29日上午听取中国社会科学院文学研究所陈荒煤、许觉民、朱寨等关于中国当代文学史编写工作简况汇报后的谈话，登载在内部刊物《文学研究动态》第20期（1979年11月5日）。标题是收入《胡乔木文集》时加的。

是否要将科学院成立、谁当了学部委员、谁在什么会议上做了报告,通过什么决议,农业纲要的讨论,一些建设项目上马下马,大跃进,这口号那口号,这批判那批判,直到"文化大革命",统统写到科学史中去呢?我认为不需要。如果写成这样的科学史公之于世,哪一个科学家有兴趣看呢?世界上的科学史都不会这样写。与唐山地震有关的政治事件如写到科学史里去,这反映新中国的哪一种科学成就呢?世界上的科学家和普通读者读科学史关心的是科学本身的发展,而不是与科学有关的社会政治事件,也不是科学管理史。也许有一部分人对管理的兴味大于对科学的兴味,他们需要读一种科学管理史,但这也必须先把管理放在正确的位置上并客观地研究其演变和规律,才有成书的希望(这种书编得再好,也不能与科学史混为一谈),否则就有可能把反科学、反管理、反历史的东西拼凑出一种毫无价值的废料。至于宗教裁判史,可以成为社会史文化史宗教史的史料,但不能成为科学史。裁判中间没有科学,也产生不出科学。哲学史也是如此。新中国三十年中间哲学研究除哲学史研究外没有什么值得论述的发展,因此就写不出什么哲学史。围绕哲学的论争、批判很不少,但是不可能用那些构成哲学史。

再如一个国家的经济史,要说到这个国家的工业发展、技术水平、管理水平、劳动生产率以及农业、商业、外贸等。至于要说到某个工厂某个银行如何修建起来的,某个工厂厂长的个人生活变迁如何,写起来就得一百卷本,甚至一百卷本也不写这些,普通的经济史不需要这样写。写经济史只能以经济发展的实际成果和变化为对象。当然经济史的作家可以因个人的兴趣、目的、表现方法的差别,使作品有所不同,但不管怎样总是以经济发展的实际成果和变化为研究对象。经济史不是经济学说史或政府的经济政策史,如果一些言谈够不上经济学说或经济政策，那就连经济学说史或经济政策史也列不进了。

文学史同样要以文学作品为对象。文学成品指在社会上发表过并得到社会上的一定评价的文学作品。如果只有手稿，没有发表过，没有发生过社会影响，就不能成为文学史的对象。文学史家讲到这个作家时只能在注解说明听说他还有什么手稿。

文学史免不了涉及作家的历史。但文学史不能成为作家的传记集，不是每个作家的活动史。例如托尔斯泰一生有很多活动，他除了文学活动外，还有宗教、教育等活动，晚年还主持过乌托邦式的活动，这都是他的传记材料的重要组成部分。但一般的俄国文学史就不详细讲托尔斯泰文学创作以外的其他活动。我们不能认为文学史不写这些是错的。相反，这是对的。又如肖伯纳〔1〕和威尔斯〔2〕晚年都投过英国共产党的票。这在英国文学史上就难写。共产主义文学史家可能要写一笔，别的文学史家就不大会写。因为这不是文学活动，也没有影响到他们的文学著作。

同样，在法国，左拉曾经在“德莱菲斯事件”〔3〕中挺身出来反抗反动政治。这事对左拉生平很有意义，在文学史上需要写几句，

〔1〕 肖伯纳(George Bernard Shaw, 1856～1950)：英国戏剧家。

〔2〕 威尔斯(Herbert George Wells, 1866～1946)：英国作家。

〔3〕 左拉：见本书第1页注〔2〕。1894年发生法国军方陷害犹太血统军官德莱菲斯叛国的冤案。左拉得到此案材料后立即投入为之伸冤的斗争。为此，左拉发表了一系列演说和文章，1898年1月发表了著名的致共和国总统的公开信《我控诉》，有力地推动了这场斗争。他因此而遭到反动势力的迫害，被无理判处一年徒刑。宣判当天他即逃亡英国，翌年才得返回祖国。

但也不能花费很多篇幅评论这些事,文学史主要还是要讲他的作品。又如罗曼·罗兰和巴比塞在欧战结束后的争论〔1〕当时很有意义,引人注意。但争的不是文艺问题。这种情况在文学史中如需要提到,也不能成为重要的题目。

一个作家,他的遭遇不管如何叫人同情,但如没有值得一提的作品,在文学史上便没有地位。鲁迅说的"空头文学家",那总还是写了几篇文章的,但毕竟摆脱不了空头文学家的地位,不管他曾在文坛上如何登龙,如何大闹天宫,总不能写进文学史,写了便成为秽史。文学家在文学史上的地位,必须与他的文学著作成果(包括量与质)成比例,不能与别的任何东西成比例。把不应该注意的事情列到文学史中去,文学史便会失去它的品格。

以上说的是作家个人的情况。对于整个文学也是如此。两次世界大战对各国文学影响很大但是文学史所关心的还是两次战争期间出了哪些作品或关于两次战争出了哪些作品而不能多说战争对于各个作家产生的个人生活上的影响。作家对于战争的态度如果不是表现于作品并且是重要的作品那文学史也就不大会写。事实上我们尽管当时很注意事后也就很少理会了。豪普特曼〔2〕和佛

〔1〕 罗曼·罗兰(Romain Rolland, 1866～1944):法国作家,1915年度诺贝尔文学奖获得者。巴比塞(Henri Barbusse, 1873～1935):法国作家。罗曼·罗兰和巴比塞都以创作和社会活动反对帝国主义战争。第一次世界大战结束,他们发生争论的事不详。30年代他们参加反对法西斯、反对侵略战争的国际性群众运动。

〔2〕 豪普特曼(Gerhart Hauptmann, 1862～1946):德国剧作家。第一次世界大战爆发后,误认为德国是在抵抗"外来侵略"而拥护本国的侵略政策。罗曼·罗兰曾发表公开信要求他谴责德国发动的帝国主义战争,被他拒绝。

朗士[1]欧战时都拥护过本国的政策，现在我们难道能根据这一点来评定他们在文学史上的地位吗？

文学史提到政治，只能在政治影响到文学成品的范围来谈。文学史不是报纸或文艺新闻。一般报纸离不开每天的政治。文学史则不然。文学史中谈到政治对文学的影响，首先要有科学的了解和判断，无论是正面的还是反面的影响，都要有科学的判断。至于政治上的影响，什么能写到文学史中去，这是要另外研究的问题。政治家对作家的帮助、谈话，是否就成为文学史的对象呢？我认为，除非对于极重要的作品发生了极重要的影响，一般不能。否则文学史就会变成文学琐闻史。中国的唐诗记事和很多诗话中充满了这些琐闻或琐谈，但是不能成为文学史。

以上说的都是一些常识。世界各国的文学史基本上都是根据这样的原则来写的。

文学史有它的特定范围，尽管在这范围中，各个文学史家会有观点、材料取舍、表达方式等方面的差异，但对象是相同的，大致的方法不会有太大的变化。这是一种科学，如同物理学不管怎样编写，它的对象总是相同的一样。对文学史的范围与对象要研究，不要为时代潮流或临时的气氛所左右，要有独立的严肃的科学态度。不能春天有春天的文学史，夏天有夏天的文学史。

其次，谈谈政治与文学的关系。

文学是上层建筑，政治也是上层建筑。但两者性质不同，任务也不同，社会作用和作用的方式都完全不一样，两者不能混为一谈。有人说，文学是手段，政治是目的，我认为它们的关系决没有

[1] 佛朗士：见本书第2页注[4]。

这样简单。革命的最后目的表现为经济和文化(人民的物质生活和文化生活),从这个意义上说,政治只是手段而不是终极的目的。这是完全可以理解的,在一定意义上是必要的。但也不能把这个事实绝对化。无论在什么历史时期,伟大的文学艺术作品都不仅仅是政治的手段。政治必然影响文学,但如认为政治能够或应当决定文学的发展,那就是政治史观而不是唯物史观了。我们当然可以写政治史如何影响文学史的专著,但是一般的文学史并不是这样的专著,它只需要写到适当的程度,而不需要超过这种程度。文学史并不因此就脱离了政治。我们的文学史有一定的政治观点,一定的社会历史观点,这是一。我们在说到作家的重要作品时,不能不说到每一部作品的思想政治意义,这是二。因此,文学史不会因为忽视临时性的政治事件而脱离政治。我不相信现在有这种危险,相反,倒是有文学淹没在政治史中的危险。这不是可能性,而是现实。

我相信上层建筑和经济基础都是有客观规律性的。我们对生产力的规律容易承认,对生产关系的规律性也能接受,而对上层建筑的客观规律性就有很多人不承认。有些热衷于发号施令的人就认为发号施令能改变一切,有权力就可决定一切,以为他一发号施令即使不能改变工农业(其实也能改变工农业),起码可以改变上层建筑。上层建筑、生产关系以及生产力当然会因而发生这样那样的变化,但这并不说明生产力、生产关系的客观规律或上层建筑的客观规律不起作用,并不意味着权力可以为所欲为。政治对文学的影响也是如此。这种影响有其客观的局限,决非随心所欲。文学史当然也可以详细叙述政治对文学的各种影响及其局限,但是我想这与其说是文学史的任务,不如说是政治史或文化史的任务。

当代文学史,这是政治干涉文艺相当多的时期。这是客观事实。但是在一切客观事实中,我认为,对于文学史最有意义的客观事实恰恰是主要的文学作品成果都并非这种干涉的结果。粗暴的干涉不会造成作品,我想可以说没有造成任何一部值得写入文学史的作品,只是造成了许多作品和作家的各种不幸。写文学史,我们不能从这里面去找灵感。解放以来出版的好作品很多,这是社会主义社会优越性的合乎规律的表现,而任何优秀的作品都不是指挥棒造出来的或批判出来的。种种批判、种种运动,在文学生活的实际经历(这不等于文学史)上发生过各种影响是一回事,当代文学的主要成果的产生是另外一回事。这不是贬低这些批判,许多批判是合理的,或有其合理内核的,而是尊重客观事实。《保卫延安》、《红旗谱》、《创业史》是怎么产生出来的?难道是哪一次批判产生出来的吗?对建国以来的作家作品(当然是值得写进文学史的作家作品)要作认真的研究,这才是文学史工作者的大事。如果注意力放在每年发生什么事件,以事件来划分文学史的阶段,那就过于着重或夸大政治编年史的影响了。这样做,主观上即使是想纠正某些错误的批判,实际上反而是向它们投降,承认它们有它们所不可能有的作用。我们对非文学的因素的力量不能估计过高。写文学史不能感情用事。文学史家不能是感情家。政治上的各种因素表面上造成各种纷扰,影响作家作品的生产,但它不能构成文学的主流。总之,不能靠指挥棒去生产作品,也不能靠指挥棒去解释作品,也不能靠指挥棒来衡量文学的成就。如果说只用六分之一的篇幅来评论、解说或总结,我想对于文学史还是太过分了。文学史实际上不需要也不可能担负这样的任务。研究社会主义文学发展的规律，三十年时间未免太短了，并且这是另一种历史研究，恐怕未必是文学史的不可缺少的一章。毫无疑问，社会主义社会对于当代作品的产生有十分重要的意义，可以说决定的意义，但社会主义社会与指挥棒是非常不同的两件事。也许，时间隔得愈久愈能看清楚这一点。比方说，左联时代曾经产生过《子夜》和其他不少优秀作品，但这些作品都是时代的产物和作家自己的创作。左联在中国文学史上有不可磨灭的功绩，但是难道能说这些作品是左联"领导"出来的吗？难道我们现在写当时的文学史，能够不去研究当时的作家和作品，而去研究左联的会议记录吗？

我想文学史还是要紧紧围绕主要的作品、它的出现、它和过去文学的区别和继承的关系，要从这些方面做很多的研究。这些方面，我们过去功夫下得很不够。如果不是对作品下功夫研究，那么即使对每次政治运动都能做出正确的鉴定，这样的文学史也没有多大价值。

一个历史时期的文学潮流，似乎不同于刊物上、会议上或批判中形成的潮流。甚至一种政治思潮、哲学思潮，一种世界观，以什么方式影响文学，也是很复杂的现象，不能以编年史的办法来说明，例如十九世纪的文学，毕竟不能以马克思主义的产生为界线，虽然在马克思、恩格斯生前就已经产生了无产阶级的诗歌和小说。马克思主义在什么范围内，经过什么途径影响到广大的文学界，是一个值得研究的题目。我想它是通过社会运动影响到作家，是有了广泛的群众性的革命运动以后才影响到作家的。革命在一个国家胜利了，建立了社会主义社会，这就影响了这个国家的绝大多数作家。马克思主义的产生尚且没有导致文学史上的分期，可见思想潮流对作家的影响是有限的，何况一种决议、命令，那影响更有限了。

为了写出有科学价值的当代文学史,我想不必过于急躁。现在高等学校已编写出两部当代文学史,已经定稿或将要定稿,这就可以暂时多少满足社会上的需要。文学所可以后来居上。不必匆匆忙忙地写出充满各种政治事件、口号的文学史,充满社会政治分析和作家作品政治鉴定的文学史。过去的经验教训需要研究清理,但更重要的是向前看,要写出一部真正有科学水平和文学水平的当代文学史来,这样编写的文学史会使读者得到长久的深刻的教育。

这些意见可能很不正确,现在提出来请大家考虑、讨论一下,究竟哪些意见可以参考,哪些必须拒绝,最后还是由文学所决定。特别是由负责编写的同志决定。我保证言行一致,除了提出供参考的意见以外,不作任何行政的干预。

对开展美术工作的一点建议*

（一九八〇年三月一日）

我对美术是完全的门外汉，但是我非常愿意借这个机会向各位表示热烈的祝贺！祝贺大家今年身体好、工作好，创作出更多更美的作品，把我们社会主义建设的新时代装饰得更加美好，使全国人民的心情更加愉快，更加对前途充满希望，在人与人之间更加充满互相了解和友爱的感情。

在我们国家建国以来，美术家做了很多工作；打倒“四人帮”以后，美术家很快恢复了工作，得到很多新的成就，这是非常值得祝贺的。当然，我们的工作像其他战线一样，都还不能满足人民的需要，也不能满足我们自己的愿望。在这个方面，美术家协会真是可以大显身手，可以为美术家和人民之间起很好的媒介作用和桥梁作用，帮助美术家解决他们在工作中、以至在生活上所遇到的困难，帮助美术家工作的成果能及时地送到人民中间去。需要做的事情很多，我作为中华人民共和国的公民，提出一点愿望。我们希望把培养在人民中间的、在青年和少年儿童中间的对于美术的兴

---

* 此篇是1980年3月1日在中国美术家协会新春茶话会上的讲话。登载在内部刊物《文联简报》第5期（1980年3月19日）。

趣，美术的鉴赏能力，以及指导美术的习作和美术的教育等方面的工作能够加强起来。

首先，我们希望把中小学的美术教育工作加强起来。如果中小学的美术教育处于一种不能令人满意的状态的话，那么，我们的美术家就会有一种后继无人的危险，而且有许多美术的天才幼芽就会因得不到应有的帮助指导而中途枯萎、夭折了。所以，中小学美术家协会能够和教育部、各省的教育厅、各市的教育局合作，加强对于中小学美术教师的培训、辅导，在这些方面给他们一些帮助。美术家联系全国的学生、青年，培养青年对于美术的兴趣，这是非常有希望，非常有前途的事业。

我们的美术家要举行展览，我想很可以在这些学校里，如果不嫌降低身份的话，在中小学校里，在各个大专院校里，举行一些美术作品展览。这种巡回展览可以引起很多青年对美术工作、对美术作品的兴趣，也许就可以把他们吸引到美术创作的道路上来，即使不是这样，美术家也就在青年中增加了很多的朋友，增加了很多的鉴赏家，很多的知音。

推广美术展览的工作，这是说我们有很多作品可以展览。姑且假定这个前提不存在什么问题，我想不会有什么问题。除了新的作品以外还有许多过去的作品也需要经常在全国各个方面进行展览。刚才说到学校，在工厂农村，在各个比较带关键性的那些机构里，比方说在一些大的旅馆、大的宾馆、大的公共建筑里。刚才江丰[1]同志说：比如在人民大会堂也可以展览。在全国所有的公园里，在有条件陈列的饭店，乃至商店、书店都可以进行展览。

---

〔1〕江丰（1910～1982）：上海人，时任中国美术家协会主席。

我想，组织美术展览应该成为非常重要的一项工作。

为了组织展览，我们应该组织起一个专门的队伍，这个队伍如果有几百人也不算多。这几百个同志是专门组织美术展览的，他们愿意为这项工作作出贡献，他们可以到处跋山涉水，不怕各种辛苦，不怕各种困难，为美术品能得到各种机会展览而努力。在这方面有没有这样的热心家？我想是会有的。现在有一部分青年没有就业，这也可以当作一种就业的门路。当然这个就业门路是很有限的，这是个窄门，而且很多人是不愿意进这个门的。我想这个工作应该发展得越来越兴旺。现在这种工作的状态，这种工作达到的规模，这种工作的水平是远远不够的。我们要在这方面展开各种活动，要去说明各种人，劝说他们把他们的场所提供给美术家公开展览美术品。有一些旅馆，我想我们如果去搞一些定期的陈列，并且这种陈列可以经常轮换，这样，对于这些旅馆实际上是会有帮助的。现在全国很多建筑物墙壁上是空的，我们现在这个会场旁边的墙壁就没有利用，没有利用的地方很多。我希望美术家要不怕失败，不怕受人家嘲笑，不怕受别人冷淡。我们要为美术作品越来越得到更广泛的观众鉴赏，使得美术爱好者鉴赏各种美术作品的机会越来越多而奋斗。我们现在还没有一个真正的美术博物馆可以陈列我们国家从古到今的最好的美术品，这是非常可惜的事。这个问题我也提不出什么现成的答案，我只是提出来希望大家共同奋斗，共同找到解决这个问题的办法。我想，在这种陈列馆里不仅可以陈列原作，也要陈列大量的复制品、仿制品，复制各种中国的、古代的、现代的、外国的美术名作。这是非常大的任务，这方面也需要培养大批的人才，需要有摹制、复制各种美术品的各种专门家、专门人才。这种专门人才我们应该跟 其他有关部门共同来培训，如果我们不做这方面的工作，在中国很多学习美术的学生、青年就得不到机会看到中国古代绘画名作。不但古代的，就是近代的绘画名作也没有机会欣赏，至于外国的绘画名作更加困难，只能从一些印刷品上面去领略。这样，我们培养出来的下一代美术家，他们所受到的教养就要停留在一个比较低的水平上。为了培养真正能够创造出杰出的以至于伟大的美术作品的人才，需要把美术学习者武装起来。我们在这方面的工作做得太少。当然复制这些作品，不仅仅是为专业——刚才说的这个目的服务，还可以为广大的普通的群众服务，大家有机会可以看到各种名画，古今中外的名画。

关于美术的应用，这对美术家以及美术教育家来说是长期苦恼的问题。美术学院不能招收很多的学生，为什么？因为招多了毕业以后不容易分配，不容易找到职业；或者就是找到职业，常常和他所学的东西也没有多少关系，不能发挥在美术方面的作用。这方面是有困难的。但我们一定要下决心来一步步地打破这些困难，一步步地扩大美术应用的范围。我想在这方面不占太多的时间，大家比我懂得更多，我不需要在这里班门弄斧。总之，在这个方面，我们可以占领的领域、地盘是很广阔的，为了开辟这些没有占领的领域，为了去拓荒，当然要有一些不怕困难的人，要有一些不怕失败的人。首都国际机场的壁画给美术家带来很大的兴奋，也给全国的美术爱好者带来很大的兴奋，可是这不过是很小的地方，很少有机会能看到，就是到那地方去也很难看到这些壁画。我们不能认为那个地方把画画出来了我们就满足了，我们还要研究各种办法使得美术品能够得到更多的公众来欣赏。

我们全国的美术工艺品，工艺品制造业，是比较繁荣的，会越来越繁荣的。而这里面非常需要美术家来合作,也就是说美术家完全可以占领这个地盘。不仅工艺美术家可以去占领,就是正统的绘画家也一样可以去占领。全国每年出口很多丝织品、毛织品,上面都有一些图案绘画,还有各种的陶瓷品,但是这里面真正好的艺术品很少。在这方面并不是说制作这些工艺品的工厂都对美术家关门,这中间有很多的渠道没有沟通。我曾经在一个地毯厂参观,发现有一个当地美术学院毕业的学生在那里工作,他的工作是很努力的,但是他的艺术造诣是很低的,他得不到帮助,很难有机会找到美术界的前辈指导他。我们现在出口的地毯上面的图案在国际市场上被批评,认为过于陈旧、单调,以至于有些国家就另外设计,拿出他们自己设计的要我们去织。这绝不是说中国没有这样的美术家,仅仅是中国的美术家跟这些工厂之间没有联系,缺少桥梁,其他方面情况也一样,我们可以做的事情很多,希望美协能够不断地为扩大美术家活动的场所而奋斗。

末了,我提出一个希望,希望我们的美术家、美术理论家、美术评论家,对美术的理论、美术品的评论、美术史的评论,对画家、雕塑家、其他美术家以及对个别的美术家的研究,能够大大地加强起来。大概是在六十年代,我曾向人民美术出版社做过建议,希望他们在出版画家作品的时候都要写序言。后来很感谢人民美术出版社的同志接受了我的小小建议,后来美术品的集子前面都有了序言。不过我是喜欢吹毛求疵的人,这些序言我觉得太简单了,从这些序言中了解画家,了解这个集子里的作品是远远不够的。我不会说话,本来应该说鼓励的话,结果泼了冷水。希望人民美术出版社的同志能够继续努力加强这方面的工作。不仅仅写序言,而且要研究、评论我们现代重要的美术家,出版关于他们整个作品以及评论作品风格，他们风格的来由、发展的专书；一个画家不仅仅应该有一本书，一个画家应该有十本书，甚至于应该有更多的书。这样，我们的后代在研究我们现代美术家的作品时，就可以得到非常大的帮助，就会非常感谢我们现在的这些美术评论家。尽管他们写出来的书可能卖出去的很少，可能美术出版社还要算这个帐：是赔钱还是赚钱；很可能这样书籍的读者在目前是不会很多的，可是哪怕是读者不多，书销得不多，我们还是要出。我们希望人民美术出版社可以抽肥补瘦，从别的地方赚点钱来补这方面，实在没有办法就募捐。我想，我们评论当代美术家的作品，也应该说到他们的生平，有时候我看过一些美术家的作品，当时就不大知道他们的生平，像介绍司徒乔的生平和他的作品的专书是他的夫人写的，我非常感谢这本书的作者。使得我知道了吴作人、萧淑芳同志的生平，是靠了一位美籍华人赵浩生写的一篇他们三个人的谈话记录。这样我才知道同时代这些美术家的经历。我们要在这方面多多工作。

美术里面各种专门的问题，以及哪怕是最普通的问题，也可能是越普通的问题就越难解决，因为它涉及到美学里面的根本问题。我因为喜欢看一些画，常常希望能够有这样的美术家、美术评论家、美学家写一些这样的文章：比方说，绘画跟宣传画的分别在什么地方，共同点在什么地方？如果能讲得全面了，那么就不单造福于美术，而且造福于整个文学艺术。因为这样的问题虽然是非常普通的，可惜到现在没有人能解释这种问题。在文学艺术其他部门也有类似的问题得不到解决，或因而引起很多长期的混乱。比方说，所谓月份牌〔1〕的画，它有什么特点，跟我们大家所了解的

〔1〕 月份牌：旧式的彩画单张年历，现在也指日历。

正宗绘画的区别究竟在哪里。这是非常肤浅的问题。可是如果能够讨论讨论这些问题也是同样的可以培养公众的美术鉴赏兴趣，增加对于美术的一些基本知识，这个方面有非常大的好处。日本近代文学的萌芽时期，曾经有一位文学家坪内逍遥写了一本文学理论著作《小说神髓》。〔1〕那么中国呢？从五四新文学运动到现在，没有出过这样的书，这是很可惜的，这种空白一直到现在都在发挥影响。就是什么是小说，小说和故事有什么分别？什么是新小说，新小说跟旧小说的分别究竟在哪里？同样的，新的绘画跟旧的绘画分别究竟在哪里？像这样一些题目，我想不仅仅美术刊物、美术杂志可以发表，如果有写得合适的文章，我想《中国社会科学》也很愿意发表，这样的文章在《人民日报》以及其他报刊上都可以发表，而且可以组织讲座。我们需要对于美术的意义、它的性质、它的功能作一种科学的宣传；美术的历史，需要作一种科学的解释，同时又是通俗的宣传。如果有这样的讲座，可能听众也不会很多，假如有十个人，我觉得就很值得。我们不要希望一定要有一千个人听讲才愿意开讲，如果有这样的好的讲演，我说一句可能不能兑现的话，我也很愿意听，只要在讲演的时候我如果有空，我非常愿意作美术家的学生。

〔1〕 坪内逍遥(1859～1935)：日本小说家、戏剧家、文学评论家。所著《小说神髓》于1885年出版。其中主张小说应描写人情世态，并以描写人情为主，着重心理的观察，持客观的态度。

携起手来，放声歌唱，鼓舞人民建设社会主义新生活*

（一九八〇年三月二十八日）

今天我们大家怀着十分热烈兴奋的心情，在这里聚会，庆祝“中国左翼作家联盟”成立五十周年。参加“左联”和左翼文化运动的许多同志，能够在经历了种种艰难、危险之后在这里聚会，参加今天这样的大会，这件事本身就值得庆祝。而且，左翼文艺和左翼文化运动的五十周年，尽管有过种种曲折，但是就整个来看，仍然是胜利发展的五十年，是光荣伟大的五十年，这尤其值得庆祝。

在今天的会议上，周扬同志〔1〕要作长篇的讲话，还有阳翰笙

---

* 此篇是在纪念“中国左翼作家联盟”成立50周年大会上的讲话。发表于1980年4月7日《人民日报》。标题是《人民日报》编者加的。“中国左翼作家联盟”（简称“左联”），是中国共产党领导下的革命文学团体，1930年3月2日在上海成立，1935年底，为适应抗日救亡运动的新形势而自行解散。这次纪念大会在政协礼堂举行，由夏衍主持。

〔1〕 周扬（1908～1989）：湖南益阳人，曾任“左联”党团书记（1933年起），并负责“中国左翼文化总同盟”（简称“文总”）工作，担任中共中央宣传部文化工作委员会（简称“文委”）书记（1935年10月）。在第四次全国文代会（1979.10.30～11.16）上当选为中国文联主席。在纪念“左联”成立50周年大会上他发表了《继承和发扬左翼文化运动的革命传统》的讲话。

同志〔1〕、许涤新同志〔2〕,他们都要讲话。我只在左翼文化运动的最后两年做过一些组织工作,〔3〕是一个后辈,但是我很愿意来参加这个很有意义的庆祝会。夏衍同志〔4〕、周扬同志要我先讲几句开场,我就简单地讲几句。

关于左翼文化运动的意义,毛泽东同志在《新民主主义论》里面,已经作过热情洋溢的崇高的评价。我认为这个评价今天仍然完全适用,不需要再作任何的修改和补充。在六十年代,林彪、江青之流,曾经企图推翻这个评价。他们曾经迫害了一切与三十年代左翼文艺、左翼文化有关的人,同时也迫害了全国的革命人民。但是,他们并没有能够打倒三十年代的左翼文艺、左翼文化,也没有能够打倒中国的革命人民,他们自己却被打倒了。这就是历史的结论,它说明,三十年代的左翼文艺、左翼文化的功绩是打不倒的。它是中国革命文化先驱用血肉筑成的纪念碑,它与中国人民

〔1〕 阳翰笙(1902～1993):四川高县人。"左联"发起人和筹备者之一。曾任"左联"党团书记(1930年夏～1932年底),并曾同时担任"文总"党团书记和"文委"书记(1933年初～1935年2月)。在1979年第四次全国文代会上当选为中国文联副主席。

〔2〕 许涤新(1906～1988):广东揭西人,经济学家。曾任中国社会科学家联盟(简称"社联")党团书记,并负责"文总"的组织工作。

〔3〕 胡乔木1935年初到上海后,被分配担任"社联"沪东区干事,后为"社联"党团成员。1935年10月任"文委"委员,11月任"文总"党团书记至1936年1月"文总"解散。后又担任中共江苏省临时委员会委员、宣传部长。

〔4〕 夏衍(1900～1995):浙江杭县人。在1930年3月2日"左联"成立大会上和鲁迅、钱杏邨一同被推举为主席团,并被选为执行委员。曾任"文委"委员。在第四次全国文代会上当选为中国文联副主席,并为中国电影家协会主席。

结成了不可分离的血肉联系。三十年代的革命文化运动,不是没有缺点和错误;甚至三十年代革命文化的伟大主将——鲁迅先生,他也是人,不是神,也不可能没有缺点和错误。但是,像毛泽东同志所说的那样,左翼文化运动的基本方向是正确的,它的功绩是永远不可磨灭的。鲁迅的旗帜仍然是我们今天的旗帜。

我们现在的文艺和文化是什么样的文艺和文化呢?我们现在的文艺和文化仍然是左翼文艺和左翼文化,是三十年代的革命的文化运动的继续。我们有过延安文艺座谈会,但是延安文艺座谈会的方向,仍然是三十年代左翼文艺运动的方向,也就是毛泽东同志所说的鲁迅的方向。我们有过建国以后十七年的社会主义文艺和社会主义文化,我们在粉碎"四人帮"以后,有过文艺和文化的复兴。但是我们现在的文艺和文化,像再生的凤凰一样,从根本上来说,仍然是三十年代的文艺和文化运动的继续。我们的文艺仍然是左翼的文艺,我们的文化仍然是左翼的文化。难道不是这样吗?难道能够是另外的样子吗?我们的文艺难道能够成为右翼的文艺或者成为什么中性的文艺吗?这是不可能的!我们现在不用左翼文艺、左翼文化这样的名词了,我们叫做社会主义的文艺、社会主义的文化,这当然不是左翼文艺、左翼文化的失败,而是它们的伟大胜利,因为这正是三十年代的左翼作家、左翼文艺工作者用生命来追求的。我们的文艺和文化是为社会主义服务的,是为培养社会主义的新人服务的。这不就是左翼文艺、左翼文化的理想吗?难道我们在今天的世界上不是站在最左翼,难道还有什么别的文化和文艺比我们社会主义的文化和文艺更先进吗?毫无疑问,中国的社会主义文艺,中国的社会主义文化,是今天全世界最先进的文化,是革命的文化,也就是最左翼的文化。可以说这是很普通的常识。可是也许因为这是很普通的常识，有的时候却会被人遗忘，被人忽略。这是不应该遗忘，不应该忽略的。忘记革命的过去，就会倒退，或者换一句大家所熟悉的话，“忘记过去就意味着背叛”。我们为什么在今天要提出这一点呢？当然是因为今天并不是没有人忘记这革命的过去，这宝贵的、不可遗忘的、革命的过去。

人们有时说：我们的国家，我们的社会，我们的文化，现在是开放的国家，开放的社会，开放的文化。在某种意义上，在同林彪、“四人帮”横行的十年比较，在同那个被封锁的十年比较的时候，也许可以这样说。那时中国的国家被他们封锁着，中国的社会、中国的文化也被他们封锁着。只是在这个意义上来说，这种开放的说法才是可以理解的。离开了这个意义就不能这样说。这是因为，除了那十年不算，第一，我们的国家、我们的社会、我们的文化，从来就是向我们自己的人民开放的；第二，我们的国家、我们的社会、我们的文化，从来也都是向全世界各国的友好人民，向我们在全世界上的一切朋友、一切对我们怀着善意的人们开放的；第三，现在对我们怀着友谊和善意的人们越来越多了，因此，就显得我们的门开得更大，进出比过去更自由了。但是，这决不是说我们跟在世界上任何的力量没有界限。我们无论在什么时候，决不会向那些对我们怀着敌意的人、想对我们施展阴谋手段、破坏我们的人开放。《上甘岭》这部卓越影片里的插曲《我的祖国》有两句歌唱得很好：“朋友来了有好酒，若是那豺狼来了，迎接它的有猎枪。”这两句格言，难道现在需要做什么修改吗？也许有很少数的人以为我们“开放”得连豺狼和朋友的分别也可以不管了，这样想的人实在是犯了极大的错误。毛泽东同志说：“谁是我们的敌人？谁是我们的朋友？这个问题是革命的首要问题。”〔1〕这也是我们革命的文化、革命的文艺的首要问题。在这个首要的问题上如果发生了混乱，那会使得我们的文艺、使得我们的文化走到一种什么样的地步！

我们今天来纪念五十年以前左翼作家联盟的成立，这就是给我们一个机会，让我们来回想一下我们的传统，我们要坚持和发扬三十年代以来的左翼文艺、左翼文化这个光荣的传统。我们要把左翼文艺、左翼文化留给我们的战旗举得更高，我们要把左翼文艺、左翼文化所唱的战歌唱得更响亮！有一位在北京的外国朋友曾经说过这样的话，他在中国很久，他觉得中国发生了一种变化，就是现在缺少歌声。他说在抗日战争时期的中国到处充满歌声；后来解放战争时期，也是到处有歌声；在解放初期，直到六十年代上半期，也还是到处有歌声。现在呢，歌声比较少。我想这个意见确实说中了我们目前文化生活的一个方面的缺点、缺陷。难道我们真的都衰老了吗？难道我们的优秀歌手的歌喉都被“四人帮”窒息了吗？事实决非是这样。况且，我们的后代都还是年轻的、生气勃勃和前途无限的。我们和他们都不应该让自己的歌声沉默下来！我们应该永远振奋我们革命的精神，用我们革命的歌声、前进的歌声、健康的歌声来充满我们的生活，来充满我们的社会，充满我们的城市、农村、厂矿、兵营和我们一切有生命活动的场所。一些地方，革命的、前进的、健康的歌声不去占领，就会有一些不知从什么地方来的不健康的歌声去占领。如果那样，就将是我们对五十年来左翼文艺、左翼文化的革命传统的犯罪，就将是对聂耳、冼

〔1〕毛泽东：《中国社会各阶级的分析》，《毛泽东选集》第1卷，人民出版社1991年6月第2版，第3页。

星海和其他一大批革命音乐家的犯罪！我们应该把五十年前聂耳、冼星海他们所创始的、带领我们大家唱起来的歌继续下去。大家都还记得，为了纪念他们，一九七五年我们曾经勇敢地斗争过。〔1〕同志们！让我们携起手来，放声歌唱，用各种各样健康的、对祖国和自己的前途充满信心的歌声来鼓舞全国的工人、农民、知识分子、战士和广大的革命青年，鼓舞他们建设和保卫我们的祖国，建设和保卫我们的社会主义的新生活！

我们需要这样的音乐，我们需要这样的美术，这样的文学，这样的戏剧，这样的电影。我们需要这样的社会科学，这样的新闻出版事业，这样的教育事业。这些就是我在参加庆祝左翼文化运动五十年的时候，禁不住生出来的一点感想。为了这些，我极愿同大家一起努力。

---

〔1〕1975年10月30日是冼星海逝世30周年，7月17日是聂耳逝世40周年，国务院政治研究室负责人胡乔木、邓力群等，在毛泽东、周恩来、邓小平的支持下，团结音乐界和文艺界人士，冲破"四人帮"的重重阻挠，在1975年10月25日举行了盛大的纪念音乐会。在"文化大革命"中被"四人帮"禁止的冼星海、聂耳创作的歌曲，重新唱遍中国。

拿出更多更好的研究成果来纪念鲁迅*

（一九八〇年四月三日）

祝愿会议得到成功。希望通过这次会议，鲁迅研究工作有进一步的成就，拿出更多、更好的研究成果来纪念鲁迅先生诞辰一百周年。

同志们要我讲几句话，我恐怕很难说出什么有价值的意见，因为我虽然对鲁迅作品接触过不少，但是没有进行过多少专门的研究。鲁迅研究的著作我读过一部分，也不是读得很多。就我读过的著作来说，鲁迅研究是取得了不少成就，有许多研究相当深入，相当仔细，比过去有了很大进步。明年我们将要拿出一些进一步研究的成果。我作为一个读者，想对于我们将要拿出的成果，表示一点希望。

我希望能够把鲁迅放在整个的文化发展的历史、文学发展的

* 此篇是1980年4月3日在中国社会科学院文学研究所和鲁迅研究学会召开的纪念鲁迅诞辰100周年撰稿座谈会上的讲话。登载在内部刊物《文学研究动态》1980年第11期（1980年5月30日）。标题是收入《胡乔木文集》时加的。1981年9月25日是鲁迅诞辰100周年。

历史或社会思想、政治发展的历史背景下来研究，不仅着眼于鲁迅个人，他的传记，他的每篇作品的研究。鲁迅不是一个突然的现象，也不是一个孤立的现象。这就是说，鲁迅的研究同当时或稍前稍后的一些文化现象、文学现象、思想现象不能分开。有一些研究鲁迅的著作给人这样一个印象，好像鲁迅就是鲁迅，同他的同时代人没有全面的联系，不能进行比较。这就是研究方法上的局限。鲁迅反对什么人，或者支持什么人，这是在他传记中或评论中说到了的。可是鲁迅是怎么产生的，往往说明得不够。只讲在帝国主义、封建主义压迫下面中国是什么情况，向作家提出什么要求，这当然对，但仅仅说到这一步是不够的。鲁迅和他的同时代人不能分开，他是和同时代人一起生长，一起受教育，一起进行斗争，一起在斗争中前进的。在某些方面鲁迅前进得更快一些，在另外一些方面也许鲁迅前进得不那么快，这不奇怪，历史的发展本来是参差不齐的。这样才能说明鲁迅，才能说明他的思想，他的艺术，他的各方面的活动的由来。否则就不容易得到解释。举个例子比较一下，也许能把我的意思说清楚些。过去毛选中所附的《关于若干历史问题的决议》〔1〕，那里关于毛泽东思想的论述，就有这种缺点。在《决议》里，毛泽东思想好像是天上掉下来的，它形成的过程没有说明。现在我们说，毛泽东思想是中国共产党集体智慧的结晶，这就把这个问题说得比较合乎历史。对于鲁迅也有同样的问题，不能设想鲁迅的一切，他的每一句话都是他自己创造出来的，这是不

〔1〕 1945年4月20日中共六届七中全会通过的《关于若干历史问题的决议》，作为《学习和时局》(1944年4月12日)的附录收入《毛泽东选集》第3卷。

可能的。他的同时代人从鲁迅那里接受了许多东西，鲁迅也从他的同时代人那里接受了许多东西。这个同时代人的范围可以说得比较广一些，包括外国的同时代人。鲁迅当时所接触到的中国古典文献和外国的各方面文献，对他发生了很重要的影响。但是正是他所接受的影响，无论是哪个时代的，现在似乎没有一位研究者画出一个轮廓来。特别是他所接触到的外国的著作，思想家的也好，艺术家的也好，这方面的论述很少。我看过一些欧洲人写的马克思研究的著作，他们可以说明马克思的哪些论点是从哪里发源的，哪些论点是他直接继承了别人的，哪些是他把别人的论点发展了，哪些是他自己创造的，当然也不可能是凭空创造。我不是说我们完全应该学习那种研究方法，但是，我们应该做到有同样的基本功。我们对鲁迅的研究还没有下这方面的功夫。在系统地研究了鲁迅的思想和艺术的来龙去脉以后，我们对鲁迅的了解就会比较正确，说话也会比较有分寸，合乎实际，合乎科学。否则我们就难免说一些如果鲁迅在世看到也不能同意的话。总之，我们把研究的范围放宽一些，就可以使研究的水平提高一些。

此外，鲁迅也不是一个一去就没踪迹的现象。鲁迅的思想，鲁迅的活动是在被继承着的，尽管有些方面的继承很明显地没有赶上鲁迅。比如说，我们现在还举不出一个散文家作为鲁迅的后继者。这是很大的遗憾。可是，不是所有的方面都这样，鲁迅活动的其他领域，鲁迅活动的某些水平早已被超过了。这才是历史，这才是发展的真正的历史。如果不这样看历史，鲁迅就是一个不可理解的现象，鲁迅的活动就整个失败了，因为他的存在随着他的生命的结束而结束了。然而事实不是这样，他的活动在许多范围里是既被继承，而且被超过，这是完全合乎规律的现象。比如鲁迅的中国小说史的研究，现在的研究已经超过他当时的水平，因为有许多东西，他当时没有看到，现在有了更多的发现。又如，鲁迅是木刻艺术的倡导者，鲁迅本人虽然不是一个木刻艺术家，但他确实是一个版画艺术的鉴赏家、评论家，但也不能说鲁迅对版画艺术的鉴赏、评论的水平达到顶点，鲁迅自己也没有这样看待。我们如果从这样的观点来观察鲁迅，研究鲁迅，看他在中国文化史上的作用，那么就可以看出鲁迅的作用是怎样广大，有怎样的贡献。他在许多方面作为一个开山祖，把那一门学问开辟了，而在他以后大大发展了。

鲁迅的短篇小说创作，留下了许多可以说是难以企及的成就。所谓难以企及，不是说不可以企及，也不是说不可以逾越。如果是那样的话，那么对于中国文学的发展，就要得到一个非常悲观的结论。鲁迅自己就不这样看。鲁迅所写下的小说不多，在不多的小说里所表现的他的小说艺术，他的独特风格，这是可以列举出来的。这些当然没有包括中国现代小说艺术的全部，也没有包括现代中国短篇小说艺术的全部。这样看，我们才能比较认真地来研究和讨论鲁迅，否则我们就不是在研究鲁迅，而是在讴歌，讴歌并不是研究。一味的崇拜、赞美，冠以最好的形容词，过去有些人对毛主席就用过这样的一种方法。这种方法是不对的，鲁迅研究也不能用这种方法。我们不要害怕把鲁迅和他的同时代人以及他以后的人作一种比较的研究。可能我们还没有这样做。我看的鲁迅研究的著作很不完全，说这话有点冒险，说错了我很愿意改正。无论如何我们要解放思想，在这里就要解放思想。这样，我们才能写出有更大科学价值的著作，作出颠扑不破的贡献。拿鲁迅的小说来说，大体有一些是带着相当大的抒情成分的小说，有一部分是以讽刺为主的；还有一些是着重通过小说来表达某种思想观点的；还有一些是忠实地细致地描写当代和古代多方面的生活的，当然也表达一定的思想观点。每个类型的小说，鲁迅都达到了相当高的水平。但是这些小说都是需要评论和可以评论的，在评论中才能准确地说明鲁迅的特点。我们现在鲁迅研究就缺少这种评论。因为当我们写研究文章时，差不多是用了一种崇敬的心情，这样就很难进行科学的研究，很难产生科学的评论。我们今天能说这话，是因为我们大家都从对毛主席同样的那种心情里面逐步地解放出来，这样我们也就更真实地了解毛主席，对毛主席有更接近科学的评价。对鲁迅也是这样。如果是完全用一种门徒甚至教徒的心情是不能进行研究的。任何一个个人总是有限的。鲁迅对中国社会生活的了解、观察、认识，鲁迅对于新的文学艺术的掌握，鲁迅对于马克思主义和当代科学文化的掌握，这些都不能认为是无限的，不可逾越的。这样不但不能研究，而且会妨碍进行科学研究。我们曾经把毛主席所有的话当成禁区，不能去动它，这样的结果，就妨碍了中国的马克思主义理论的研究，自己把自己封锁了起来。研究鲁迅也不能这样。当然这样说，我决没有这样的意思，即可以采取一种轻率的态度，随便地，没有根据地，更不用说抱有一种不好的动机，恶意地去贬低鲁迅，那是我们所坚决反对的。我只是说，我们把鲁迅当作一个伟大的著作家、伟大的战士、伟大的思想家来评价，这不应该妨碍而且要求我们抱一种科学的态度来对他进行研究，这两者之间毫无矛盾。

鲁迅思想的历史的文化的背景很需要研究。鲁迅受到的中国古代作家的影响，这已经有一些同志写过文章，但还没有什么系统的著作。至于鲁迅受到的外国作家的影响，这个工作比较困难一些，因为要做这个工作，他就需要相当熟悉外国文学。现在有这样的困难，研究、熟悉外国文学的人好像没有参加或很少参加研究鲁迅的行列，而研究鲁迅的同志，多数对于外国文学不像鲁迅本人那样熟悉。这样我们对鲁迅的研究就会受到一种限制。怎样打破这种限制呢？可以找人合作，可以把两方面的力量合起来。还有，鲁迅对他的同时代人（我是说中国，但也可以在某种程度上推广到日本）的相互影响，以及他对同时代人的评价，这方面我们的工作是做得远远不够的。鲁迅虽然对他同时代的许多人进行过很尖锐的批评，但是他抱有好感的作家或其他方面的人也不少。虽然这方面他在文学上留下的痕迹不是那么多，对某个作家也许只说了几句话，但是这给我们一种线索。况且我们现在还有条件去访问一些人，了解这方面的真实情况。过去有一些评论，是比较简单的评论，缺乏综合性的评论，缺乏像鲁迅在新文学大系小说二集里所作的那种评论。[1] 比方说，鲁迅和茅盾，他们曾经共同编过两部中国当代的小说选，这是为斯诺和伊罗生翻译给外国人看的。[2] 他

〔1〕《中国新文学大系》是中国现代文学最早的大型选集。赵家璧主编，1935～1936年间上海良友图书公司出版。全书10集，其中小说共三集。小说二集由鲁迅编选并作“导言”。鲁迅在小说二集《导言》中评述了除文学研究会、创造社以外的其他社团的小说作家的思想追求和艺术探索，涉及30多个作者。

〔2〕鲁迅、茅盾为斯诺、伊罗生分别主编的两部小说选集推荐了选篇。斯诺主编的英文本中国现代短篇集为《活的中国》，收作品24篇，1936年由英国伦敦乔治.G.哈拉普公司出版。伊罗生（美国人，曾任上海出版的中英文合印的刊物《中国论坛》的编辑）主编的中国现代短篇小说集为《草鞋脚》，收作品26篇。当时未能出版。后经重编，1974年由美国麻省理工学院出版社印行。

跟茅盾推荐这些小说,当然并不等于他对它们的作者全盘肯定,但是多数是表示他对这个作家,特别是对他所选的这个作品的肯定。在其他他所留下的文字里面我们还可以看到,鲁迅所肯定的人并不少,但是在这方面我们研究、讨论太少。鲁迅对于有些作家是相当尊重的,虽然他并没有说多少话。这里固然有与他年龄相差不多的人,也有年龄比他轻的,但是鲁迅看了他的作品就认为这样的作家有相当高的成就和很大的前途。这不光是对小说,在其他的领域有的时候也谈到过。

鲁迅小说的艺术以及他的散文的艺术,在它们的渊源方面也是研究很少的。我们的评论多少还有点像中国历代流传下来的文评、诗评、诗话,科学的研究比较少,中国历史上这种研究一向就比较少。讲鲁迅和庄子有什么关系,或者说鲁迅与韩愈的关系。鲁迅与屈原的关系,只从他的著作里找一点根据。如果说是研究,也只是一种入门性质的研究。真正的研究不能停止在这样的水平。要做更加深入的、更加吃力的、更加艰苦的工作。要做更加广泛的研究,即没有那么多一眼就可以看出的根据,而是需要我们去认真、仔细地观摩,去和其他很多著作作比较,然后才能得到结论。我们需要这样的研究。这样研究的著作,不但是一种学术的工作,而且,它对我们现在小说艺术的发展,对我们现在散文艺术的发展,也有很重要的意义。

鲁迅的艺术观、社会观、历史观这方面已经有些论著,我们希望在这方面能够花更多功夫。这就要求不仅仅把鲁迅说过的什么话排比出来,然后加以赞扬。鲁迅在成为马克思主义者以后,他对于过去的文学还是非常重视的,比如说,在他一生的最后,还用了极大的努力翻译了《死魂灵》。在讲到《奔流》的编辑方针时说,介绍现代的作品,应当介绍现代作品的父亲,也要介绍现代作品父亲的父亲。我们对鲁迅的研究也必须这样穷根究底。

对于参加"左联"后的鲁迅,我们应该把他放在左翼文化运动活动里面来研究,应该把他看成是左翼文化运动的旗手,不应该把鲁迅同其他一些人的争论看成是一种敌对的关系。尽管鲁迅说过一些过分的话,这些话,鲁迅在另外的时候,也感觉这是说得过分的。当时鲁迅和左翼的一部分同志或者许多同志,在艺术观点上有些分歧。他当然不赞成所谓空头文学家,就是说左而不作。对于怎么看待艺术,艺术怎样来为革命服务,鲁迅的看法和其他同志的看法,也有一些区别。

研究鲁迅的艺术观不能仅仅限于他直接说出来的,而且应该包括他没能说出来的评价。比如我刚才说的他所选的短篇小说,他并没有作什么评价,可是他的选择就代表他的评价。还有他对于他自己的文字,以及对于别人的文字,对于自己的文字怎么加工,怎么修改,怎么要求;对于别人文字怎么样评论,这些评论有时是不容易觉察到的。在这些方面我们应当注意得更宽一些,包括他愿意和什么样的人作文字上的来往,而没有和另外一些人作文字上的来往,这就可以看出他不仅仅像他在文字上已经写下来的话。如他对郁达夫,他讲郁达夫怎样,讲他与创造社其他人怎样不一样,这是他写下来的。他还有许多没有写下来的。比如他们选的小说里,就包括了像《过去》、《迟桂花》那样的作品。他并没有给这些作品作过什么评论,也没有把郁达夫作为一个小说家进行什么评论。可是,他注意到,他肯定这样的作品,这就是他的评论。所以说,鲁迅的艺术思想,我们不能限于他直接讲出来的理论性的文字和论断。如果那样,我们所能讨论的问题就很有限了。我们应把这个范围大大扩大。他自己的作品,从《呐喊》到《故事新编》中最晚写成的几篇,有一个明显的发展过程,这也是他的艺术观的发展的一种说明。当然这种说明也只是一方面的,因为一个人写什么样的作品有一定的限制,不见得能够代表他的艺术思想的全部。比方说鲁迅并没有写长篇小说,但这并不等于说,他对长篇小说没有他的想法,没有他的观点。至于他的社会观、历史观,这方面的材料就更多了。

末了,我还想提出一个题目,就是外国对鲁迅的研究,对鲁迅的评论。我们要做研究的研究,评论的评论。这个工作我们做得很少,可以说没有做。这确实是我们的弱点,分工以后(与外国文学研究的分工)带来的发展的不完全。

以上说的只是我作为读者的一些希望,说出来只能供参考。发表希望是非常容易的,不费什么气力,要实现这些希望的某一条,却要有许多同志作很大的努力。更不必说,我说的话中还会有不正确不周到的方面。这方面希望大家提出批评。

对电影《天云山传奇》的一点意见*

(一九八〇年十二月十六日)

谢晋同志:

我们大概没有见过面。现在忽然写这封信给你,没有别的事由,只是因为刚才看了你导演的新片《天云山传奇》,有点小意见想告诉你。这部片子的导演,依我这个外行看来是成功的;也许女主角的妹妹对周围的人和事好像有时有些游离,但究竟是否如此我不能说定,并且我也不是要说这个。地委书记夫妇的家庭陈设和生活衣着都太豪华了,这不真实,连地委机关和宾馆也是如此。我觉得这是这部片子以及目前许多影片以至戏剧的一个共同的问题。艺术家们是不是为了使场面看来"风光"些?但它必然会引起群众的误解,在某种程度上还可能助长人们对于超过实际可能的生活水平的追求。这里说的的确主要地不是艺术问题而是政治问题,但我想是值得电影、戏剧艺术家们注意的。这不是我的创见,我首先是听赵紫阳同志讲的,随后又看到美国友人艾德勒的同一意见,因此,在看你的新作的时候马上想起这个问题。就是这样,

---

* 此篇是致谢晋的信。登载在内部刊物《电影通讯》第19期上。标题是编者加的。谢晋(1923~):浙江上虞人,电影导演。

我想把这个意见告诉你，而且希望如果你认为可以同意，能够请你在便中告诉电影界的其他同志们共同考虑。若有不同看法，欢迎来信，信寄中南海即可。

祝好！

胡乔木

一九八〇年十二月十六日晚

改正右派比三中全会要迟一段时间，这可能是原作的问题，也不重要。

诗歌中的平仄问题*

(一九八一年六月十二日)

赵老：

昨天向您提出的问题，〔1〕因限于时间，说得太简略，很难表达出我为什么要重视这个似乎不那么重要的问题。因此再多说几句，请你原谅。

(一)平仄如果只是一种人为的分类，而没有某种客观的依据，很难理解它为什么能在一千几百年间被全民族所自然接受，成为“习惯”。

(二)这种习惯远不限于诗人文人所写的诗词骈文联语，而且深入民间。过去私塾里蒙童的对对并不需要长时间的训练，巧对的故事也并不限于文人。民歌中常有大致依照平仄规律的，如著名的“山歌好唱口难开”，“桃红柳绿是新春”，“赤日炎炎似火烧”，

---

* 此篇是致赵元任的信。据手稿复印件收录。标题是编者加的。赵元任(1892～1982)：江苏常州人，语言学家。早年在清华大学任教授。后在美国任大学教授，为美籍华人。时任美国语言学会会长，美国东方学会会长。

〔1〕 6月11日胡乔木在北京医院同赵元任会晤，即提出诗歌中的平仄等问题。

"月子弯弯照九州"(后二者可能出于民间文人)等。甚至新诗中也有"教我如何不想他","太阳照着洞庭波"这样的名句。

(三)平仄之分,至少在周代即已开始被人们所意识到,所以诗经楚辞中用平韵的作品,远远超出用仄韵的,这决不是一个偶然的现象。后来历代诗赋词曲和现代的歌谣、歌曲、新诗,一直没有什么改变。这个事实,有力地说明平声和仄声确有明显的虽然是不容易讲清楚的区别,无论各自的实际调值在各时期和各方言区有多大不同。而且这个现象也包括北京话地区在内。平声字多似乎是一个理由,但是是一个不充足的和不能令人信服的理由。它还引出另一个不容易答复的问题:为什么汉语里平声字多?

因为这些,我想平仄的区别仍是一个值得深入研究的问题。

此外,还有一个问题也是我久已思考而未见有人解答的,即中国诗歌何以诗经楚辞时期的偶数字句型为主变为两汉以后的以奇数字句型为主?偶数字句诗除辞赋体外,六言诗始终不流行,八言根本没有(当然不算新诗),奇数字句诗基本上也只限于五七言(不包括词曲),在民歌中大多数是七言。新诗出现以后,情况再变,基本上以偶数字句型为主,而且一般句子的字数也多在八言以上(这里没有考虑自由诗)。这个新起的变化因为是现代的,可能比较容易解释,但是四六言变为五七言的语言学上的原因就比较不清楚。是否古汉语的发展在此期间出现了某种重要变化?

向您这样高龄的前辈提出这些问题,于心很觉不安。不过我终于不肯放过这个求教的机会。您在返美以后,如能把您的一些想法告诉赵如兰〔1〕教授(我所提的问题我想她也会感兴趣的),

〔1〕 赵如兰:赵元任的长女,专攻古典音乐。此次陪同来华访问。

请她给我回一封信，我就感谢不尽了。

祝您和如兰女士一路平安，健康长寿！

胡乔木

六月十二日

请大力支持儿童电影事业的发展*

（一九八一年七月八日）

荒煤同志：

近读你写的《一颗企望黎明的心》，很受感动。这不但使我增加了对丽尼〔1〕个人的了解，也增加了我对你和其他许多同志的了解。

现在写信给你是因为我看了于蓝同志〔2〕6月24日给书记处关于儿童电影制片厂问题的信，信亦随函寄上，虽然信可能已看过了。我很同情她所遇到的困难，尤其是从儿童电影事业的发展。只从消极方面说，由于缺少适宜儿童看的电影，一些少年儿童因看一些只适宜（或亦不适宜）于成人看的电影或电视堕落犯罪的记录是太令人心惊了。不知你能否运用你的职权对儿影厂给以大力支

---

* 此篇是致陈荒煤的信。据胡乔木秘书的手抄件收录。标题是编者加的。陈荒煤（1913～1996）：湖北襄阳人，时任文化部副部长、中国作家协会副主席、中国电影家协会副主席。

〔1〕丽尼（1909～1968）：原名郭安仁，湖北孝感人，散文家、翻译家。《一颗企望黎明的心》是陈荒煤写的纪念丽尼的散文。

〔2〕于蓝（1921～　）：辽宁岫岩人，电影女演员，时任北京儿童电影制片厂厂长。

持？谨为全国儿童向你和文化部提出呼吁。

敬礼

胡乔木

七月八日

要办好一种文艺评论刊物*

（一九八一年七月十七日）

敬之同志并任重、穆之、周扬同志：

昨天敬之同志来我处谈了当前文艺界的一些思想情况。我想，为了努力在必要范围内逐步统一文艺界的思想认识，有必要使一种刊物成为代表中宣部、文联党组、文化部党组共同意见的喉舌，经常就文艺理论问题，文艺界的工作成就和出现的某些不良倾向发表科学性的、指导性的、权威性的评论。当然，这些评论仍然可以讨论，但是只要他们确有充分的理论根据和充分的说服力，那么文艺界的大多数同志是会给予信任和支持的。编辑这种刊物十分必要，因为这是直接联系群众的，这是经常出版的，这是用准确的文字来表达党关于文艺问题的科学见解的，因而与领导人的临

---

* 此篇是致贺敬之并王任重、朱穆之、周扬的信。据胡乔木秘书的手抄件收录。标题是编者加的。贺敬之（1924～　）：山东峄县（今属枣庄市）人，诗人。时任中共中央宣传部副部长、文化部副部长、中国作家协会副主席。王任重（1917～1992）：河北景县人。时任中共中央书记处书记、宣传部部长。朱穆之（1916～　）：江苏江阴人，时任中共中央宣传部副部长、文化部部长。周扬：见本书第137页注〔1〕。时任中共中央宣传部副部长，中国文联主席。

时性的谈话不同。领导人的临时性的谈话当然不少，但是领导人不可能在谈话时事前阅读和掌握各方面的第一手资料，也不可能专门研究马克思主义文艺理论以及中外文艺的历史和现实，也不可能事前准备好比较周密准确的讲话稿，而且就是这样的谈话也不可能经常进行，而文艺活动如同经济活动或其他活动一样，都是经常进行的，经常会提出种种要求给以适当答复的问题。现在文艺刊物虽然空前地多，却还缺少这样一个严肃的负责的刊物。这样，遇到问题，往往带有爆发性，即便暂时得到妥善的处理，却很难具有理论性、连续性，这是一目了然的。建国以前文艺工作指导中的失误，给我们的教训难道还不深刻和沉痛吗？我们的文艺理论工作至今没有建立起一个马克思主义的科学体系，作家艺术家对文艺批评敬而远之，这种状况难道还能够继续下去吗？编辑这样一个刊物诚然不容易，但是选定一个比较适当的刊物（甚至就在人民日报每周编一版作为起点也可以）作为基础，全力以赴，事情还是有希望的。

同样，这个问题在理论界也严重存在，迫切要求解决。这只有从办好《红旗》入手。问题的关键也是要全力以赴。言之匪艰，行之维艰，不过无论如何总得开步走。列宁在建党初期提出从何着手的问题，他的答案是办报。我们现在不是建党初期，但是列宁的答案仍然适用。

谨此建议，请付参考。

胡乔木

一九八一年七月十七日

当前思想战线的若干问题*

(一九八一年八月八日)

同志们：

这次会议今天就要结束了。我现在就同志们在讨论中提到的五个问题作一些说明。

第一个问题，六中全会以后，为什么要开这样一次会呢？跟六中全会决议的传达、讨论、贯彻是不是协调，会不会分散全党的注意力？党对思想文化工作的政策有没有变化？应该明确地答复：这次会议，是六中全会在一个重要方面的贯彻执行，或者说是它的必然的、必要的继续。党对思想文化工作的政策没有变化。

---

* 此篇是1981年8月8日在中共中央宣传部召开的思想战线座谈会上的讲话。首次公开发表于《红旗》杂志1981年第23期(1981年12月1日)。1982年4月22日，在《文艺报》要发表和人民出版社要出单行本时，写了“作者附记”：“这篇讲话已经发表过几次。每次发表前，作者都曾经作过一些修改和补充。现在，在《文艺报》要发和人民出版社要出单行本的时候，作者又作了一些修改和补充。因此，它和最初发表的样子已经有了不少差异。这是需要向读者说明的。”本书据作者的这个修改本收录。

小平同志的谈话,〔1〕耀邦同志的讲话,〔2〕都很重要,我完全拥护。他们的谈话、讲话的内容,既不限于一个电影剧本,也不限于文艺工作和思想工作,而是涉及我们党目前在很大范围内存在的一种精神状态,即不敢坚持批评自我批评传统这样一个重大原则问题。无论思想工作,经济工作,政府工作,部队工作,都面对这样一个问题,就是:对于在党内外、军内外不同程度地存在着的一些有重要影响的错误思想和错误行为,要采取什么态度?当然应该根据具体的情况,分别进行教育、批评以至必要的斗争。问题是,究竟实行不实行?坚决实行还是不坚决实行?

小平同志和耀邦同志都着重说到了当前社会上存在(在某种程度上也在党内存在)的违反四项基本原则的资产阶级自由化倾向,并且指出很多同志和很多组织对这种错误倾向斗争不力,存在着涣散软弱的状态,必须坚决纠正。

这里我想简略地说一说资产阶级自由化的含义问题。为什么我们把目前社会上存在的违反四项基本原则的社会思潮叫做资产阶级自由化思潮?大家知道,在资本主义制度下,那里的首要的自由,就是资本家进行雇佣剥削的自由,维护资产阶级私有制的自由。这是资产阶级自由的最本质的东西,资产阶级的其他各种自由包括言论、出版、集会、结社自由,竞选自由,两党或多党轮流执政的自由等等,归根到底都是由这种自由派生出来,并为它服务

〔1〕 指邓小平1981年7月17日同中共中央宣传部门负责人王任重、朱穆之、周扬等的谈话。这次谈话的要点以《关于思想战线上的问题的谈话》为题收入《邓小平文选》第2卷。

〔2〕 指胡耀邦在1981年8月3日思想战线座谈会开始时的讲话。

的。而当前我们社会上出现的这种思潮，它的特征正是极力宣扬、鼓吹和追求资产阶级的自由，想把资产阶级的议会制、两党制、竞选制，资产阶级的言论、出版、集会、结社自由，资产阶级的个人主义和一定范围内的无政府主义，资产阶级的金钱崇拜、唯利是图的思想和行为，资产阶级的生活方式、低级趣味，资产阶级的道德标准和艺术标准，对于资本主义制度和资本主义世界的崇拜，等等，“引进”到或渗入到我国的政治、经济、社会、文化生活中来，而从原则上否认、反对和破坏中国的社会主义事业，否认、反对和破坏中国共产党对于中国社会主义事业的领导。这种思潮的社会实质，就是自觉不自觉地要求在政治、经济、社会、文化领域内摆脱社会主义的轨道和实行资产阶级的所谓自由制度。所以，我们把它称之为资产阶级自由化思潮。弄清和掌握这种思潮的意义和特征，有助于我们在使用这个概念时防止滥用，注意划清一些重要的界限。例如，一个党员或公民对于某一党组织的某一决定、某一工作或它的某一负责人提出批评意见，是属于正当的民主权利，而不能把它说成是否认和反对党的领导，说成是资产阶级自由化。又如，我们国家的宪法和法律所保障的学术自由和文艺创作自由，是科学艺术的发展所必需的，同这里所说的资产阶级自由化，完全是两回事。至于在科学研究机构和艺术事业机构内，集体计划和个人活动自由之间的关系，无疑需要妥善解决，但一般说来，也不涉及这里所说的资产阶级自由化问题。反之，谁要是确实否认、反对和破坏中国的社会主义事业，否认、反对和破坏中国共产党对于中国社会主义事业的领导，要求和实行用资产阶级的自由制度来代替社会主义民主和整个社会主义制度，那么，无论他怎样狡赖，我们都必须同他进行坚决的斗争。

我们对电影剧本《苦恋》和根据这个剧本摄制的影片《太阳与人》进行批评，就是因为它们歪曲地反映了我国社会现实生活的历史发展，实际上否定了社会主义的中国，否定了党的领导，而宣扬了资本主义世界的“自由”。无论是在《苦恋》还是在《太阳与人》中，作者和编导都采用对比的手法，极力向人们宣扬这样一种观点：似乎“四人帮”就是中国共产党，十年内乱就是社会主义；似乎在社会主义中国的人民并没有得到解放和幸福，而只有愚昧和迷信；似乎党和人民并没有对“四人帮”进行斗争和取得历史性的胜利，因而在中国看不见一点光明，一点自由，知识分子的命运只是惨遭迫害和屈辱；似乎光明、自由只存在于美国，存在于资本主义世界，那里的知识分子自由生活的命运才是令人羡慕的。这种观点，正是资产阶级自由化思想的一种重要的典型表现。显然，不对《苦恋》和《太阳与人》进行批评，并通过这种批评使我们的文艺界、思想界和全党受到教育，增强同资产阶级自由化倾向作斗争的能力，我们的文艺事业和其他事业就很难保证自己的社会主义发展方向。

有些同志问：反对资产阶级自由化的社会思潮，同三中全会以来直至六中全会一贯提出的反对党内的“左”〔1〕的指导思想有没有矛盾？确实，从三中全会到六中全会，党中央都着重纠正“左”的指导思想。六中全会公报指出，这次会议在党的指导思想上完成了拨乱反正的历史任务，也就是说，已经从党的指导思想上完成了纠正“左倾”错误的任务。但是从各方面各地区的具体工作（也包

〔1〕 作者原注：文中左和左倾作为贬义词时，都加引号，表示这不是真的左，是假左或过左。

括思想工作)上说,纠正“左倾”错误还有大量的任务没有完成,这在耀邦同志庆祝党的六十周年大会的讲话里已经讲清楚了。因此,批评、纠正和防止“左”的错误,在今后仍然不能放松。但是无论六中全会决议,或是三中全会以来中央的指导方针,都没有把纠正“左”的指导思想和反对资产阶级自由化的社会思潮对立起来。这两者都是客观存在,都危害着我们的社会主义事业,必须进行两条战线的斗争,对哪一方面采取不承认主义或不干涉政策都不行。而且,这两条战线的斗争是相辅相成的。不反对资产阶级自由化思潮,等于给那些顽固地坚持“左”的指导思想的人们输送弹药。“你看,什么东西都出来了,这都是三中全会干的好事!”他们就会以此来煽动人们反对三中全会以后的党中央。这种煽动的作用不能估计过高,也不能估计过低。因为社会上甚至党内确实存在着资产阶级自由化的思潮,而这种思潮在“文化大革命”期间并没有在广泛范围内公开出现过;你若不能同这种思潮作切实有效的斗争,岂不是证明还是他们的“左倾”那一套“有办法”?岂不是证明“文化大革命”还是有“正确的一面”?这当然是诡辩。没有科学理论根据的“文化大革命”,根本不能解决任何思想问题,而只是制造了一系列的思想混乱。“文化大革命”使极端个人主义和无政府主义得到了恶性的发展,给现在的资产阶级自由化思潮提供了基地;“文化大革命”在一些缺乏历史经验的青年和党内的一些不坚定分子中造成的对党和社会主义的怀疑和失望的情绪,在同外国资产阶级思想的影响相结合情况下,产生了资产阶级自由化思潮的泛滥。在另一方面,不继续纠正“左”的指导思想,也会为资产阶级自由化思潮制造借口。“这还有什么民主,还有什么双百方针?还不是棍子帽子辫子的老一套?”极少数人还会煽动说:“这不是封建官僚特权阶级的专政？除了实行两党制，实行言论、出版、集会、结社的绝对自由，除了再来一次革命，中国怎么能现代化?”对于这些不同性质的谬论都必须坚决彻底批驳，但是“左”的指导思想根本不可能给以正确的批驳，而只能使许多人民内部的矛盾激化。我们有些好心的同志对资产阶级自由化思潮怀有完全正确的革命义愤，但没有认真仔细地研究新情况，这样就缺少解决新问题的新方法，不自觉地沿用了过去习惯了的某些简单化的方法，也产生了一些事与愿违的结果。由此可见，当前的两条战线斗争确是任何一方面都不能忽略。

这种两条战线斗争不但是一种理论上、政治上的需要，而且是一种客观存在的现实。这个现实在一定程度上有力地表明，剥削阶级作为一个阶级在我国大陆虽然已经不存在，但是阶级斗争并没有结束，它还在一定范围内继续存在，并且会在某些条件下有所发展。我们既不能夸大这个事实，以致重犯阶级斗争扩大化的错误，又不能忽视这个事实，真正犯阶级斗争熄灭论的错误，听任那些反对和破坏社会主义的阶级敌人在政治、经济、社会、文化领域内肆无忌惮地腐蚀我们的国家和人民。一切坚持社会主义事业的同志，如果过去还没有看到这个事实，或者还没有看到这个事实的严重性，请赶快清醒过来，振作起你们的精神来反对资产阶级思想对于我们的社会主义社会的腐蚀，并且首先防止我们的某些党员在这种腐蚀的影响下腐化变质吧！

现在来说这次会议和六中全会决议的关系。六中全会的决议有很多部分的内容，跟小平同志的谈话、耀邦同志的讲话有密切的联系。比方说，六中全会决议的(34)段说：没有中国共产党就没有新中国，同样，没有中国共产党也就不会有现代化的社会主义中国。如果没有中国共产党这样统一的坚强的领导,我们的国家就必然要四分五裂,我们民族和人民的前途就只能被断送。党的领导曾经犯过错误,但是,任何人都不能够用这个作为理由来削弱、摆脱和破坏党的领导,那只会招致严重的灾难。中国共产党总结了过去的历史经验,不断改善自己的领导,加强同广大群众的联系,一定能够更好地担负起历史所赋予的巨大的责任。这是属于决议基本内容的非常重要的一个方面。我们能不能在这一点上动摇?作为共产主义初级阶段的社会主义的建设和发展,同以实现共产主义为最终奋斗目标的共产党的领导是不可分离的,因此,坚持党的领导就成为坚持社会主义道路、坚持四项基本原则的核心,而资产阶级自由化思潮,正是以否认和反对党的领导为核心。那么,我们要不要跟这种思潮作斗争?如果不跟这种思潮进行坚决的和正确的斗争,我们怎么能贯彻执行六中全会的决议?怎么能建设社会主义和实现四个现代化?

决议的第(35)段第四条讲:“对敌视社会主义的分子在政治上、经济上、思想文化上、社会生活上进行的各种破坏活动,必须保持高度警惕和进行有效的斗争。必须正确认识我国社会内部大量存在的不属于阶级斗争范围的各种社会矛盾,采取不同于阶级斗争的方法来正确地加以解决,否则也会危害社会的安定团结。”这就是说,无论对于敌对分子的活动,或是其他各种社会矛盾,包括还不属于敌我矛盾的人民内部的阶级斗争,其中当然就有各种不同情况的资产阶级自由化的思潮(站在这种思潮方面的任何人,无论是否党员,如果坚持宣传一种违背社会主义、否认党的领导的纲领性主张,坚持奉行资本主义的唯利是图、损人利己的原则而实行对于社会主义的政治、经济、社会、文化制度的破坏,拒绝改正,他就是资产阶级思想的代表),都必须采取坚决的措施加以解决,否则就会危害社会的安定团结;其次,又必须按照情节轻重和自觉程度正确地加以解决,否则也会不利于社会的安定团结。

第(35)段第五条讲:"决不能让类似'文化大革命'的混乱局面在任何范围内重演。"第(35)段第六条讲:"要加强和改善思想政治工作,用马克思主义世界观和共产主义道德教育人民和青年","抵制腐朽的资产阶级思想和封建残余思想的影响,克服小资产阶级思想的影响,发扬祖国利益高于一切的爱国主义精神和为现代化建设贡献一切的艰苦创业精神。"同一段第十条讲:"根据'文化大革命'的教训和党的现状,必须把我们党建设成为具有健全的民主集中制的党。"要"在高度民主的基础上实行高度的集中","必须正确运用批评和自我批评的武器,克服离开党的正确原则的各种错误思想,根除派性,反对无政府主义和极端个人主义,纠正特殊化等不正之风"。

第(36)段特别说明,我们否定"无产阶级专政下继续革命"这个有特定含义的口号,否定在社会主义条件下继续进行所谓一个阶级推翻一个阶级的理论,因为这是完全错误的,它已经造成了众所周知的国家的灾难,人民的灾难,党的灾难,但是,这决不是说革命的任务已经完成了,我们不要继续进行革命斗争了。我们的革命的任务还远没有完成。建设社会主义社会的这种和平发展时期的革命事业,比过去的革命事业更深刻、更艰巨,需要许多代人坚持不懈、严守纪律的艰苦奋斗,而且需要十分注意提高警惕,随时准备挺身而出,捍卫革命利益。这就是说,我们既要跟各种各样的公开的、暗藏的敌对分子的破坏活动进行斗争,也要跟虽不属于敌对分子破坏活动、但反对社会主义或反对党的领导的各种资产阶级自由化的思想和行为进行斗争。

总之,六中全会决议不但严肃地批评了党在历史上特别是在“文化大革命”中的“左倾”指导思想,而且严肃地批评了那种否认和反对党的领导的资产阶级自由化的思想和行为,并且要求为此而在党内展开批评和自我批评。耀邦同志在“七一”讲话中说:“那种不讲原则,‘你好我好,一团和气’的腐朽庸俗作风,是同我们党的无产阶级性质不相容的。”“过去我们主要的错误是过火斗争,结果走向反面,导致人们既不愿自我批评,也不敢开展批评。我们要把这种不健康的风气纠正过来。”这次小平同志的谈话和耀邦同志的讲话,又着重讲了这个方面。这就是要求全党在传达、讨论、贯彻执行六中全会决议的时候,务必不要放松这个方面。

还需要着重指出,反对资产阶级自由化思潮,反对一些组织、一些同志在这个问题上的涣散软弱状态,这是三中全会以来党中央的一贯方针。我们只要回想一下小平同志一九七九年三月三十日在党的理论工作务虚会上的讲话,小平同志一九七九年十月三十日在第四次全国文代会上的祝辞中关于要求文艺界反对“左”的和右的倾向的段落,中共中央一九八〇年一月三十一日《关于认真学习贯彻第四次全国文代会精神的通知》中的有关段落,一九八〇年二月五中全会通过的《关于党内政治生活的若干准则》中的有关规定,耀邦同志一九八〇年二月在中国剧协、中国作协、中国影协联合召开的剧本创作座谈会上的讲话,小平同志一九八〇年八月在中央政治局扩大会议上的讲话和一九八〇年十二月在中央工作会议上的讲话中的有关段落,以及中共中央一九八一年一月《关于当前报刊新闻广播宣传方针的决定》,就可以证明这一点。我想我们有必要把中央在这一问题上的指示集中地温习一下,因为显然很多同志已经对它们记不清楚，至少在实际上没有完全按文件的规定去做。

总之，现在大家可以了解，召集这次会议决不会对贯彻执行三中全会以来的方针有什么不利，决不会对讨论、执行六中全会的决议有什么不利。有的同志似乎认为，反对资产阶级自由化思潮是一个新提出来的问题，并由此认为中央政策多变，这是没有根据的。

既然过去已经提出多次，现在还特意召集一次会议，这就表明，在过去两年半的时间中，中央的这个方针收到的效果不大。效果为什么不大？因为许多同志在这个问题上思想和行动还很涣散软弱，有极少数人至今还看不清或者不承认存在这种自由化的思潮，甚至想方设法加以掩护。这确实是摆在全党面前的一个非解决不可的严重问题。这个问题的存在，除了其他原因以外，也说明这样一个事实：许多同志看问题至今还容易有片面性的缺点。某个时候需要着重纠正一种倾向，似乎另一种倾向就可以放任了。这又一次提醒我们一定要注意这个重要的历史教训。任何时候都必须全面地看问题，不要让一种倾向掩盖另一种倾向。

小平同志的谈话，谈到了《苦恋》和《太阳与人》的问题。《苦恋》的剧本是在六中全会以前的一九七九年写的，《太阳与人》的影片也是在六中全会以前拍的。在六中全会以后，会不会还出现这样的剧本和影片呢？如果我们全党不加强对思想战线的领导，也还是可以出现。因为实践已经证明，同资产阶级自由化思潮作斗争，不是一个轻而易举的小问题。固然，这种思潮在目前时期的出现，有它的客观社会历史原因；但是这样说并不能减轻党的领导的责任，而只能加重它，就是说，必须认真严肃地、团结一致地去加强对这种思潮的斗争。而为了加强这一斗争，首先必须克服小平同志所说的党对思想战线工作的指导上的涣散软弱的现象。否则，再过两年半，思想战线的形势恐怕也不会有多大变化。

要改变这种状况，首先要在党内加强批评和自我批评。六中全会决议本身不但包含这个内容，而且也是一个进行批评自我批评或思想斗争的榜样。六中全会的决议不就是我们整个党的自我批评吗？我们党把三十二年来的工作作一个彻头彻尾的公开的勇敢的自我批评，没有回避任何思想斗争，没有顾虑把这种自我批评和思想斗争公布出去会引起的种种猜疑。我们要学习、讨论、执行六中全会决议，我们各个单位、各条战线，能够不进行同样勇敢的自我批评和思想斗争吗？只有把六中全会这种批评自我批评的精神发扬到各条战线上去，这才叫贯彻六中全会的精神，这才叫恢复了党的优良传统。事实上，在我们社会主义经济建设的战线上，不是每天都在进行着思想斗争，并且采取着必要的组织措施和法律措施吗？每天都在从上而下地(党中央、国务院和各级有关组织下达的指示命令等等)或者从下而上地(人民来信来访，向党的纪律检察机构和国家司法机构提出检举等等)批评和纠正我们工作中的错误。并且通过司法途径打击各种破坏社会主义经济的严重犯罪活动。在党的组织工作中也在经常地进行着同样的斗争。我们认为这是应该的，而且认为还很不够。比较起来，思想战线上的这种斗争确是相形见绌了。诚然，思想战线的斗争和经济战线等等的斗争有某些不同。例如，精神产品多数是脑力劳动者个人进行创造性劳动的结果，它们的优劣不像物质产品的优劣那样容易得到精确的测定和由此而来的一致的评价。也因为这样，对于纯属思想范围内的问题，要尽可能少用行政措施，尤其要极少采取法律措施。思想战线也在进行着批评自我批评，不少同志在这方面作了有效的工作，这决不能抹煞。但是无论如何，思想战线上批评自我批评的比较落后，却是难以否认的。像对于《苦恋》这样显然存在着严重政治错误的作品，我们的文艺批评界的许多同志竟然长时间内没有给以应有的批评，直至让它拍成电影。在《解放军报》发表批评以后，一些同志除了指责这些评论文章的缺点以外，仍然不表示什么鲜明的态度。这不但是软弱，而且是失职。在社会科学和其他思想工作领域内，也有一些类似的情况。我们再不能容忍这种状态继续存在下去了。

有同志提出，开展批评自我批评或思想斗争，会不会危害三中全会以来的安定团结，生动活泼、思想解放、文化繁荣的局面，而把它变成一潭死水？正确地开展思想斗争不会危害这种局面，不开展思想斗争倒一定会危害它。大家知道，在一般情况下，流水不腐，死水必腐。正常的批评自我批评或思想斗争，如同水的正常流动一样，正是社会主义社会的安定团结、生动活泼、思想解放、文化繁荣所必需的健康状态。没有批评和自我批评，这才真正会变成一潭腐败的死水，在那里我们将可能找不到社会主义社会的安定团结、生动活泼，而很可能找到各种反社会主义微生物的"解放"和"繁荣"。从三中全会到六中全会就是一场批评自我批评的过程，或者说一场思想斗争的过程，它究竟是巩固了安定团结、生动活泼的局面还是相反？大家的思想是解放了还是相反？文化是繁荣了还是相反？它使我们全党对于过去、现在和将来有了统一的认识，这就是安定团结、生动活泼、思想解放、文化繁荣的最大保证。有些同志很怕听到批评特别是思想斗争，但是过去三四年的历史却丝毫没有什么叫人害怕的地方。由此可见，除非某种思想斗争毫无道理，方向错误，方法也是武断专横，那确实会危害安定团结等等，否则就不会。

正确地开展批评自我批评以及必要的思想斗争，正是发展社会主义民主，走向高度民主的条件和表现，而不是压制社会主义民主，妨碍走向高度民主。因为，宣传和实行大多数人的正确意见，纠正少数人的错误意见（在我们这样一个大国中，坚持“左倾”错误的人和向往资产阶级自由化的人加在一起尽管也有相当数目，在人民总数中却是很少很少），是实现社会主义民主所必然要求的。当然，这决不是说，多数人就可以违反法律的规定，对少数人实行什么“专政”。“四人帮”动不动就说什么对思想文化领域实行“全面专政”，但是对于我们社会主义者说来，这是决不许可和不能想象的。在人民内部进行思想争论的过程中，无疑要坚定不移地坚持“双百”方针，也就是坚持学术领域、艺术领域内的社会主义民主，不但允许批评，而且允许反批评，允许发表不同意见，要给被批评的同志以进行申辩的条件，同时给他们以认识错误和改正错误的条件。这是《关于党内政治生活的若干准则》所规定了的，是必须执行的。我们决不能重复过去曾经流行过的那种武断的、以势压人的所谓批评的方式。一九六二年，毛泽东同志在扩大的中央工作会议的讲话中，在谈到应该怎样对待犯了错误的同志的问题时，曾经这样说，“要采取善意帮助的态度。不要有这样的空气：似乎犯不得错误，一犯错误就不得了，一犯错误，从此不得翻身。一个人犯了错误，只要他真心愿意改正，只要他确实有了自我批评，我们就要表示欢迎。头一二次自我批评，我们不要要求过高，检讨得还不彻底，不彻底也可以，让他再想一想，善意地帮助他。”邓小平同志在第四次全国文代会上的祝辞中谈到文艺批评时也说，“虚心倾听各方面的批评，接受有益的意见，常常是艺术家不断进步、不断提高的动力。在文艺队伍内部，在各种类、各流派的文艺工作者之间，在从事创作与从事文艺批评的同志之间，在文艺家与广大读者之间，都要提倡同志式的、友好的讨论，提倡摆事实、讲道理。允许批评，允许反批评；要坚持真理，修正错误。”“文艺这种复杂的精神劳动，非常需要文艺家发挥个人的创造精神。写什么和怎样写，只能由文艺家在艺术实践中去探索和逐步求得解决。在这方面，不要横加干涉。”毛泽东同志和邓小平同志的这些话，是我们党长期以来领导思想工作和文艺工作经验的科学总结。我们今后开展批评和自我批评，必须坚持这些原则。只要我们认真地全面地按照三中全会以来所规定的方针去做，就一定既能纠正自由化倾向和领导涣散软弱的状态，又能防止和避免重犯过去那种“左”的错误或其他形式的新的“左”的错误。中央这次提出对《苦恋》的批评，这是由于文艺批评界的涣散软弱而不得不出面过问，但是仍然要文艺界自己去解决这个问题，既允许申辩和辩护，也允许反批评或发表不同意见，这就不是横加干涉。不要横加干涉当然不等于不要坚持真理、修正错误，不要正确的合理的批评，一切听之任之。否则就是放弃党的领导，实行资产阶级自由化了。

我可以代表中央负责声明：一九七九年邓小平同志向第四次全国文代会的祝辞，一九八〇年中共中央关于认真贯彻第四次全国文代会精神的通知（这个通知关于文艺批评和艺术领域中的民主有比较详细的说明），仍然完全有效。三中全会以来，党的指导方针是一贯的，党对文艺、文化、学术、知识分子的方针也是一贯的，没有、不会有、也不允许有什么反复。

第二个问题，资产阶级自由化的思潮，怎样影响着党内，形成党内思想战线的涣散软弱状态，以及怎样来扭转这种状态。小平同志的谈话里指出，资产阶级自由化思潮一方面是由于对“文化大革命”的反动，另一方面也是由于外来资产阶级思想的侵蚀。这正确地分析了资产阶级自由化思潮的客观的社会历史原因。我想从党的思想工作本身的状况补充一点主观方面的原因。三中全会前后直到现在，思想界(主要是党的思想界)流行着一些错误观点，这些错误观点主要表现在以下几个问题上。

在“双百”方针问题上，一些同志不承认这一方针的基本点就是在学术上实行民主讨论，在艺术上实行自由竞赛，通过批评和自我批评，来发展正确和先进的东西，纠正错误和落后的东西，用真、善、美来克服假、恶、丑，来求得社会主义科学文化事业的健康前进。毛泽东同志对这一点的论述很详细，大家都知道，这里不需要再引用了。但是一些同志却把这个方针曲解为脱离任何原则，想写什么就写什么，想说什么就说什么，想宣传什么就宣传什么，想发表什么就发表什么，谁也不能批评或干涉。这就势必抹煞真理和谬误、无产阶级和资产阶级、社会主义和资本主义的原则界限。这就导致否认党对思想工作的正确领导的必要性，认为党的领导就是限制和束缚，因而力图加以抵制和摆脱。有些同志认为，共产党员在一些根本性、原则性的政治理论问题上，可以冲破任何所谓“禁区”，可以离开马克思列宁主义、毛泽东思想的基本原理，离开社会主义的基本原理，离开党和人民几十年来的成功的革命实践，离开党的根本方针、党的纪律和国家的宪法的根本原则，随心所欲地散布他们的任何观点。这样，他们就似乎成了社会主义社会的特种公民，在党内就似乎成了特种党员。

为了保护自己发表错误言论的自由，一些同志把“百花齐放，百家争鸣”这八个字(只讲字面而不讲实质)看成是党的思想工作的唯一方针。毫无疑问,“双百”方针是我们党发展社会主义科学文化事业的长期的、基本的方针,但没有任何根据说它是党在思想工作方面的唯一方针。这个方针只规定了发展社会主义科学文化事业必须采取民主讨论和自由竞赛的方法,而没有规定方法的其他方面,更没有规定科学文化事业的内容。因此,我们党在思想工作方面还提出和执行了其他一系列方针,例如:一切思想工作都要为人民服务、为社会主义服务的方针,实事求是、一切从实际出发、理论联系实际的方针,推陈出新、古为今用、洋为中用的方针,在一切社会政治思想领域中都要确立马克思主义的领导地位的方针,在一切工作中都要坚持和加强党的政治思想工作的方针,批评和自我批评的方针,在人民内部实行团结、批评、团结的方针,等等。事情很清楚,不纠正上述对“双百”方针的错误看法,就必然把“双百”方针曲解成为违反四项基本原则的资产阶级自由化的方针。

在中国社会主义革命问题上,一些同志在长时间内抱着怀疑的态度。他们不顾中国革命发展的历史必然性和胜利实践,不顾列宁在俄国十月革命前后的一系列论述和二十世纪以来国际社会主义运动的新的发展,教条式地宣传社会主义必须建立在高度发达的社会化大生产的基础上,并且必须消灭商品生产,认为中国经济落后,不应该也不可能实现社会主义。他们不愿意承认我国在实现了社会主义改造之后,已经消灭了剥削制度,建立了生产资料的社会主义公有制,建立了社会主义的基本政治、经济、文化制度。尽管这些刚建立起来的制度还需要完善,但毫无疑义,它们已经在我国扎下了根,并且经受住了严峻的考验,显示了强大的生命力。这些同志既然不愿意承认我们的社会是社会主义社会,也就不愿意看到二十多年来我国社会主义建设的伟大成就，不愿意看到我国社会主义制度的连一些外国资产阶级公正人士也不能不称道的优越性。极少数人甚至荒谬地宣称中国应该回过头去发展新民主主义，发展国家资本主义。这种极端错误的观点的宣传，不但本身就是资产阶级自由化思潮的一种表现，而且还给这种思潮以一种"理论"的依据。

一些同志对于中国社会主义革命的怀疑，表现了他们对于结合中国革命的长期实践，研究马克思主义基本原理在中国的胜利和发展，研究毛泽东思想的科学理论，几乎毫无兴趣。他们由于毛泽东同志晚年犯了错误（对于这个错误他们也作了错误的非历史的解释），就对经过了历史考验的整个毛泽东思想的科学理论表示怀疑。事实上，他们所怀疑的不仅是毛泽东思想，而且是中国共产党和中国人民几十年间的伟大革命实践，而且是马克思主义的基本原理和它在实际生活中的发展。

在社会主义民主问题上，一些同志把社会主义民主和党的领导对立起来。毫无疑问，作为无产阶级阶级斗争高度发展和科学社会主义理论相结合的产物共产党，只是人民的一部分，是人类社会一定历史阶段的特殊产物，党只是阶级和人民的工具，它的唯一任务就是为人民服务，为最大多数人的最大利益服务。但是一些同志似乎不了解：只有作为最先进的政治力量的共产党才能代表最广大人民的利益和意志；各部分人民之间在根本利益一致基础上的不同利益关系的正确协调，整体利益和局部利益、长远利益和眼前利益的正确结合，以及由此而产生的全国各族人民的团结统一，只有在共产党的领导下才能实现；社会主义民主制度的建立、发展、巩固和完善，都不能离开共产党的领导。当然，党的领导必须坚决维护人民的权利和利益，充分发挥群众的积极性创造性，经常深入群众，虚心倾听群众的意见和建议，集中群众的经验和智慧，并且努力使自己的工作建立在社会科学和自然科学的客观基础上。只有这样的领导，才是正确的领导。但是决不能由此得出结论，似乎人民的当家作主和党的领导是互相排斥的，似乎群众在任何情况下都能够自然而然地正确认识自己的长远利益，似乎党不是阶级和人民群众的先进部队，而是相反，似乎群众的觉悟总是高于和先于党的觉悟。那样，马克思主义的科学理论就被降低到群众自发性的水平甚至这个水平以下，党就不成为马克思主义和工人运动相结合的产物，而党的一切思想政治工作也就成为毫无意义的了。一些同志忽视革命人民对反革命势力的专政、社会主义法制、民主集中制、革命纪律和劳动纪律的重要意义，不认识在社会主义社会中，如果离开了这些而只讲抽象的民主，那就会走向无政府主义和极端个人主义。他们也往往抹煞社会主义民主和资产阶级民主的本质区别，很少去认真地研究和批评资产阶级民主的阶级本质，它的虚伪性、局限性和其他种种弊病。少数人甚至背弃马克思主义的基本原理，宣扬对资产阶级民主的偏见和幻想，鼓吹资产阶级思想家的所谓“天赋人权”等等。这是资产阶级自由化思潮的另一种“理论”依据。

一些同志由于党曾经犯过错误特别是犯过“文化大革命”这样的全局性、长期性的错误，对于党能否继续领导人民建设繁荣富强的国家缺少信心，并且向群众散布他们的这种缺少信心的情绪。他们对于党内存在的某些不正之风和某些特殊化、官僚化现象，既看不到这主要是旧社会遗留下来的影响和“文化大革命”遗留下来的影响的产物，一部分是党和国家在政策转变过程中相应的制度和管理工作还没有完善起来的情况下的产物，又看不到我们党和政府为了纠正和消除这些现象已经进行和正在继续进行的巨大而有效的努力，任意夸大党的工作中的这些消极方面，硬把它们说成是党的主流。有个别人简直走到肆意诋毁党的地步，并为此而编造或散布这样那样的“理论”。

党内抱有以上这类错误观点的同志，当然难于遵守党的纪律，难于在政治上与中央保持一致。难，但还不是不可能。这就要求党向这些同志坚决地开展批评，坚定地进行教育，以便尽可能地把他们从错误的或危险的道路上挽救过来。

以上所说的思想界的这些错误观点，当然要不同程度地反映到文艺评论、文艺创作和其他思想文化工作部门。有的文艺刊物引人注目地大谈政治问题，例如对四项基本原则的所谓“突破”和“修正”问题。《苦恋》的作者和《太阳与人》的编导当然也竭力表现自己的错误政治观点，以致这两部作品与其说是企图真实地反映现实生活，还不如说是他们的政治观点的寓言化和漫画化。此外，文艺领域还有一些比较专门的思想问题。例如，有些同志否认社会生活是文艺的唯一源泉，不赞成深入生活，研究社会；有些同志把文艺看作是纯粹个人的事业，把作品看成是作家、艺术家个人的自我表现，同社会政治没有任何关联；认为作家可以不顾社会责任，作品可以不问社会效果；认为社会主义社会的作家、艺术家可以脱离当代先进思想和前进运动的指导和影响，脱离党在文艺发展方向上的正确领导。有些同志认为文艺应该离开人的社会性，离开社会主义社会中的生产关系、社会关系、文化伦理关系等等的制约，而宣传所谓抽象的人性，个别的人竟然污蔑社会主义制度是压抑、扼杀人性的。有些同志在创作活动中一味模仿西方和海外的时尚，包括模仿那些庸俗的、腐朽的东西，或者追逐一部分群众的落后的低级的趣味。他们无视我们民族的优秀的美学传统，抛弃我国文艺的革命传统，否认革命的、健康的思想内容和尽可能完美的艺术形式相统一的原则。

在社会主义社会，精神产品同物质产品一样，多数是要作为商品进行流通的。但是无论物质产品的生产和精神产品的生产，都必须以满足全体人民的物质需要和精神需要为根本目的。为了实现这个根本目的，我们的精神生产部门不仅要努力增加精神产品的数量，而且要努力提高精神产品的质量，就是说，要力求每一件精神产品都具有爱国的、革命的、健康的思想内容，能够真正给人民精神上以美的享受和奋发向上的鼓舞力量。同时，尽管多数精神产品要作为商品流通，但任何精神产品决不能脱离自己的精神目的而盲目地商品化，它们的生产者决不能商人化。总之，决不能“一切向钱看”。如果背离了满足人民需要这个根本目的，如果追求商品化，那就背离了社会主义的根本原则，那样我们社会的精神生产就会同资本主义社会的精神生产没有什么本质的区别了。在资本主义社会，物质产品的生产和精神产品的生产，都高度商品化了，这些产品的经营者一般都是以追求利润为惟一目的。为了赚钱，一切都可以出卖，连人的良知、人格、人身等等也可以成为商品“自由”地出卖。为了赚钱，那里的许多精神生产部门可以不择手段地并且基本上不受阻挠地生产各种低级、庸俗、腐朽、反动的精神产品，去毒化、腐蚀人们的精神世界。这种精神产品生产的商品化、自由化，是资本主义社会产生精神危机并无法摆脱的原因之一。当前，我们有些精神生产部门，如有些报刊、出版社的编辑部门，有些文化艺术的事业单位，由于管理制度的缺陷和指导思想的错误，不同程度地存在着追求精神产品的商品化的错误倾向，它们不是根据正在从事现代化建设的人民的需要，按照社会主义的原则，对出版物和艺术活动的思想内容提出更高的要求，而是“一切向钱看”，致使某些明显地对人们的思想具有消极影响和腐蚀作用的东西，也得以或多或少地流行起来。甚至有人公开提出，我们的出版事业、文化事业不能只由国家和社会经营，而应该允许私人自由经营。文化领域内的这种资产阶级自由化倾向，对于各种错误观点的传播，对于助长资产阶级自由化思潮的泛滥起着不可忽视的作用。这是应该引起我们的严重注意并切实加以纠正的。

必须着重声明：这里所说的这些资产阶级自由化倾向，只是思想战线上的局部现象，只是发生在很少数同志身上，这很少数同志也不是具有所有的上述观点，并且其中大多数人受过党的长期培养教育，为党进行过长期工作，他们在工作中往往是既有缺点，也有优点，既有错误，也有成绩，所以除了个别的例外，他们的错误倾向经过批评教育是可以改正的。这些情况决不是思想战线的主流。必须指出，大多数思想工作者和文艺工作者是严肃认真地、卓有成效地为人民和社会主义而积极工作的。他们的工作的某些方面，已经超出了“文化大革命”以前所曾达到的水平。他们在不同程度上抵制了资产阶级自由化思潮的各种表现，为社会主义事业作出了贡献，受到了人民的欢迎。我们决不能因为批评资产阶级自由化倾向，而神经过敏起来，觉得几乎到处都是资产阶级自由化，多数理论工作者、文艺工作者几乎多少都犯了错误。事实决不是这样。我们必须肯定三中全会以来我们的理论界、文艺界确实取得了很大成绩，如同我们虽然必须批评许多企业经济效益不高，有些企业甚至搞各种歪门邪道，违法乱纪，仍然必须肯定当前全国经济战线确实取得了很大成绩一样。否定成绩，夸大错误，散布失望情绪，是危险的和决不许可的。但是，必须对思想界文化界存在的一些错误观点、错误现象进行严肃的批评和自我批评，否则，这些错误的影响就会扩大，就会对我们的事业，对我们党和国家的整个工作造成严重的损害。

这里需要引起大家注意的是，上述自由化的观点，不少是在以执行三中全会的方针，解放思想的名义下出现的。大家知道，三中全会提出的解放思想、开动脑筋、实事求是、团结一致向前看的方针，是完全正确的。它对于拨乱反正，纠正指导思想上的"左"的错误，起了决定性的作用，这是实践已经充分证明了的。但是，究竟什么叫解放思想呢？党中央认为，解放思想，首先和主要是使我们的干部和群众从"文化大革命"及其以前一段时间内的"左倾"错误的束缚中解放出来，从两个"凡是"的束缚中解放出来，重新回到马克思列宁主义、毛泽东思想的科学轨道上来，回到从实际出发、实事求是的优良传统上来，了解新情况，解决新问题。党中央认为，今后仍然继续需要这样的解放思想。但是有一些同志对解放思想却不是这样理解的。在他们看来，解放思想，可以离开党和人民的经过实践检验的长期革命斗争经验的轨道，可以离开马克思列宁主义、毛泽东思想的轨道，可以离开四项基本原则。极少数同志认为提出坚持四项基本原则是无的放矢，甚至有人把四项基本原则看成是四根棍子。在这极少数人看来，别说党内，就在社会上也根本不存在什么资产阶级自由化的思潮，就连非法组织非法刊物也应该听其自由发展；党内只存在反对"左倾"错误的问题，就连党所领导的社会主义改造也可以包括在"左倾"错误之内。既然党的思想界的一些同志，对于"文化大革命"，对于"文化大革命"前十七年的历史，以及“文化大革命”后五年的问题，对于毛泽东同志和毛泽东思想，对于四项基本原则本身，在认识上存在着不同于中央观点的种种分歧，加上一些同志特别是年纪比较轻的同志，对于近代中国的历史，中国革命和中国共产党的历史缺少了解，对于资本主义国家和资产阶级社会存在着种种幻想和糊涂观念，这两种情况互相呼应，互相助长，就形成了资产阶级自由化在一定范围内的发展。

还必须指出，资产阶级自由化思潮的影响在一定范围内的发展，组织上的原因也是很重要的。尽管党中央在一九七九年三月就已经尖锐地提出了这个问题，以后又多次重申，某些同志仍然是我行我素。一些出版物(包括一些所谓内部出版物)，一些学会、研究会、讨论会、座谈会、讲演会，一些重要的宣传教育阵地，在近几年中认真加以过问的人不是很多。一些负责宣传、教育、报刊、出版、文化、社会科学研究的机构，也不都是组织得很好，管理得很好。有些部门，一些同志和另一些同志长期不团结，使许多工作不能顺利进行。极少数相当负责的干部本人就对自由化的倾向表示同情和支持。这种组织涣散、工作软弱、纪律废弛的状态，当然不会有利于反对资产阶级自由化思潮的斗争。如果不坚决整顿这种组织状态，就不能有效地改变前面所说的思想状态。当然，组织上也还有其他方面的问题，例如某些“四人帮”残余分子还没有清除，或者某些同志的工作不称职，作风简单粗暴，思想僵化，不研究和尊重科学、艺术的客观规律，把干预学术界、文艺界许多不应该干预的事情当作“加强领导”，等等。这类问题也必须解决。

应该承认，对于思想工作中存在的问题，中央书记处虽然讨论过好些次，但是采取的切实有效的步骤还很不够。我自己作为担负思想工作的一员，没有充分地和始终一贯地负起自己的责任，提出的意见也往往不够周到严密，首先应该进行自我批评并接受中央和同志们的批评。

这里还得答复几个问题。

有同志说，不能把思想文化战线的作用估计过高。生活本身起的作用更大。不能雷公打豆腐，拣软的欺，一有不合，就拿思想工作，首先是电影和文艺开刀。为什么自然科学进行一次失败的实验，经济工作犯一次重要错误，都可以原谅，而思想工作一犯错误就要这样兴师动众呢？建国以来，我们在思想文化界进行的斗争太多也太过火了，总的来说效果很不好，现在应该接受这个教训，不能再走老路。这个教训，在三中全会以来中央的历次有关文件中都提到了，六中全会决议和这次小平同志的谈话，耀邦同志的讲话，也都提到了。我不敢说，以后党就永远不会在这类问题上在某一程度上重犯过去的错误。这需要宪法、法律、社会活动的各种规则、党章、党的领导水平、全党同志和全国人民的觉悟水平、全党同志和全国人民的舆论力量来共同保证避免。但是无论如何，我们首先要分清正确的批评和错误的批评，不能一次被蛇咬，三年怕井绳。生活影响着人们的思想，人们的思想（尤其是有系统的先进思想）也影响着生活。革命不就是这样起来的吗？党不就是这样成立的吗？思想工作者决不能妄自菲薄。有不同的生活，有不同的思想，这就必然会发生相互间的批评。批评的性质有不同，方法也有不同。我们能否把对于《苦恋》的批评同对于《刘志丹》、《怒潮》、《李慧娘》、《谢瑶环》、《林家铺子》、《早春二月》、《北国江南》、《舞台姐妹》、《兵临城下》、《抓壮丁》、《海瑞罢官》等等作品的批评等量齐观呢？前面已经说过，党的批评并不是专门指向文艺工作，更多的还是指向经济工作和组织工作，所以不能说是“雷公打豆腐”。再说思想工作中的错误倾向，党内外的错误思潮，并不是豆腐所能比较，也不是自然科学家在实验室里一次或几百次失败所能比较。实验错了，除非发生了严重的爆炸，扩散了有毒物质，究竟损失有限，只是少数人的事。经济政策和经济工作犯了严重错误，甚至走上破坏社会主义经济的犯罪道路，对国家和人民要造成严重的损失和灾难，必须雷厉风行地坚决纠正，严肃处理，决不允许“原谅”。但是一般说来，经济工作中确实由于缺乏经验而产生的非自觉的和非原则性的错误，当然也要坚决纠正，还不致影响到社会政治制度的性质和发展方向。一种发生广泛社会影响的错误思潮，不同于个别性质、枝节性质的错误，如果不加批评控制，却可能像某种传染病一样，危害整个社会的精神健康和安定团结，甚至产生像“文化大革命”那样的灾难。我们对于资产阶级自由化思潮的批评，是一种对于早已确实存在的重要政治倾向的批评，而不是吹毛求疵，小题大做。况且中央已经再三声明不进行围攻，不搞运动，一切按照《关于党内政治生活的若干准则》办事，就是说，不按照雷公的方式办事。兴师动众，是为了唤起全党加强对思想工作的正确领导，振奋批评和自我批评的革命精神，而不是要整倒任何一个同志。任何一个愿意认识错误、改正错误的同志，失掉的只是自己的错误观点，得到的却是全党和全国人民的谅解和欢迎。

还有同志说，思想战线的问题，总归是第二位的问题，把经济搞好了，思想战线的问题也就不难解决了，我们不应该颠倒主次。就我们国家的整个工作来说，最基本的是要把经济搞好，这是不能动摇的。经济的发展也可以对思想的进步发生一定的作用(加强人们对社会主义的信念,加强人们的团结奋斗的意志,减少某种范围内的经济犯罪等),这也不能怀疑。但是,我们不能抱着这么一种观点,经济搞好了,人们的各方面思想都会自动地跟着好起来。许多经济很发达的国家,人们(当然不是所有的人)却缺少理想和信念,精神很空虚,而且犯罪现象严重发展。人,当然要有最起码的吃、喝、住、行、用,然后才顾得上其他。但是,并不是有了吃、喝、住、行、用,就会有正确的思想。而且吃、喝、住、行、用本身,也有一个来源和用法是否正当的问题,这就属于思想性质的问题。否则,为什么人类从古代以来就有富贵不能淫,贫贱不能移,临财毋可得,临难毋苟免,先天下之忧而忧,后天下之乐而乐,杀身成仁,宁死不屈的道德规范呢?我们奋斗的目标是现在建设社会主义和将来实现共产主义,这都包括物质文明和精神文明两个方面。有些同志认为物质文明就是经济基础,而精神文明则是上层建筑,这完全是一种误解。经济基础即生产关系正是物质生产过程中的人与人的关系,而决不是人与物的关系或物与物的关系,更不是物本身。同样,也不能认为物质文明和精神文明的关系是物质和精神的关系,因为这两种文明尽管包括的范围很不相同,却都是物质和精神相互间复杂关系的产物。精神文明不能够离开一定的物质条件,但它并不是物质文明的派生物或附属品,它只能由思想战线全体同志、全党和全国各族人民在思想政治文化方面进行长期奋斗而产生和发展。在今天中国的条件下,如果我们只是建设社会主义物质文明,而不同时努力建设社会主义精神文明,人们还是自私自利,唯利是图,不但不能统筹兼顾,团结互助,而且还要不择手段地互相敲诈、谋害,相互之间没有一种同志爱、邻人爱、同胞爱,没有舍我为人,舍己为群、舍私为公的精神,没有高尚的理想,高尚的情操,没有对于革命前途的坚定信念,没有为革命斗争所必需的组织性纪律性,那么,我们还能说这种社会的精神状态比资本主义社会的精神状态有什么优越性吗?我们的革命难道就是为着建设这样一种社会吗?而且,如果没有一定的社会主义精神文明,社会主义的物质文明就不可能建设,建设起来的也必然要受到破坏。这是大家都清楚的,不用多说。所以,我们要发展社会主义的经济,同时要发展社会主义的政治,社会主义的伦理,社会主义的教育,社会主义的科学,社会主义的文化,等等。所有这些,都需要进行大量的、艰巨的思想工作和思想斗争。经济战线和组织战线的领导不能够涣散,不能够软弱,政治、思想、文化战线和其他战线的领导也不能涣散、软弱,都要统一,都要坚强。

在涉及现实政治的根本问题上实现思想的一致(在许多不影响人民共同行动的问题上并不要求这种一致),当然不是一件容易的事。社会生活是极其复杂的,反映社会生活的人们的认识也是极其复杂的。粉碎"四人帮"以后,在批评两个"凡是"的问题上,党内思想界大多数同志的认识还比较一致,随着时间的推移,出现了许多新情况、新问题,原来认识比较一致的同志,在一些问题上的认识又不那么一致了,产生了一些分歧。这在《关于建国以来党的若干历史问题的决议》草案讨论过程中也有反映。现在六中全会已经开过了,决议已经通过了,解决意见分歧的条件已经成熟了。我们的同志在思想上、言论上、行动上都应该在决议的基础上一致起来,统一起来。每一个共产党员都要无条件地服从党的纪律,服从中央的决议,照决议的说法去说,照决议的说法去做。我们不能在涉及现实政治的根本问题上争论不休,使我们的党和人民共和国变成一个每天进行政治争论的俱乐部,似乎那样才是春天。不,我们需要的是社会主义的春天,它不但有在一定范围内进行争论的自由,而且有全党、全军、全国各族人民团结一致、建设社会主义新生活的自由。只要我们能够通过批评特别是自我批评,消除过去的分歧,在决议的基础上团结起来,团结得像一个和睦的家庭一样(和睦的家庭也有争论,但争论可以归于一致,至少不妨碍和睦),那么,思想战线上涣散软弱状态的问题,就可以解决一大半。我们党是全国人民团结的核心,是建设社会主义物质文明和精神文明的领导力量,因此,我们不但必须、而且一定能够达到这个目的。

总之,中央召集这次会议,就是表示中央决心尽一切努力来着手切实解决目前党在思想战线上的涣散软弱状态的问题。既要从思想上解决,也要从组织上解决,要彻底改变政出多门、莫衷一是的局面,并且首先要从中央各部门做起。

第三个问题,怎样开展正确的批评。正确的批评当然首先要坚持四项基本原则,这是任何领域的批评的共同基础。不同领域、不同问题上的批评,又要有各自的专门性要求。但是无论什么范围的批评,为了真正有效地达到坚持四项基本原则的目的,都必须在理论上和事实上正确,并且要有经常性,要力求保持前后一贯。前面说过,社会主义民主,是在批评和自我批评中前进的,是一种辩证的运动。正确的批评不是靠地位,而是靠科学和艺术,就是说靠真理,靠正确的方法。

文艺批评是一门专门的科学,我对这门科学的知识有限,不能多说。这里只说一般的政治性质的批评。我想,正确的批评至少要具备三个条件。第一,对需要批评的对象,需要批评的人或事,或观点，要有全面、深入的了解。这不是我的发明。孔子说："知之为知之，不知为不知，是知也。"毛泽东同志说："没有调查就没有发言权。"这是永远打不倒的真理。对任何人的批评都只能根据客观的事实，都必须保持严格的科学态度。对批评的对象如果缺乏全面、深入的了解，就需要认真地调查研究，而不能强不知以为知。因为批评要经过一个全面、深入的了解过程，是认识的深化，所以，批评本身在不同程度上也应该是一种科学研究，是一种创造性的劳动。

第二，人民内部的批评，一定要有团结的愿望。这也不是我的发明，而是毛泽东同志曾经多次强调过的。"因为如果在主观上没有团结的愿望，一斗势必把事情斗乱，不可收拾，那还不是'残酷斗争，无情打击'？那还有什么党的团结？"只要批评的对象不是有真凭实据的敌对分子或者其他不可救药的坏人，我们都要有满腔的热情，要有团结的愿望。从团结的愿望出发，达到在新的基础上团结的目的，这是我们的要求，是我们必须坚持的原则。但是这种要求在实践中也不一定都容易做到。这至少有两方面的原因：一是批评的人本身没有或者很少团结的愿望，或者只有口头上的愿望，或者方法不适当，使第三者也望而生畏；一是被批评的人，根本不接受批评，什么苦口婆心，和风细雨，什么满腔热忱的团结愿望，什么允许犯错误，允许改正错误，什么可以等待，他就是不接受。这两种情况都会增加我们工作的困难。

第三，从以上两个前提出发，我们的批评就要既入理，又入情。这仍然不是我的发明。在中共中央《关于认真学习贯彻第四次全国文代会精神的通知》中就说："对于有错误的作品和言论，可以也应当讨论，可以也应当进行批评。这种讨论和批评应当力求是真正同志式的，入情入理、恰如其分、令人信服的，并且要允许反批评。只要做到这些，那么这就是正确的批评，而不是违反‘三不主义’的错误批评，即吹毛求疵、罗织人罪、无限上纲、剥夺民主权利、置人于死地的所谓‘批评’。”这段话说得很好，做起来却不容易，经常记住它，想着它也不容易。但是我们一定要努力经常记住，想着，照做。为了保证批评的科学性，体现批评的同志式态度和团结愿望，我们的批评就要入理入情。我把入情入理的说法改变了一下次序，这样多少跟它的原义有了些出入，因为原话的入情是指切合事情的情况，现在的说法就比较着重了同志间的感情，也可以包括所谓人之常情。入理是说切合事理，充分说理，持之有故，言之成理；入情是说保持同志态度，准确理解和分析被批评者的心理状态，动之以情，而不要不近人情。这种对同志的入理入情的批评，才是真正的马克思列宁主义、毛泽东思想的表现。

以上所说的三个条件，实际上只是毛泽东同志所说的正确的学风、党风、文风在批评上的应用。无论是《苦恋》也好，《太阳与人》也好，如果哪位同志看了以后无动于衷，觉得不必批评，那就可以不客气地问他，他的党性到哪里去了？我在这里对批评提出一些要求，是为了拥护批评，是为了使批评能够真正充分有效，使被批评者和广大群众都能够因而受到教育，提高觉悟。这也是三中全会以后尤其是六中全会以后我们党和我们国家应有的社会主义民主的新气象。

我得赶紧声明，我虽然提出关于正确批评的三个要求，丝毫不是说我自己已经做到了这一点。相反，我对同志们的批评往往不那么准确，批评的方法和态度也往往不够谨慎。不过我还是认为，正确的批评应该符合这三个要求；自己“虽不能至，然心向往之”，希望今后能力求进步。

大家在讨论中谈到动机和效果，任务和方法的问题。毛泽东同志在《关心群众生活，注意工作方法》一文中谈到了任务和方法的关系问题，这一点大家没有什么争论，不必说了。他在《在延安文艺座谈会上的讲话》中谈到了动机和效果的统一问题，不过谈得比较简单，因而一直有并且在这次讨论中也有不同的理解。看人不能只看他的宣言，主要是看他的行动，这无疑是一个真理。把这个真理引申到动机和效果的关系上来，情况就比较复杂，因为宣言并不等于动机，行动并不等于效果。这是两种不同性质的关系。毛泽东同志提出动机和效果的统一，这是对我们的一个非常重要的要求，我们的文艺工作者以及我们每个同志都必须时时记着这个要求，用一切努力来实现这个要求。但这并不是一个规律。毛泽东同志经常要我们注意区分好人犯错误和坏人做坏事、耍阴谋、下毒手的两种情况，就是因为这个区分是复杂的，又是绝对必要的。一个人被杀死了，公安和检察机关一定要从各个方面用各种方法审慎地鉴别这究竟是自杀还是他杀；如果已经确定是他杀，还要鉴别这究竟是出于蓄意谋杀，过失误杀或正当防卫，还是凶手借刀杀人，甚至伪造现场，嫁祸于人。大家知道，这种鉴别往往是很不容易的。毛泽东同志晚年犯了错误，他的动机不是一直也有种种说法，直到六中全会才作出正确的结论吗？剧本《苦恋》和影片《太阳与人》的严重错误之一，不正是极端片面地解释了或暗示了“文化大革命”的动机，并尽情加以渲染吗？这样的错误作品之所以也有它们的市场，正反映了一些人对于“文化大革命”也有类似的解释，当然也有一些人是对于“双百”方针有所误解，对于一些评论的方法和提法有所不满，等等。总之，动机和效果的统一是一个复杂的问题。我们对共产党员，对马克思主义者，对任何一个善良的有责任心的公民，都要求他们努力做到动机和效果相统一。但是实际上不能完全做到的情况很不少，而原因是各种各样的。要做到这个统一，首先要求主观和客观的一致，认识和实践的一致，完全做到这一步已经很不容易；而做到这一步以后，还得打破许多意外因素的干扰。因此，在比较复杂的活动中实现这种一致，常常需要经历一个长期的、曲折的过程，甚至最后也仍然不能实现或不能完全实现。如耀邦同志所说，就是毛泽东同志本人，虽然提出过许多很正确的、很好的、我们今后永远要认真执行的原则，但是非常令人惋惜的是他自己往往也没有始终做到。所以，对于动机和效果不相统一的情况，我们不要在认真分析以前就对有关的同志责备求全，尤其不能轻易地用效果来逆推动机。这是很危险的。效果当然可以作为推测动机的一种可能的依据，但是这仅仅是一种可能性，一定要想到还有其他种种可能性。作出结论，一定要经过周密的论证，排除其他各种可能，并且提出充分的、确切可靠的论据。因此，无论是对待文艺创作，文艺批评，或是对待其他人的其他行为，我们都不能用动机和效果的统一当作一个规律来推论，来苛求。动机和效果没有达到统一的时候，我们要具体地分析具体情况，说明它在什么地方没有统一，为什么没有统一，怎么样才能够统一。要是这样做了，批评的价值就会提高，就会令人信服。

批评需要提倡、鼓励，也需要提出要求。小平同志的整个谈话既提倡、鼓励批评，又提出对批评的质量、方法、分寸的要求。当前，批评很少，自我批评更少。对于批评，特别是对于自我批评，要大力地提倡。我们希望有很好的、质量很高的批评。但是，质量如果一时没有那么高，我们大家也不要过于责备，就如同对于有某些缺点的作品,我们大家也不能够过分责备一样。我们相信批评界一定能够逐步地提高批评的质量,就如同创作界一定能够逐步提高创作的质量一样。我们不能幻想大家什么都不写,等着有一天,伟大的不朽的著作会从天上掉下来。无论批评或创作,都只能在实践中不断地进步,不断地提高。对于有原则错误的创作或批评,那当然要指出它的错误,这种批评也正是对作者或批评者的爱护。至于互相捧场的有害无益,大家已经说了很多,不必再重复了。

以上所说的,大概也可以适用于社会科学著作的评论。

第四个问题,怎样认识毛泽东同志的文艺思想,这是一个文艺理论的专门问题,我现在只能主要就政治方面说一点个人意见。

六中全会最重要的任务之一,就是要科学地阐明毛泽东同志的历史地位和毛泽东思想。这个任务,经过很多同志很长时间的集体努力,已经由六中全会完成了。说到毛泽东同志的文艺思想,我认为,这个题目的内容很丰富,很需要我们认真研究,而这项工作我们现在还做得很少很少。我们的工作决不能限于研究一篇《在延安文艺座谈会上的讲话》,或者加上一篇《同音乐工作者的谈话》;它要包括研究毛泽东同志所创作的优美诗词和大量的优美散文,研究这些作品的美学观点和美学价值,以及他对历史上和现代一些作家和作品的评论、评价、鉴赏。我们必须尽快地把这些方面的资料收集起来,进行整理。所以,为了研究毛泽东同志的文艺思想,我们现在所依据的资料是很不完全的。关于《在延安文艺座谈会上的讲话》,我认为,这个讲话的根本精神,不但在历史上起了重大的作用,指导了抗日战争后期的解放区文学创作和建国以后的文学创作的发展,而且是我们在今后任何时候都必须坚持的。它的要点是：文学艺术是人类社会生活的反映，生活是文学艺术的惟一的源泉。生活可以从不同的立场反映，无产阶级和人民的作家必须从无产阶级和人民的立场反映。必须在实际上而不是口头上解决立场问题。在人民当家作主的地方，必须深入到人民的生活中间去，首先是占人民绝大多数的工农兵的生活中间去，这才能够写出反映他们的生活、符合他们的需要的作品。这不但是作家、艺术家的义务，也是他们过去常常求之不得的权利。作家要站在无产阶级和人民的立场上，创造文学艺术的作品，来团结和教育人民，惊醒和鼓舞人民，推动人民为反对敌人、改造旧社会旧思想、建设新社会新生活而斗争。这些都是完全正确的。在今天的社会主义社会时代，党中央提出文艺要为人民服务，为社会主义服务，这是毛泽东同志的文艺思想在社会主义条件下的运用和发展。为人民服务，决不可以跟为工农兵服务对立起来。虽然工农兵不能够代替全体人民，但是他们究竟是人民的最大多数。社会主义社会的知识分子，也是劳动人民的一部分。为人民服务和为社会主义服务，这也就是《在延安文艺座谈会上的讲话》所说的“群众的政治”。为社会主义服务，跟为政治服务的提法比较起来，前一个提法更加准确，更加清楚。这首先是因为，我们的一切政治归根结底都是为大多数人谋利益的手段，政治本身并不是目的（保证每个不反对社会主义的个人应有的自由权利和人格尊严这一点也许可以作为例外），我们不能为政治而政治，所以也不能为政治而文艺等等。即令有时我们这样说了，实质上还是等于说为人民而文艺等等。其次，这也是因为，为政治服务可以并且曾经被理解为当前的某一项政策，某一项临时性的政治任务、政治事件，甚至为某一个政治领导者的“瞎指挥”服务。应该承认，为狭义的政治服务，在某种范围内也是需要的（只要这种政治确是代表人民当时的利益），但是决不能用它来概括文学艺术的全部作用，就如同宣传画和讽刺画是需要的，但是毕竟不能用来包括整个的绘画。社会主义是一个非常伟大的事业，我们的文学艺术为这个伟大的事业服务，这是社会历史发展所必然产生的任务，是每一个社会主义文艺家的光荣职责。当然，艺术的门类品种不同（例如文学、戏剧、电影、美术、音乐、舞蹈、建筑艺术等等以及各自的进一步分类），它们服务于社会主义的方法、方面和性质不可一概而论，我们对它们的要求也不能“一刀切”。为社会主义服务是一个广泛的概念。只要有益于培养社会主义新人的世界观、理想、道德、品格、信念、意志、智慧、勇气、情操和整个精神境界，都是为社会主义服务。在今天的中国，为社会主义服务就是为人民服务。人民正在建设社会主义，正在把社会主义推向前进，如果我们的文艺离开了社会主义的崇高目标，不去为它服务，反而损害它的利益，那么人民为什么需要这种文艺呢？因此，毛泽东同志的文艺思想要求作家深入到生活里面去，深入到群众里面去，坚定不移地站在人民的立场上，为人民服务，首先是为工农兵服务，这是我们必须坚持而不能动摇的。

同时，对毛泽东同志的文艺思想也要采取科学的分析态度。我们不能用“句句是真理”或者“够用一辈子”那样的态度来对待《在延安文艺座谈会上的讲话》，那种态度根本不是马克思主义的，而是完全违反马克思主义的。长期的实践证明，《讲话》中关于文艺从属于政治的提法，关于把文艺作品的思想内容简单地归结为作品的政治观点、政治倾向性，并把政治标准作为衡量文艺作品的第一标准的提法〔1〕,关于把具有社会性的人性完全归结为人的阶级性的提法(这同他给雷经天同志的信中的提法直接矛盾),关于把反对国民党统治而来到延安、但还带有许多小资产阶级习气的作家同国民党相比较、同大地主大资产阶级相提并论的提法,这些互相关连的提法,虽然有它们产生的一定的历史原因,但究竟是不确切的,并且对于建国以来的文艺的发展产生了不利的影响。这种不利的影响,集中表现在他对于文艺工作者经常发动一种急风暴雨式的群众性批判上,以及一九六三、一九六四年关于文艺工作的两个批示上(这两个批示中央已经正式宣布加以否定)。这两个事实,也是后来他发动“文化大革命”的远因和近因之一。应该承认,毛泽东同志对当代的作家、艺术家以及一般知识分子缺少充分的理解和应有的信任,以至在长时间内对他们采取了不正确的态

〔1〕 作者原注:对于一部作品,应该从思想内容和艺术形式两个方面去评价。从总体上来说,文艺作品的思想内容涉及的方面很多,包括政治观点、社会观点、哲学观点、历史观点、道德观点、艺术观点等等,而且这些观点在文艺作品中都不是抽象的,而是同艺术的形象、题材、构思,艺术所反映的生活真实相结合的。这就要求我们在衡量、评价一部作品的思想内容时,除了分析它所包含的政治观点、政治倾向性以外,还必须分析它所包含的其他方面的思想内容,它对生活的认识价值,这样才能全面地评价作品的思想意义。否则,就不可能做到这一点,而且势必硬把作品变成某种政治观点的图解物。即使是政治倾向十分强烈的文艺作品,它的思想内容也不可能只限于政治倾向,除非它不具备一般文艺作品的特征。因此,不能把文艺作品的思想内容仅仅归结为政治观点、政治倾向性(毫无疑问,革命的政治观点、政治倾向性对革命作家是绝对重要和绝对必要的),不能孤立地把政治标准作为衡量文艺作品的第一标准。硬要那样做,就必然导致实践上的简单粗暴,妨碍文艺创作、文艺批评的健康发展。

度和政策，错误地把他们看成是资产阶级的一部分，后来甚至看成是“黑线人物”或“牛鬼蛇神”，使林彪、江青反革命集团得以利用这种观点对他们进行了残酷的迫害。这个沉痛的教训我们必须永远牢记。

因此，在讲到毛泽东同志的文艺思想的时候，我希望同志们对于它的正确的核心要坚决加以维护和发展，对于它的某些不正确方面不要重蹈覆辙。党中央决定，在进行批评的时候，一律不要围攻，不要压服，不要无限上纲，就是接受了历史的教训。对于各个人，各个作品，各个观点，要具体问题具体分析。一搞围攻，一搞运动，就必然离开说理的态度，离开从团结的愿望出发、达到在新的基础上的团结这个正确的方针。在另一方面，我们也要看到，毛泽东同志即使在晚年，对文艺问题也发表过一些好的思想。比方说，“古为今用，洋为中用”，这不就是六十年代上半期提出来的口号吗？我们现在大家都赞成嘛。戏曲改革，从原则上来说，也是正确的，不然还有什么推陈出新呢？对于美术，对于人体画，他也发表过正确的意见，这个意见现在许多比较保守的同志和群众还不容易接受。一九七五年，也还是毛泽东同志批准了电影《创业》和《南海长城》〔1〕的放映，姚雪垠同志的长篇历史小说《李自成》第二卷的出版，鲁迅全集的重新出版和鲁迅纪念馆的扩建，聂耳冼星海音乐会的举行等等，并且重新提出了“百花齐放”的口号，暂时打击了江青一伙独霸文艺阵地的疯狂气焰。总之，我希望同志们能够在这个问题上多花一些功夫，把毛泽东同志的文艺思想认真地全面

〔1〕 应为《海霞》。毛泽东1975年7月29日在北京电影制片厂导演谢铁骊、摄影钱江7月25日给他的信上作了批示。

地研究一下，不要用简单的不明确的概念作为大前提来作这样那样的推论。那样会使得人们不容易了解你这个概念的含义究竟是什么，它包含哪些方面，不包含哪些方面。解放军的各位领导同志对于小平同志说的对“三支两军”要说两句话，不要说一句话，非常拥护。我们对待毛泽东同志的文艺思想也需要采取这样的分析态度。只有这样，才合乎唯物主义，合乎辩证法，也才能把毛泽东同志的文艺思想同马克思列宁主义的文艺思想科学地结合起来。

第五个问题，文艺作品应该怎么样来对待“文化大革命”一类历史问题，以及怎样对待现实生活中的阴暗面。这个问题，本来应该由作家、艺术家来答复，他们会讲得更好，而且很多作家、艺术家已经通过他们的各有特色的优秀作品，作出了具体的生动的答案。但是，参加这次会议的有些作家、艺术家，希望我能就这个为文艺界和社会舆论所共同关心的题目说几句话，我想不妨同大家交换一些意见。我也只是从政治方面说这个问题，因为这同我们现在对《苦恋》、《太阳与人》的批评有直接的关系。

中央在今年一月的《关于当前报刊新闻广播宣传方针的决定》中曾经说，报刊的文艺作品，一定要坚持为人民服务，为社会主义服务的方向，促进全党、全军和全国各族人民同心同德地努力实现四个现代化的伟大事业，要热情歌颂社会主义新人，现代化的创业者。揭露和批判阴暗面，目的是为了纠正，要有正确的立场和观点，使人们增强信心和力量，防止消极影响。关于反右派、“反右倾”和十年动乱的揭露性作品，几年来已经发表不少。过去几年这类题材的作品的大量出现是必然的。绝大多数作家写这些作品也是出于对历史、对人民的责任感，出于革命的热情。这些作品总的说来，是有益的，对于认识过去的历史，批判“左倾”错误，揭露林彪、江青反革命集团的罪行,表现站在正确立场上的党员和群众的英勇斗争,产生了积极的作用。应该向文艺界的同志指出,这些题材,今后当然还可以写,但是希望少写一些。因为这类题材的作品如果出得太多,就会产生消极作用。我认为,中央的这个指示很重要、很全面也很及时。它适合于艺术的各个部门,尤其适合于电影这种最有群众性的艺术。银幕上假如长期大量出现"文化大革命"中的一些打砸抢、残酷、阴险、恐怖、野蛮、绝望的场面,不但同当前正在为建设社会主义新生活而英勇奋斗的人民的需要难以协调,而且会使许多青少年观众觉得不可理解,甚至会使一部分观众加以模仿,或者加以错误的接受,认为人和人的关系,社会主义的制度和党的原则,社会主义中国的前途,就是这么一回事。反正是坏人成群,好人孤立,坏人得势,好人遭殃。电影艺术有它的特长,也有它的限制,它很难对复杂的历史事件的发生作出解释,也很难像文学作品那样能给读者以反复阅读、充分思索、长期评论的条件。影片的创作者们是为了批判"文化大革命"而进行创作的,在上述情况下,却会同他们的本意相反,产生扩大和延长"文化大革命"阴影的结果。我们党从打倒"四人帮"以来,经过差不多五年的时间,才给"文化大革命"和建国以来历史上的一些其他问题作了科学的总结,目的就是为了和过去的错误告别,以便全党和全国人民从此同心同德地建设现代化的社会主义国家。我们也希望全国的作家、艺术家能把创作活动的重点转到当前的建设新生活的斗争中来。当然,历史不能忘记和割断,更不能隐瞒和篡改。正确地揭露过去历史上的阴暗面,把它们同以前、当时、以后的光明面加以对比,在给人以深刻的教训的同时,给人以全面的认识和坚定的信念,这样的作品无疑是今后的观众和读者所仍然需要的。但是,究竟不能说多数作品都必须着重于十年内乱的这一段历史，着重于这一段历史中最令人憎恶的事物。一个人（除非是历史学家或历史文学作家）如果过多地回顾就难于前进，一个民族更是如此。我们没有权利阻止作家们写他们所熟悉的历史上的不幸事件，但是我们有义务向作家们表示这样一种愿望，希望他们在描绘这些历史事件的时候，能使读者、听众和观众获得信心、希望和力量，有义务希望报刊、出版社的编辑部和电影制片厂、剧团等单位在选用这些作品的时候采取比较高的标准。话说回来，就我有限的见闻所及，我想应该公正地说，写“文化大革命”的短篇、中篇、长篇小说，以及表现同一题材的影片，是比较好的居多，也有少数情调低沉些，但极少像《苦恋》或《太阳与人》那样地硬给人们以恐怖和绝望的感觉，甚至在“文化大革命”结束以后，作品的主人翁或者在雪地上死去，只留下他爬过的痕迹所形成的问号，或者在影片上出现一个太阳，加上一串虚点，暗示人崇拜神，神愚弄和迫害人的历史并没有结束。不！ 历史不是像白桦、彭宁同志所想象的那样发展的。我们党不但粉碎了“四人帮”，而且坚决否定了“文化大革命”的理论和实践，取得了从三中全会到六中全会的一系列胜利。作家、艺术家和我们大家一样对过去的历史有痛苦的经历和感受，这是事实。但是鲁迅在一开始写小说的时候，就抱定宗旨：“为达到这希望（治疗旧社会的病根）计，是必须与前驱者取同一的步调的，我于是删削些黑暗，装点些欢容，使作品比较的显出若干亮色”。〔1〕他在《北京通信》一文中甚至说：“我自己，是什么也不怕的，……然而

〔1〕 鲁迅：《〈自选集〉自序》，《鲁迅全集》第4卷，人民文学出版社1981年版，第455～456页。

向青年说话可就难了，如果盲人瞎马，引入危途，我就该得谋杀许多人命的罪孽。”〔1〕即使在黑暗的旧中国，尽管当时还不是共产主义者，鲁迅是多么郑重地注意自己作品的社会效果，特别是对于青年一代可能发生的影响啊！今天的中国，已经根本不同于黑暗的旧中国，我们的有革命觉悟的作家艺术家更应该学习鲁迅的这种对社会负责、对青年负责的榜样，不要使我们的下一代的心灵受到出于我们意料的和不容易医治的创伤。

我们解决了怎样正确地对待建国以来历史上的阴暗面的问题，也就不难正确地对待现实生活中的阴暗面。我们希望作家更多地着重表现当前人民建设新生活的斗争，这决不是提倡什么歌舞升平，更说不上什么鼓励风花雪月。建设新生活的道路，过去、现在、将来都不是平坦的，它是一场波澜壮阔、时间久远，涉及全国每个人的生活全过程的非常复杂、非常艰巨的斗争，只有战胜人世间的以及自然界的各种艰难险阻才能前进。真、善、美是同假、恶、丑相比较而存在，相斗争而发展的，因而在比较复杂的叙事作品中，歌颂和揭露常常不可避免地要结合在一起（这是说两者的相互关系，不是说文艺的作用只限于歌颂和揭露）。耀邦同志在剧本创作座谈会的讲话中，在指出“反映当前全国各族人民如何同心同德搞‘四化’这是最值得大写特写的题材”的时候，就曾郑重宣布：“我赞成你们在写向‘四化’进军的时候，狠狠揭露那些阻碍向‘四化’进军的错误行为，错误思想。”现实生活中有欢乐，也有痛苦，有理想，也有污秽，我们不能睁一只眼，闭一只眼。但是，无论如何，一定要看清全局，看清主流，看清前途。我们的作家、艺术家，尤其是

〔1〕《鲁迅全集》第3卷，人民文学出版社1981年版，第51页。

其中的共产党员，无论在什么时候，都应该对党和人民的前途、社会主义中国的前途抱着积极的态度。人民不需要丧失信心、悲观厌世的作品。着重于历史和现实的消极方面，站在正确的立场上，作出深刻的描写，也可以给人民教育，甚至也可能产生伟大的作品。但是我想，它们究竟不能比表现为建设新生活而斗争的作品给人民以更大的教育，也不会比后者产生更多的伟大作品。

中国“文化大革命”已经结束快五年了，三中全会以后我们的事业有了很大进步，但是我们的国家现在在不少方面还很落后。这并不妨碍产生伟大的艺术。十九世纪的俄罗斯以及北欧和东欧的一些国家，也是当时世界上落后的国家，但仍然产生了伟大的作家，伟大的艺术家。今天的中国比十九世纪的俄罗斯要先进得多，我们产生伟大作品的条件要充分得多。现在党的文化政策，不但同“文化大革命”时期不能相比，甚至同“文化大革命”以前十七年的文化政策也不能相比。我们认真实行了“百花齐放、百家争鸣”的方针；我们为作家、艺术家深入人民、表现现实和发表作品提供了各种条件，如果还不够，我们就继续创造；如果我们的工作有错误，我们就努力改正。短短几年，一大批有才能并继续努力前进的中青年作家、艺术家出现了，老作家、老艺术家们也重新积极工作起来。这在中国几千年历史上是少有的令人欢欣鼓舞的时代。我们希望这次会议能够促进文学艺术事业的繁荣，促进新的、优秀的、伟大的作品的产生。我们对《苦恋》这一类错误作品的批评，对于腐朽的资产阶级自由化思潮的批评，也正是为着迎接我们有信心取得的这个伟大的胜利。

谢谢大家费了三个多小时听我的讲话。因为情况了解和研究不够，一定有说得不妥当的地方，请大家指正。

关于文艺作品怎样反映“文化大革命”的问题*

（一九八一年八月三十一日）

于蓝同志：

八月二十四日信收到了。我因行胆囊割除手术后需要休息，已于八月中旬离家去外地，没有能及时答复你的信。关于你所提出的问题，我认为你所说的第二种理解是对的。[1]你送给我的电

---

* 此篇是答复于蓝关于文艺作品怎样反映“文化大革命”的问题的信。据胡乔木秘书的手抄件收录。标题是编者加的。于蓝：见本书第157页注〔2〕。

〔1〕 于蓝在8月24日致胡乔木信中说：“由于对您的信任，我想把我和一些同志尚未认识透的一个问题再向您求教，请给我们以帮助。即您讲话（按：指1981年8月8日胡乔木在思想战线问题座谈会上的讲话。）的第五部分“关于文艺作品怎样表现‘文化大革命’、反右、反右倾运动的历史”这一部分。我个人听后曾认为党要求我们不要再写、再拍摄有关这三段历史题材的文艺作品了。但是，也有很多同志认为我的理解是不准确的，因为七号文件和您的讲话都没有说不能写，只是少写或不写，特别不能从消极方面来写，这一点同志们都很能接受，但是认为如完全不能写，也是不合乎历史的实际。因为历史终归是历史，就是写当前为四化而战斗的人们，也难以割断他们的历史……，为此大家争论极为热烈。”

影剧本〔1〕还未看,现在不能提出什么意见。总之,对于文化大革命中的打砸抢、悲惨、阴险、丑恶、残酷、野蛮的场面在电影中出现过多是不利于下一代人或下几代人的教育的,我们这一代人能够理解党和人民的这一页伤心史,也是费了很大的代价和努力,何况下一代呢?更不必说儿童了。《望乡》〔2〕是一部好影片,但是有一些少女却只从中学会了卖淫(有些男少年也一样),这不是令人震惊么!历史无疑是不能割断的,但是第一不要太多地回顾,第二回顾后的作品应当是令人鼓舞的,因为我们是胜利和前进了。(一个人太多太久地回顾就无法前进,更无法与大多数人前进;当然写长篇历史小说的人有些不同,但究竟只能是少数)匆匆不及详谈,在整理我的讲话时希望能说得稍为充分一些。

敬礼

胡乔木

8月31日

---

〔1〕于蓝随信附送的电影剧本题为《女儿》,她在信中介绍这个剧本"是描写医务工作者在'文化大革命'中发扬革命人道主义救治了一个孤儿并把她抚养长大,10年后,母女相见时,女儿已是医科大学的学生了。这里着重写医务工作者在逆境中千方百计发扬革命传统的救死扶伤精神",请胡乔木看看"这类作品是否有拍摄的价值"。

〔2〕《望乡》:日本电影。通过一个被拐卖到南洋当妓女的贫苦女子阿崎的悲惨遭遇,写下了日本资本主义发展史上血腥和黑暗的一页。

对人性等问题的说明*

（一九八一年九月二十七日）

耀邦同志并请转小平同志：

八月座谈会上的讲话稿〔1〕，再经耀邦、仲勋、任重同志看后，我又作了一些文字调动和增减，但没有实质性的改变。林涧青同志等也再看了一遍，提了一些修改意见，多已吸收。现送上，请审阅。

讲话中关于延安文艺座谈会讲话，有两个问题说明一下：(1) 关于人性问题，马克思从未否定人性，只讲是社会关系的综合，不能脱离社会性，但社会关系不同于阶级关系，社会性也不同于阶级性，前者的含义要广泛得多。给雷经天信中两处提到

---

* 此篇是致胡耀邦并转邓小平的信。据胡乔木秘书的手抄件收录。标题是编者加的。

〔1〕1981年8月3日至8日中共中央宣传部在北京召开了全国思想战线问题座谈会。8月8日，胡乔木在会上作了长达三个多小时的讲话。讲话稿送请邓小平、胡耀邦审阅后以《当前思想战线的若干问题》为题在《红旗》杂志1981年第23期首次公开发表。1982年4月在《文艺报》要发表和人民出版社要出单行本的时候，作者又作了一些修改和补充。

"人的立场"、"作［做］一个普通的人"。〔1〕这个问题影响文艺、哲学、社会学、伦理学等很大，不能不说一下。(2) 关于把延安的作家与国民党比较（"我说某种程度，因为一般地说，这些同志的轻视工农兵、脱离群众和国民党的轻视工农兵、脱离群众是不同的；但是无论如何，这个倾向是有的。"）〔2〕、与大地主大资产阶级相提并论（"依了你们，实质上就是依了大地主大资产阶级，就有亡党亡国的危险。"）〔3〕，分见座谈会结论第一部分末一段和第五部分第二段。这是对思想上有缺点的革命知识分子的不信任的露骨表现。为了使今天的广大知识分子获得安全感和信任感，我想指出来有好处。

敬礼

胡乔木

九月二十七日

〔1〕1937年10月10日，毛泽东为审判黄克功逼婚未遂、开枪打死女学生刘茜案，写信给雷经天。信中说："他犯了不容赦免的大罪，以一个共产党员红军干部而有如此卑鄙的，残忍的，失掉党的立场的，失掉革命立场的，失掉人的立场的行为，如为赦免，便无以教育党，无以教育红军，无以教育革命者，并无以教育做一个普通的人。"雷经天（1904～1959），广西南宁人。时任陕甘宁边区高等法院院长，审判黄克功案的审判长。

〔2〕《毛泽东选集》第3卷，人民出版社1991年6月第二版，第858页。

〔3〕《毛泽东选集》第3卷，人民出版社1991年6月第二版，第875～876页。

《太阳与人》是一种政治观点的寓言化和漫画化*

（一九八一年十一月十五日）

君武同志：

你曾问起为什么说《太阳与人》是一种政治观点的寓言化和漫画化。这话并无贬诋寓言和漫画的意思，只是说戏剧、电影不能成为表达一种政治观点的寓言和漫画，也就是不能成为政治观点的图解的意思。《太阳与人》号称电影诗，实际所用的手法并不是诗，而是漫画（或谑画）。这是批评电影不该成为漫画，而不是说漫画不应成为漫画。请勿误会。

胡乔木

十一月十五日

---

* 此篇是致华君武的信。据胡乔木秘书的手抄件收录。标题是编者加的。华君武（1915～ ）：江苏无锡人，漫画家，时任中国美术家协会副主席。《太阳与人》是根据电影文学剧本《苦恋》改编的电影，因政治倾向错误受到批评。

复巴金*

（一九八一年十二月一日）

巴金同志：

十八日手书二十日收到。谢谢您相信我，肯把心里的话告诉我。我在修改讲话稿〔1〕时努力吸取了您的意见（同时也吸收了文艺界许多同志提出的意见），虽然很不充分。

上一个月我一直在感冒，完全不能出房门，直到这一两天才好转。因为这样，我未能按时参加这次人代会〔2〕。现已定本月八日回到北京，到时将可面谈。汝龙同志〔3〕的房子问题北京市最近已提出一个解决方案，并已征得他的同意，只是有些准备工作未完，故尚未迁往。这事您在京可能已听说了。恐悬念，特先告。

---

* 此篇据胡乔木秘书的手抄件收录。标题是编者加的。巴金（1904～ ）：四川成都人，作家。时任中国文联副主席、中国作家协会第一副主席。

〔1〕指发表在《红旗》杂志1981年第23期上的胡乔木1981年8月8日在思想战线问题座谈会上的讲话。

〔2〕指五届全国人大四次会议（1981．11．30．～12．13.），胡乔木和巴金都是主席团成员。

〔3〕汝龙（1916～1991）：江苏苏州人，文学翻译家。

致最真诚的敬意！

胡乔木

十二月一日

（黎虹同志[1]三日亲送）

[1] 黎虹：胡乔木的秘书。

对我们电影艺术的进步要有信心*

（一九八一年十二月二十七日）

我对电影界非常不熟悉，看的电影也很少，在座的艺术家，我认识的没有几位，所以确实很难发言。最近因为耀邦同志说，要我参加跟大家会见，我感觉到很高兴，很荣幸，就匆匆忙忙看了几晚电影，当然还是看的很少。

就我看过的一些电影来说，我觉得，一九八一年电影成绩是不小的，确实出了好些部很有水平、很好的电影。像《子夜》、《西安事变》、《南昌起义》、《沙鸥》、《海囚》、《喜盈门》，这些片子都很不错（补注：讲话后又看了《牧马人》、《邻居》，还有以前看过而漏提的《苦果》、《小街》、《残雪》，这些片子都很好），表明了我们的电影艺术事业是在蒸蒸日上。按照这样的势头，完成明年生产九十部到一百部质量比较高的影片的计划，我感到有信心。通过大家的努力，这样的计划是能够实现的。

---

* 此篇是1981年12月27日在会见全国故事片电影创作会议代表时的讲话。曾在1982年3月17日在文艺报的内部刊物《文艺情况》1982年第4期（总第56期）上发表。1984年9月作者作了修改。本书按修改稿收录，标题是编者加的。

电影工作也发生过一些问题，也有一些片子拍得不好，引起了一些批评。我认为这是正常的。我们的事业应该在批评和自我批评中间前进。这种批评，不是为了打击我们的电影事业或者整个的文艺事业前进的势头，而是为了帮助这种势头。如果结果不是这样，那我们就犯错误了，就得检查了。我们希望，通过兼顾思想和艺术的富有科学态度和民主精神的讨论，也通过必要的正确的批评和自我批评，能够使我们的电影更好、更快地发展。

现在，我对讨论中提到的有几个问题，稍微说几句。

第一个问题，是夏老〔1〕对我在八月间的讲话〔2〕里面有一个问题想不通。我的讲话稿子改了好几道了，不知是指的哪一稿？（夏衍同志：现在想通了。是指八月八日的讲话）。那次的讲话是有些话说得不周到，后来改了好几遍。也还是不能够完全满意。确实说话要说得周到，不是很容易，就如同电影要拍好也不容易。当然要承认，八月八日的讲话，里面有些话是说得不够妥当的，后来付印的时候把有些话改掉了，有些话去掉了，有些话补充了。就是已发表的稿子也还有需要再推敲的地方。总之，我们就是要着重描写我们当前的人民建设新生活的斗争，围绕着建设四化的整个新生活的斗争。这个斗争里面当然往往免不了要涉及到过去的一些不幸的历史。历史是不能割断、也不能遗忘的。这个问题不必再多说了。

---

〔1〕夏老：即夏衍。见本书第138页注〔4〕。时任中国文联副主席、中国电影家协会主席。

〔2〕指1981年8月8日在中共中央宣传部召集的思想战线问题座谈会上的讲话《当前思想战线的若干问题》。

第二个问题，就是关于爱情描写的问题。这个问题，耀邦同志曾经好几次讲过。我想，爱情的描写在我们的电影里面有一些泛滥、过分，这确实是一个值得注意的问题。一方面是在情节里面占的比重过分；另一方面是关于爱情的一些描写，一些表现的方法、手法，有缺点。我前天同荒煤〔1〕、陈播〔2〕几位同志曾经说到，比方说，《被爱情遗忘的角落》是一部严肃的片子，可是里面有个别的镜头是完全没有必要的，不出现这样的镜头，这个故事可以照样发展。考虑到我们社会的风尚，也考虑到有些人所热心鼓吹的所谓"性解放"是完全有害的，希望同志们认真注意这个问题。（补注：我赞成美术家可以创作一些好的人体美术作品，但电影的作用和美术作品的作用有很明显的不同。何况电影里所表现的人体经常是同性生活直接间接有关的，更不能与人体美术作品相提并论。）我就不相信，一部电影里面如果不出现裸体半裸体的镜头，这部电影就拍不好。特别是因为当前青少年思想的状况向我们提出这样一个问题，所以我在这里要呼吁一下。

有同志说，现在中央提倡《喜盈门》，其实《喜盈门》有什么？不过是宣扬一种传统的、封建的伦理观念。我不能够赞成而且坚决反对这样的意见。《喜盈门》表现了在家庭关系上的社会主义道德。把社会主义的道德伦理，说成是封建主义的道德伦理，这是不可理解的。我听说有些美国人看了《喜盈门》，感到

---

〔1〕 荒煤：即陈荒煤。见本书第138页注〔4〕。时任文化部副部长、中国作家协会副主席、中国电影家协会副主席。

〔2〕 陈播（1920～ ）：湖北广济人，时任文化部电影局局长。

很大的兴趣，羡慕在中国能够重视这种家庭关系上的伦理，而在美国就简直不可能。在美国，老年人的生活是一个很难解决的社会问题。我说这个话，不是因为我自己现在年老了，假如我现在是二十岁，我也拥护《喜盈门》。因为有前面说的那种议论，我想，究竟什么是社会主义的道德伦理，确实是值得我们艺术界认真研究和认真对待的一个问题。

我是拥护在文学艺术里面描写爱情的。怎么能不描写爱情呢？爱情是生活里面一个重要的现象，艺术特别不能离开爱情。爱情关系和家庭关系同样是社会主义伦理中的重要内容。但是，社会主义伦理决不以爱情关系和家庭关系为限。个人对社会的关系才是社会主义伦理的首要问题。从一定的意义上说，对于革命事业和人民幸福的任何献身精神，都是一种“爱情”，而且我想，这是我们的艺术家们首先需要描写的“爱情”。有同志说，我们的作品里面写伦理写得不够，写得很少。我不同意这样一种观点。我们的革命的作品，都是充满了革命的伦理，无论是《红旗谱》，或者是《保卫延安》，或者是《红岩》，这一类成功的作品，里面最重要的主题都是革命的伦理。如果把伦理解释成为只是家庭伦理甚至旧式的家庭伦理，这就把范围说得太小了，而且也说得不正确。我们是要提倡新的伦理，提倡社会主义的伦理，包括对家庭关系和爱情的社会主义伦理。按照社会主义伦理的标准来观察爱情，这是我们的艺术的任务之一。按照这个新的伦理，爱情的位置应该处理得适当。荒煤同志在讲话里说，不能拿爱情作佐料。在文学艺术作品里是有这样的现象。从观众里面，我们也经常听到这样的呼声，认为电影里面爱情的场面太多。有位中学生写过一封非常恳切的信，问电影界能不能拍些适合中学生看的片子？现在这样的片子太少，看来看去常常是男女情人你追我赶，甚至把爱情搬到战场上去，搬到铁甲车里面去。诸如此类的情况需要有个节制。不是说不能写爱情。生活里面就有爱情，怎么能够回避它呢？不是要回避它，而是要摆得适当，要把它用社会主义伦理的观点正确地表现出来。我们要提倡社会主义伦理。耀邦同志引了裴多菲的诗，"生命诚宝贵，爱情价更高。若为自由故，二者皆可抛。"〔1〕这就是一种进步的伦理。裴多菲是匈牙利的一位爱国的民主主义者，他说的自由还不是社会主义性质的，我们如果把自由的含义换成另一种，即共产主义者所追求的自由，那么，借用这首诗，就可以说这是我们共产主义者对待生命、对待爱情、对待自由（就是对待我们革命的目标）这三者关系的伦理。这是一种新的伦理，是人类历史上最高尚的伦理。这当然不是说因为要争取自由，要争取社会的进步，无论是什么片子，无论在什么故事里面，都要用爱情来陪衬，来证明生命和爱情"二者皆可抛"，而是说我们应该向青年，向全国的人民，宣传这么一种人生观，这么一种世界观。

还有一个问题，就是有些同志提出，有些我们认为是现实主义的影片，有些同志却认为它们不是现实主义的，而是理想主义的。这里说的是《牧马人》。《牧马人》这个片子我现在还没有看过，不能够发言，但是我看过这个电影所依据的小说《灵与肉》；我认为这样的作品决不能称为理想主义，即脱离现实的理想主义。可以换别的例子，比方说《喜盈门》，如果说，这样的作品

---

〔1〕 裴多菲（Petöfi Sándor，1823～1849）：匈牙利诗人。下引诗题为《自由与爱情》，柔石翻译。

不是现实主义，那么我们眼睛里面所看到的现实就发生了问题。(补注：《喜盈门》和《牧马人》的故事都是有实际生活根据的，甚至人物也有实际生活原型。）如果说，现实里面没有对光明的追求，没有为理想的奋斗，这就把我们的现实看得太黑暗了，太阴暗了。难道我们的会场上，这么多的同志，我们的精神世界能够用这样一种观点来衡量，来表述吗？我们在座的同志，以及我们周围所接触到的现实，决不能够说没有理想，没有对于理想的坚持和奋斗。如果是这样，我们党和全国人民的社会主义事业就关门了，就垮台了。决不是这样。我们没有关门，没有垮台，而是在蓬蓬勃勃地前进。前几天我听到辽宁省委书记郭峰同志说，辽宁省委和团省委为了要在青年中间进行教育，就在沈阳市各单位进行了这么一个讨论：在你们的工厂里面，或者其他的单位里面，究竟什么人是最好的，你们那里的好事是什么人干的，什么人最把公共的利益放在前面，把个人的利益放在后面？经过大家反复地讨论，反复地比较，一个个地来数，数到最后，还是共产党员当选（以上是大意，细节可能有些出入）。这样，大家就心服了。把事实摆开，多数共产党员和群众中许多先进分子积极分子为社会主义事业和公众利益所进行的努力，他们一天到晚所干的事，大家都看得见的，这就是现实生活中的光明和希望所在。有时候好像这些东西都不存在了，但是只要大家认真地去调查评比一下，那么就比出来了。在我们的生活中，既有积极面、光明面，也有消极面、阴暗面，生活就在两者的斗争中前进。一般地说，积极面总是占主导地位，并且经过斗争愈来愈占主导地位。这是我们社会主义发展的历史潮流。在我们的导演、编剧、演员以及其他的电影工作者中间，要确立这么一个信念，这个信念不是无中生有的，不是空想，是以现实生活的历史发展为基础的。那种认为描写了积极面、光明面的作品就不是现实主义而是理想主义的说法，是不正确的。我们一定要坚持革命乐观主义的信念。我希望大家能够坚定这样一个信念，无论何时何地都不动摇。如果有谁在这个信念上发生了动摇，那么我们就要跟他争论。争论，当然是要用事实去说明，是讲道理，不是施加什么行政的压力。

还有一个社会舆论跟文艺创作相互关系的问题。有各种各样的社会舆论，同样，也有各种各样的创作活动。创作活动总是要影响社会舆论的，而这种影响既有正确的情况（这是多数），也有不正确的情况。同样，社会舆论也要影响创作，有的产生积极的影响，也有的产生消极的影响。我们不能认为文艺创作永远正确，也不能认为社会舆论永远正确。有一些社会舆论是以一些人的庸俗低级趣味为基础的，另有一些社会舆论不理解艺术创作的规律，艺术创作的需要，艺术里面的真理。我们不能不承认有这样两种不正确的社会舆论。但是总起来说，舆论里面正确的部分，正确的方面是主要的。对正确的舆论，我们艺术家要有勇气，要满怀热情地去接受。对于有错误影响的文艺创作，党要通过社会舆论而不是通过行政手段来给以批评（补注：党的负责人对文艺工作或某一文艺作品发表的个人意见，应当重视，但是不能设想任何一级的任何一个负责人的任何意见都是正确的；这些意见的性质也是一种社会舆论，而不是什么“长官”的指令或法庭的判决）；另一方面，对于不正确的舆论，对于文艺的错误的见解，或者误解，党也应当来做工作，做宣传和解释工作，指明哪些舆论是不正确的，按那么一些想法，文学艺术就不能够进行健康的或正常的创造活动。同时，艺术家也要坚决地积极地进行这两方面的宣传。社会舆论永远会存在和影响艺术创作；艺术创作也永远会存在和影响社会舆论。这种相互间的影响都会有正确的情况和不正确的情况。这是不可避免的。这就需要做各种工作，发展正确的情况，纠正不正确的情况。所以，只是“无为而治”是治不了的（补注：陈毅同志一九六二年在广州会议〔1〕上并没有主张无条件的“无为而治”，他是指特定的情况和方面；当然，对于文艺工作“管得太具体”也不对）。问题是对文艺创作和社会舆论都要采取分析的态度，要有不同的和适当的对待。这也说明批评和自我批评在任何时候都不可少。文艺界也不必因为现在有一些什么样的不那么正确的社会舆论，就叫嚷起来，说：我们多么悲惨呀！我们受了多大的压力呀！我们简直是没有出路呀！不必说这种感伤、愤激的夸大其词的话。我们应该有一种信心，就如同对于整个的革命和进步的事业有信心一样，对于革命的和进步的艺术事业一样有信心。

〔1〕广州会议：1962年中共中央工作会议（七千人大会）后在广州举行了两个会议：全国科学技术工作会议和话剧、歌剧、儿童剧座谈会。3月5日和6日，国务院副总理陈毅先后在两个会议上讲话。

谈军事题材文学的创作*

（一九八二年四月二十七日）

看了一些简报，听了一些情况，非常高兴。这个会开得很必要，开得很好。通过这个会，军内作家，军外作家增进了了解，加强了团结。会议决定成立军事文学研究会，军队方面要请军外作家到军队生活，进行创作，军队作家也准备到地方生活，这可以使军内、军外作家在各方面进行交流。会议还决定加强军事文学作品的评论、介绍，设解放军文学奖金，加紧收集关于军事文学的历史资料，同时要求各级地方组织、军队组织加强和改善对军事文学创作的领导。我热烈祝贺会议成功，希望会议的决定和要求能够尽快地、充分地实现。

白羽同志的报告〔1〕已经讲了军事题材文学的重要意义，我

---

* 此篇是1982年4月27日在全国军事题材文学创作座谈会上的讲话。新华社当天发电讯报道了讲话要点。标题是收入《胡乔木文集》时加的。

〔1〕白羽：即刘白羽（1916～ ），北京人，作家，时任中国作家协会副主席、中国人民解放军总政治部文化部部长。他在1982年4月19日全国军事题材文学创作座谈会上作了题为《努力建设我国新的历史时期的社会主义军事文学》的发言。

完全同意。同志们要我就这个问题再说几句。

军事题材文学作品，是对当代人民，特别是青年进行爱国主义教育的最好的文学武器，是进行革命人生观教育、阶级斗争教育、革命传统教育、中国革命历史教育的最好的文学武器，也是进行保持敌情观念、养成自我牺牲精神和遵守纪律的精神的教育的最好的文学武器。在新中国成长起来的一代青年，很多是看了关于革命战争的文学作品、电影、戏剧，看了苏联革命战争年代的作品特别是像《钢铁是怎样炼成的》、《卓娅和舒拉的故事》、《青年近卫军》、《普通一兵》等，走上革命道路的。前不久，《中国青年报》发表我国第一个电子学女博士、南京工学院讲师韦钰同志的文章《祖国是我的理想之本》，说她在中学时代，读过上面说的这些文学作品，她走上了革命的道路。建国以来我们的一些优秀的电影和文学作品，像《钢铁战士》、《上甘岭》、《鸡毛信》、《小兵张嘎》、《黄继光》、《平原游击队》、《铁道游击队》、《保卫延安》、《林海雪原》、《红日》、《洪湖赤卫队》、《苦菜花》、《霓虹灯下的哨兵》、《雷锋》、《英雄儿女》等，以及建国前的《白毛女》、《刘胡兰》等，加上一些描写非军事的革命斗争的作品如《高玉宝》、《青春之歌》、《红旗谱》、《红岩》等，对培养新中国的一代青年，都起了不可估量的作用。这些青年，现在已经是中年，已经是社会主义建设的各条战线上的骨干了。如果没有这些作品，那么那一代青年的精神生活、政治面目，就很难是现在这样。当然，决定这些青年走上革命道路的不只是文艺作品，但是文艺作品确实产生了非常巨大的影响。这次会议的目的，就包括把过去我们军事题材文学的这样一种光荣传统继续下去、发扬光大。

军事题材文学为什么能够产生巨大的影响呢？这是因为，军事斗争是人类历史上最尖锐、最严重的斗争，没有任何其他形式的斗争比它更尖锐、更严重。人们在这种斗争中经受的锻炼、考验，是其他斗争不能相比的。中国革命战争时间特别长，经验特别丰富，涉及的地区也非常广大。全中国几乎所有的地区在不同历史阶段都有军事斗争。全国解放以后，还有抗美援朝、抗美援越的战争。我们的战士，在朝鲜战场、越南战场都流过血。这使得我们的军事题材文学，不仅是爱国主义教育，而且是国际主义教育的最好教材。我们的军队，中国共产党、毛泽东同志缔造、领导、培养起来的军队，是世界历史上最伟大的军队。这支军队，有最高的政治觉悟、革命纪律，和人民群众的联系最密切，经历过人类历史上难以想像的最艰苦的环境，进行过最困难的斗争并且取得了胜利，胜利以后自然保持着在革命战争中形成的革命传统，保持着良好的军政关系、军民关系以及军队内部的官兵关系。这种传统，在不同的历史阶段，都有新的发展。我们这样说的时候，撇开了中国革命史上经历的一些暂时的曲折。总的说来，我们的历史，是人类历史无以伦比的光荣的历史。它能够培养人民、特别是青年的最高尚的情操、最伟大的献身精神、最坚强的革命信念。我们的军队，在整个历史阶段，在每条战线上，都产生过许许多多可歌可泣的英雄人物。他们永远值得我们学习。军事题材文学不仅对于军队的教育，而且对于全国各族人民特别是青年的教育，都是非常必要的。它在整个文学事业中占有特殊的地位。这种地位任何时候都不会改变，只要世界上还有阶级斗争，还存在帝国主义、霸权主义，我们就绝对不能放松、削弱军事题材文学作品的创作。不是说其他题材的文学作品不能在同样的方面起作用，它们也能起很大的作用，而是说，军事题材文学的独有的作用，是其他题材的文学作品不能够代替的。

“文化大革命”期间，军事题材文学创作和其他题材文学创作一样受到摧残。“文化大革命”结束以后，军事题材文学创作重新得到发展，但是还没有恢复得像“文化大革命”以前那样的繁荣兴盛，还没有达到当时它在读者中享有的崇高地位。这有多方面的原因。这些原因和它造成的后果，都是暂时的，都不能改变人民、特别是青年对于军事题材文学的客观上的需要。我们的国家、民族、社会确实有这样的需要。短期内出现的社会上的一些思想混乱，把它长期地掩盖下去，是不可能的。这些思想混乱在“文化大革命”期间已经产生了，尽管还没有随着“文化大革命”的结束而结束，但是正在慢慢从历史舞台上消失。这是必然的。社会主义事业一定要前进。随着社会主义事业的前进，各种各样的思想混乱就会一步一步被克服。我们的青年读者，也正逐渐从“文化大革命”期间产生的怀疑、迷茫、失望的情绪中转变过来。在青年群众中，爱国主义思想正在一步步高涨。随着爱国主义思想的高涨，他们逐渐恢复了对于中国共产党、中国社会主义事业和中国人民解放军的信赖。我们整个党的工作、军队的工作一天天健全发展，也必然要产生这样的结果。在一个时期里青年读者对军事题材的作品没有表现出建国初期那样的热情，这只是历史造成的暂时的现象。造成他们怀疑、迷茫、动摇的条件也是暂时的。所有这些，正在成为过去，它不可能成为长久存在的现象，因为这在我们的国家里没有客观的基础。

对于中国整个社会主义文艺事业的前途，包括对社会主义军事题材文学创作的前途，我们是有充分信心的。它的光明前途正在到来，这是必然的，不可避免的。但是我们不能因为历史发展存在着这种必然趋势而放松自己的努力。如果我们放松自己的努力，这光明前途的到来，就将被我们所延迟。正是在这个意义上，我们认为军事题材文学创作座谈会开得非常及时，而且希望这次会能够成为“文化大革命”结束以来军事题材文学发展的一个转折点。

什么是军事题材文学作品呢？为了迎接和促成军事题材文学创作的新的繁荣、新的高涨，我们要对军事题材文学的含义，有更加宽泛的认识。所谓军事题材文学作品，并不是说作品从头到尾只能写军队、写战争本身。写战争以及同战争有关的社会生活，写我们人民解放军的活动或者同人民解放军的军人有关的社会生活，只要是人民解放军的军人起了比较重要的作用，就都属于我们所说军事题材的作品。

要写战争、写军队、写军人，但是我们的作品不能只限于写这些。否则，写作的范围就被缩小了，作品在读者中的影响、对读者的吸引力就被缩小了。

我们回忆一下，无论是在中国或在世界历史上，战争很多，描写战争的文学作品也很多，但是这二者的关系是很复杂的。并不是所有的战争都留下了和它相适应的文学作品。重要的写战争的作品,不一定都是写重要的战争。有的作品所写的战争并不重要，在文学史上却占有重要的地位，成为不朽的作品。

普法战争对法国来说是非常严重的战争。这次战争发生在法国近代文学的高峰时期。法国文学中也确实产生了不少反映普法战争的优秀的、杰出的作品。我不是研究法国文学的专家，很多作品都没有看过。介绍到中国来的作品中，有正面描写的，包括中篇和长篇小说，但是更多的是从侧面表现这场战争和它的影响。这两类作品，在近代法国文学中，都具有重要地位。我只知道左拉的《崩溃》是描写普法战争的长篇小说〔1〕，但是它也没有描写整个普法战争的过程。如果没有描写战争整个过程的作品，这也并不奇怪。因为作家不是军事史家，不是战争史家。军事史、战争史的著作，是重要的历史著作，而从文学上表现战争的，则是另一类著作。

现在可能还选在中学语文课本中的都德〔2〕的《最后一课》，是一个篇幅很小的短篇小说。都德还写过别的一些反映普法战争的短篇小说。《最后一课》成了法国在青年、儿童中进行爱国主义教育的，几乎是不可替代的教材。它没有直接表现战争本身，但是战争的影响笼罩着整个作品。我们大概不能说《最后一课》是军事题材的作品，但是可以说它是以普法战争为背景、表现战争在法国人民中的直接影响的作品。写这样的作品，是不是也属于我们的从事军事题材创作的作家的任务？我想，答案应该是肯定的。第二次世界大战后还有一些作品，比方维尔柯尔的《海的沉默》〔3〕，也

〔1〕左拉：见本书第1页注〔2〕。《崩溃》描述普法战争中法军在色当战役的惨败。

〔2〕都德（Alphonse Daudet，1840～1897）：法国小说家。《最后一课》以普鲁士战胜法国后强行兼并阿尔萨斯和洛林两省的事件为背景，通过一个小学生在上一堂法文课时的见闻和感受，表现法国人民的爱国主义感情。

〔3〕《海的沉默》是印刷工人让·布吕莱（1902～?）用维尔柯尔的笔名写的由地下的“子夜”出版社印行的中篇小说。曾被誉为二战期间法国地下抗战文学的代表作。它描写德国占领军青年军官爱慕房东的侄女，他相信德法两国人民可以实现团结，但法国房东及其侄女始终保持沉默。

没有直接写战争，但是也非常有力地、动人地表现了爱国主义。它写了法国人民在德国法西斯入侵情况下用沉默表现出来的强烈的爱国心理。第二次世界大战后，法国作家创作了比普法战争时期更积极的、直接描写抵抗运动的作品。但是我们从事军事题材创作的同志，也应该和可以写出我们自己的《最后一课》和《海的沉默》。当然我们不能仅仅限于写这样的作品，我只是说，我们在提倡军事题材文学的时候，要把视野放宽一些。我曾听说，茹志鹃的《百合花》，在发表的时候曾经遇到很大的周折，有几家刊物拒绝刊载，但是发表以后，却得到茅盾同志的热情的赞赏。事实上这是我曾看到的最好的军事题材短篇小说之一，也是现代中国最好的短篇小说之一。这种情况现在也许已经成为过去了，但是这是一个值得记取的教训。

《战争与和平》是大家都熟悉的。它直接写了战争，也写了战争以外的广大的社会生活，既写战争，也写和平，所以叫《战争与和平》。它成了了解当时俄国社会的一个非常重要的著作。假如它局限于战争本身，当然也可能会成为托尔斯泰的一部杰作，但是将不可能产生《战争与和平》这样的世界影响。道理很简单，战争不是孤立的，而是社会生活的一部分，战争是和平的继续，正如和平是战争的继续一样。军队，无论是什么军队，特别是像我们的伟大的人民解放军，它的活动永远不能和人民的生活割断。这就是说，进行军事题材文学创作，不能不要求作家有广阔的视野。只有从这种广阔的视野出发，才能使作家懂得战争的意义，懂得战争对于人民、对于国家、对于民族、对于社会的意义，懂得军队在人民生活、在社会生活中占据的重要地位。

我在前面谈到一些我们自己的表现革命战争的、在读者和观众中发生了重大影响的作品。像《白毛女》、《刘胡兰》、《洪湖赤卫队》、《红色娘子军》、《芦荡火种》、《闪闪的红星》，都不是从正面表现战争为主体的，但是读者和观众通过这些作品，都受到了什么是革命战争，什么是革命军队的教育。《上甘岭》、《英雄儿女》这样的作品，是从正面表现了战争，同样在读者和观众中造成了非常强烈的影响。《上甘岭》所以产生如此强烈的影响，是因为它不仅表现了我们军队的勇敢，在战争中建立的伟大功勋，而且着重表现了我们军队指战员之间的特殊的同志友爱。这样的作品，不仅能够给人民以革命战争的教育，同时也能够给人民以革命伦理、革命人生观的教育。近年来出的比较成功的作品，像《西线轶事》、《天山深处的“大兵”》，虽然是中篇或者短篇，但是容量很大。两位作者都没有限于仅仅描写军队，同时还描写了军队以外的社会生活。正因为这样，这两篇作品得到了各方面读者的喜爱。法捷耶夫的《毁灭》和《青年近卫军》都没有写正面的战场或者主力部队的活动，《钢铁是怎样炼成的》也没有写主要战争，它写战争是为了表现主人公生活的时代，表现他成长的过程、觉悟的过程。但是这些作品仍然都是写军事题材的杰出作品。不是说不需要写正面的战争或者不需要写主力部队的活动，而是说，军事题材的创作，道路是很宽广的。

一些重要的战役，或者亲身参加了，或者虽然没有亲身参加但是因为各种各样的原因比较熟悉，那就应该写。但是究竟哪些战争产生哪些作品，不能用排列组合的办法，似乎因为有这样一次重要的战役，所以一定要有多少电影、多少长篇小说、多少中篇小说、多少短篇小说。作家要写他熟悉的东西。只要在心里留下深刻印象的，就可以写。判断军事题材文学创作的状况，要看总和，不能要求每部作品都表现战争的最重要部分和军队的最重要部分。只要能够写出革命战争、革命军队的本质，能够表现出革命战争、革命军队和人民的密切联系，能够塑造革命军人的不朽的形象，这样的作品就是我们所要求的，就会世世代代对我们的战士、我们的青年、我们的人民发挥不可估量的教育作用。相反，如果写战争、写解放军，但是缺乏感染人的力量，不能使读者和观众的灵魂受到强烈的震动，那就不能说达到了它应该达到的目的。我们自己已经有了大量的军事题材文学作品，其中有许多优秀作品。我们完全可以和应该从这些作品中总结经验教训，看哪些作品为什么获得了巨大的成功，另一些作品为什么没有达到这样的水平，关键在什么地方。这样，以后军事题材文学创作就会更上一层楼，写得越来越好。

我们要通过军事题材文学作品的创作和评论，培养读者、观众对人民解放军的热爱和信赖，使他们了解革命战争的深刻的正义性和不可避免性，革命战争的伟大的历史意义，了解我们付出沉重的代价所取得的光辉胜利，了解我们的人民共和国是通过革命战争创立的，而且今天仍然处在战争的威胁之下，因此必须经常保持对敌人的警惕性、仇恨心，有随时投入战斗的精神准备。我们的和平生活所以能够保持到现在，离不了人民解放军。我们的军队也离不了人民。谁也离不了谁，相互之间都是鱼水关系。要通过我们的作品，把我们的青年培养成像邓小平同志说的有理想的人、有道德的人、有文化的人、有纪律的人。什么样的人是有理想的人、有道德的人、有文化的人、有纪律的人呢？最好的榜样就是人民解放军。有几位同志说得很好：有的青年、群众甚至评论家、作家，认为中国今天没有光明，因此写不出来，写出来也是理想主义的。最好的答复就请他们去看看我们的人民解放军，去描写他们在前线、在边疆、在其他地方怎样生活和斗争。我们的指战员不仅在部队时是国家的柱石，就是复员转业以后，也在社会生活中起着非常重要的作用。最早采写赵存妮事迹的一位部队报纸的记者，我曾向他了解过赵存妮成长的过程。他告诉我，赵存妮的一位堂侄是复员军人，知道部队生活的甘苦，他和赵存妮的关系很密切，对她决心不把家里遇到的困难告诉儿子这件事起了很重要的作用。我们有很多这样的复员转业军人，在整个社会生活中，默默无闻地起着重要的作用。要教育今天的青年、群众对社会主义事业有信心，当然可以通过许多方面的工作。各条战线都有先进分子，他们的事迹都有教育作用。但是军队的确是一个伟大的学校，产生了最多的先进分子。军队中的青年入党的最多，这不是偶然的。军队生活非常艰苦，要求高度的觉悟，严格的纪律，要求把人民利益看得高于一切。正是在这种情况下，我们的军队培养出了大批的共产党员、共产主义战士。

希望写军事题材的作家，无论是军内的还是军外的，都能着重表现洋溢在军队生活中的共产主义理想，描写为实现这一理想奋不顾身的斗争、为人民利益贡献出自己一切的先进人物的形象。我们的时代要求这样的作品。这样的作品永远不会过时，永远会受到社会的感谢、人民的感谢。问题在于，作品一定要写好，要能够抓住战争生活、部队生活、军人形象以及一切有关事件的最动人方面，要有巨大的感染力。

这里提出一个写英雄人物的问题。

写英雄人物，这不是任何人凭空捏造出来的。这是人民生活的需要，也是人民生活中的现实存在。人民生活中有各种各样英雄人物。但是这还不够，还需要在文学作品中加以刻画，使他们更丰满感人，更能够流传广远。陈沂同志〔1〕说，一放日本电视系列片《姿三四郎》，上海的各电影院卖不出票，马路上人也很少。北京也是这样。吴冷西同志〔2〕告诉我，广州晚上只要有好电视，公安局的同志就放心了，犯罪分子作案的就大大减少。《姿三四郎》这部片子告诉我们，日本明治维新时期产生被群众认为是英雄的人物。我们的英雄人物比姿三四郎这样的多得多，高大很多。《姿三四郎》的编剧、导演、演员的确有一定的长处。但是这些我们都可以做到，并且可以做得更好，我们为什么不能写出自己的比《姿三四郎》更好的电视系列片？需要不需要英雄人物的问题，中国的历史和现实都作了回答。人民要求诸葛亮、孙悟空这样的人物。在这些人物的身上，反映了人民的道德理想，集中了人民的智慧。诸葛亮其人，并不像《三国演义》描写的那样，但是几百年以前的人民还是希望他成为那个样子。生活中并不存在孙悟空，但是人民还是需要创造出《西游记》中的这个形象。所以不能低估优秀文学艺术作品的力量。

英雄人物有没有缺点？不能形而上学地提出和回答这个问题。姿三四郎好像就没有什么缺点，观众也不认为这是拔高。问题是要看从什么角度去写英雄人物。不能凭空设想，写英雄人物时候要写些什么缺点，或不写什么缺点，提出这样的问题是没有什么意义的。《恰巴耶夫》写了恰巴耶夫的缺点，但是没有写富尔曼诺夫的缺点。不是说富尔曼诺夫自己认为自己没有缺点，而

---

〔1〕陈沂（1912～　）：贵州遵义人，时任中共上海市委书记。
〔2〕吴冷西（1919～　）：广东新会人，时任中共广东省委书记。

是这部作品没有必要写他的缺点。[1] 人的生活有大大小小的各种各样的方面，文学作品不会把所有的事情都写进去。比方说吧，某个人每天都要小便，但是文学作品写到这类事情的就很少很少。如果写了，那也只是出于特殊的需要。写人物的缺点，总是出于作家的一种必要。要考虑整个作品的意图，出于一种什么目的，作家才会确定写或者不写人物的缺点，写些什么和怎样写。这与作品是否真实，是两个问题。也许有些作品，像爱尔兰作家乔哀斯的《攸利西斯》，据说是把人的二十四小时的各种各样的事情和心理过程都写到了。它也形成了一种创作流派。但是这种写法并没有发生什么重要的影响，很少有作家重复乔哀斯的写作方法。我们不需要去模仿他。有些作品反映了人物的丰富的、多方面的性格，也有些作品表现人物生活中的最光彩的段落，如果在后一种作品中硬要安排一些阴影，反而不近情理了。

军队内部的矛盾能不能写的问题，也具有同样的性质。如果必要，当然可以写军队内部的矛盾怎样发生、怎样解决，但是不是在任何时候都有这种需要。如果主题本身不在这里，当然就没有必要硬写。

关于深入生活的问题，最近一二年文艺界展开了一些讨论。有一种意见，说深入生活这个提法不对，至少有缺点。我看过这方面的一些文章。曾经有一种解释，说深入生活就是派作家到什

---

〔1〕 富尔曼诺夫（Дмитрий Андреевич Фурманов, 1891～1926）是苏联俄罗斯作家，国内战争时期任恰巴耶夫（旧译夏伯阳）师政治委员。长篇小说《恰巴耶夫》(1923) 是他的代表作，小说中恰巴耶夫师的政委名叫克雷奇科夫，即以作者本人为原型。

么地方收集什么材料然后完成预定的题目。这种情况是有的。对于这样一种领导创作的方法提出批评，不能说没有理由。这把创作过程看得太简单了，好像在一个化学试验室，试管里原先有什么，加上点什么，就可以变出什么来。作家的创作过程，确实不是这么简单。我们不赞成这种简单生硬的方法，不赞成对于文学创作的这种肤浅的看法。但是我们也不能对类似的需要一概抹杀。许多报告文学作品就是这样写出来的，也可以写得很成功，发生很大影响。一个作家到他原来不熟悉的环境中去观察和感受，只要这个作家愿意并且能够去观察和感受，又能经历一段比较充分的时间，并不是一定不能写出好的作品。当然这样的作品只能出自作家自身的创作冲动，而不是由别人出题目写应景的文章。最明显的例子是，巴金同志和部队生活从无接触，也两次到朝鲜前线，时间都不太长，在这不长的时间里作了观察，受了感动，引起创作冲动，写出了成功的作品。他自己也认为这是成功的经验。像巴金这样的有丰富创作经验的作家，也可以在原来不熟悉的环境中观察、感受、写出成功的作品，可见是不能完全否认上面这种办法的。世界上许多著名作家，也有这样写作的例子。左拉写《萌芽》，亲自到煤矿去观察、去感受。可以对《萌芽》进行这样那样的评论，但是不能否认，这是一部成功的作品。法国共产党领导人多列士曾经说，他是读了《萌芽》，才决定走革命道路的。我们读这部小说，可以看到左拉的偏见在里面发生作用，但是确实不能否认它的成功。左拉的许多作品，都是这样写成的。拉法格在评论《金钱》的文章里，也认为左拉能够观察巴黎金融界的状况，使用这样的题材，写过去很少有人写的东西，是很难得的，尽管也对他进行了批评。

别人指派，把某个题目强加给作家，这种办法是不行的。不同作家有不同的创作要求，有更能发挥他的长处的题目。如果不让他写能够发挥自己长处的作品，硬让他写不熟悉的东西，这就有失败的可能。作家个人有自己的生活，但不能说作家的生活面总是足够的。作家的生活面总要不断地扩大。在扩大生活面的过程中，作家得到的感受，他在创作中进行的探索，可能不成熟。这个问题不能一概而论，要看各方面的条件。有些作家感受外在事物的能力比较强。无论怎么强，都不能说，只靠走马观花，就能够写出了不得的作品。但我们不能这样就说，作家要写他熟悉的生活，这熟悉的生活是固定的。作家的生活不是一潭死水，总要向前发展。原来想写什么，感到不是很充实了，就去熟悉原来不熟悉的东西。熟悉原来不熟悉的东西，这是可能的。像丁玲同志的《太阳照在桑干河上》，就是写原来不熟悉的东西，写得很成功。周立波同志写《暴风骤雨》，后来又写《山乡巨变》，两部作品都包含着他在生活中的新的经历，这经历是他有意识地去寻找、去体验的。《山乡巨变》比《暴风骤雨》有很多提高，在艺术上更成熟了。不能把作家的感受能力看成一成不变的东西。白桦同志最近到云南一趟。我看过他的一个讲演的记录。他说，他这次到云南，不是像别的作家那样来体验生活，他的感受和第一次去云南的作家的感受是不一样的。他第一次去和第二次去，感受也不一样。他第一次去，不是去深入生活，而是去工作。为什么其他作家不能像他那样去工作？不能把话说死，好像他的经验别人不能重复。如果别人仅仅去参观，那是另外一回事。但是我们有什么理由说我们的作家一定安于做生活的旁观者呢？安于做旁观者的，是有的，然而大多数不是这样，应该说绝大多数作家对人民、对祖国、对社会主义，都有充沛的热情。有了这种热情，就能够去感受，就像巴金同志到朝鲜，受到感动，写出真诚的作品一样。到过朝鲜的作家很多，写出的作品也很多。有的作家本来在军队，随军入朝，有的是后来去的。他们和战士一起生活，一起战斗，写出了作品，这些作品是站得住的。可能在我们军事题材作品中，写抗美援朝的作品成功的最多，有些现在还在陆续出版。像魏巍同志的《东方》，就是“文化大革命”以后的最重要的一部。

我们要求军外作家到军队去生活，但是不能要求他们当客人，总住在招待所里。自然他们也可以那样，恐怕那只能写一些速写。很多军外作家要求到军队，像白桦同志第二次去云南一样，是去自己曾经工作过、战斗过的地方。军队作家到地方，也是这样。

有的作家说，要在自己熟悉的生活范围内掘一口深井，但是能够掘深井的地方决不止一处，并不是只有在自己生长的地方才能掘深井，别的地方就不行。每个作家都可以在生活的这个地方或那个地方掘深井。毛泽东同志在延安文艺座谈会上也讲，要求作家到一个地方，七年八年甚至更长时间，在那样的地方，为什么就不能掘深井呢？我们不能排除这种可能。

在社会主义社会里，作家的自由得到或者说应该得到充分的保证。作家可以自由地生活。我们不反对作家写原来比较熟悉的生活，他们有这样的权利。同时，他们也有权利去探索新的领域，同原来不熟悉的生活建立起非常深厚的感情。《牧马人》里两个完全不相识的青年男女，在一种非常奇特的环境中结合了。我们能够断定他们一定不能建立起非常深的感情吗？《牧马人》

回答了这个问题。它的答案不是没有生活根据的。所以，我建议不要反对深入生活这个提法。可以反对庸俗的、机械的、命令主义的理解和做法，那是对作家的创作过程、创作特性完全不了解的。但是要求作家深入到劳动人民中间去，这并没有错。有同志说现在到处都是劳动人民，这自然是对的。但是不能因此放弃描写我们时代真正创造社会光明和幸福的最主要的力量的义务。《人到中年》写得很好。像陆文婷这样的主人公，同样是建设社会主义的重要力量，值得写。作家也的确是深入到原来不熟悉的医院，才写出了这样的作品。但是我们不能设想，社会主义中国的文艺舞台，可以没有工人、农民、战士的地位，不能设想，社会主义中国的文艺作品，继续停留在《红楼梦》、《阿 Q 正传》、《子夜》、《家》这样的作品的水平。我们不是说这些作品不伟大，而是说，这些作品不能给读者以社会主义的教育。我们不能从《阿 Q 正传》中找社会主义。

我们要写出我们自己的《钢铁是怎样炼成的》、《青年近卫军》，来教育我们的青年、战士和全体人民，使他们建立起坚定的共产主义人生观。这个历史任务一定不能动摇。相信我们的作家会积极地把这一任务承担起来，相信不久的将来就会产生这样的作品。这也就是这次会的要求。

关于七律《有思》的通信*

（一九八二年六月至七月）

一、钱钟书致胡乔木

乔木同志：

昨日奉尊命，不敢固辞，耽误大计。然终有鸡皮鹤发老妪忽作新嫁娘之愧。尊诗情挚意深，且有警句；惟意有未达，字有未稳。君于修词最讲究，故即〔以〕君之道律君之作。原则是：尽可能遵守而利用旧诗格律；求能达尊意而仍涵蕴，用比兴，不浅露，不乖“风人”之旨；无闲字闲句（此点原作已做到，现只加以推敲）。原稿即由我宝藏，现呈上抄录稿，每句上附僭改，逐句说明。聊供参考，并求指正。贵事忙不劳复示。专此即致

敬礼！

钟书上　八日夜

---

* 七律《有思》四首以《有所思》为题发表于1982年7月1日《人民日报》，是作者1982年6月70诞辰时的抒怀之作。发表前曾请钱钟书斟酌修改。此篇前三封信即由此而来。七律四首发表后，作者对邓颖超关于诗意的询问复函作了回答，这就是收入本篇的通信之四。七律四首收入作者的诗词集《人比月光更美丽》（第2版）时改题为《有思》。

谷羽同志处并此问候

二、胡乔木致钱钟书

钟书同志：

拙作承多费时日，备予指点，铭感无已。虽因人之心情不同，抒情之方亦有异，但所示其中弱点，则为客观存在。故经反复琢磨，已改易数处。因重抄存览，聊为纪念。[1]

一川星影听潮生，仍存听字，此因星影潮头，本在内心，非可外观。又看潮则潮已至，影已乱，听则尚未逼近，尚有时空之距离也。（旁注：听潮声之主语固为作者，亦可解为星影本身，此为有意之模糊；看潮生则主语显然有易，句中增一间隔。）幽木亦未从命，则因幽树禽声，所在皆有，幽谷往觅固难，且原典只云出于幽谷，固亦已迁于乔木矣。鸣禽活动多有一定之高度，深谷非其所宜。下接长风两句，因此首本言政治之春天，若仅限于自然界之描写，在个人的情感上反不真实。至将凋、不尽，原属好对，但前者过嫌衰飒，后者用代代，则含子又生孙、孙又生子之意，与下文愚公相应，似较不尽为长。（旁注：将凋之叶必少而近枯，亦难成不尽之丝）以上拉杂固陋，不免妄渎，知无不言，姑率陈之，惟乞海涵为幸。

杨绛同志并此问候。

胡乔木

六月十五日

---

〔1〕改易后重抄的诗四首，原附信后，这里从略。

三、钱钟书致胡乔木

乔木同志：

上星期六晚间慎之同志〔1〕来示尊作改本，走时误将您给我们的原稿带去。事后发觉，甚为懊丧，想向他要回，而奉到来信，并最新改本，既感且喜。慎之口头向我解释了您的用意，我恍然大悟，僭改的好多不合适，现在读您来信，更明白了。我只能充个“文士”，目光限于雕章琢句；您是“志士仁人”而兼思想家，我上次的改动就是违反了 Pope, An Essay On Criticism 的箴言〔2〕：“A perfect judge will read each work of wit /With the same spirit that its author writ.”孟子在《万章》里早把诗分为“文”、“辞”、“志”三部分，近代西洋文论家也开始强调“Sense”为“intention”所决定，“intention”就是孟子所谓“志”，庄子所谓“随”。我没有能“逆”您的“志”，于是，“以辞害志”，那是我得请您海涵的。新改本都满意，只有“风波莫问愚公老”一句，我还“文字魔深”，觉得“愚公”和“风波”之间需要搭个桥梁，建议“移山志在堪浮海”，包涵“愚公”而使“山”“海”呼应，比物此〔比〕志，请卓裁，也请和慎之推敲一下，他思想敏捷而记诵广博，极能启发，您所深知，不用我

---

〔1〕 慎之：即李慎之（1923～ ），江苏无锡人，与钱钟书同乡，当时任中国社会科学院美国研究所所长。

〔2〕 Pope：通译蒲柏（1688～1744），英国诗人。下文引用的是蒲柏用英雄双韵体写的长诗《批评论》（1711）中的箴言：“真正的解人读任何才人的作品，都定能抓住作者下笔时的精神。”

说的。专致
敬礼!

钱钟书 十八日 杨绛同问好

谷羽同志处并此问候

四、胡乔木致邓颖超

颖超同志:

七一在人民日报发表的四首诗,承您过奖,很不敢当。因您说到诗中有不易看懂之处,更以未能做到明白晓畅为愧。现趁休息之便,谨将各首作意稍加说明,敬供参考。

七十孜孜何所求	转用唐王维《夷门歌》(咏战国魏侯嬴事)"七十老翁何所求"句意。
秋深深未解悲秋	不以晚年而伤感消极。
不将白发看黄落	承上句。楚宋玉《悲秋赋》有"草木黄落而变衰"句。"将"作"用"、"以"解。
贪伴青春事绿游	绿游,新造词,指在绿色草木风景中的旅行,借喻建设新社会新生活的革命事业。
旧辙常惭输折槛	自愧过去未能像汉成帝时朱云折槛样坚强不屈。《辞海》有"折槛"。
横流敢谢促行舟	现当坚决同各种错误思潮斗争。敢谢是岂敢拒绝。

江山是处勾魂梦	是处即处处，因前已用孜孜，行文略加变化。
弦急琴摧志亦酬	为坚决斗争而牺牲一切，也就满足了。

少年投笔依长剑	长剑指革命事业。
书剑无成众志成	个人虽无所成就（项羽学书学剑皆不成），但所献身的革命事业却胜利了。
帐里檄传云外信	帐指指挥机关。檄传云外信（转用南唐李璟“青鸟不传云外信”句），指讨敌的檄文通过电传发到远处，也包括转发远处发来的斗争消息。
心头光映案前灯	表示自己只做了案头的工作。
红墙有幸亲风雨	红墙指中南海。风雨由“春风风人，春雨雨人”脱出，指中央各领导同志。
青史何迟辨爱憎	指毛主席晚年所造成的一系列冤案直到三中全会至六中全会才得到澄清，林、江两案直到八〇年才得到解决。
往事如烟更如火	往事使人心情激动伤痛，故云如火。
一川星影听潮生	去世的人留在记忆里，仿佛一天星影映在河水里，并引起心潮的激荡。

几番霜雪几番霖	指过去的动乱之多之久。
一寸春光一寸心	指对今天的大好局面的珍惜。
得意晴空羡飞燕	两句用形象来描绘欢悦的心情。虽然也

钟情幽木觅鸣禽	可说是暗喻人们兴高采烈地放手建设社会主义，并为此而探求人，探求物，探求真理，但这样说死就索然无味了。
长风直扫十年醉	北周庾信《哀江南赋》："天胡为而此醉"。
大道遥通五彩云	社会主义的大道通往共产主义。
烘日菜花香万里 人间何事媚黄金	烘日言菜花在日光下鲜明如火。菜花色胜黄金，又饶香气，暗喻人们的劳动才是真正可宝贵的。

先烈旌旗光宇宙	由杜甫"诸葛大名垂宇宙"句化出。
征人岁月快驱驰	回应第一首。虽岁月如驶，但革命者从来乐观。
朝朝桑柘葱葱叶 代代蚕山粲粲丝	每天的桑叶都变成了蚕丝，借指革命者每天的生命都是有价值的。一棵桑树和一条蚕虽然寿命有限，但整个桑蚕的生命代代绵延不绝。反用李商隐"春蚕到死丝方尽"句意。
铺路许输头作石 攀天甘献骨为梯	两句都是说革命者愿为将来而自我牺牲。
风波莫问蓬莱远 不尽愚公到有期	庾信《哀江南赋序》："蓬莱无可到之期。"这里反驳了这种悲观论，说革命道路上的风波虽多，但由于一辈辈愚公用移山的精神奋斗不止，共产主义的人间乐园一定有实现的一天。

这几首诗在艺术上都有缺点，实在不值得这样地罗嗦解说。而且您只是说有些地方不易看懂，本不应逐句去讲。只因您的话说得简单，当时未能问清是哪几处，现写成这样，很觉惴惴不安。好在这一切都是出自对您的敬意，不当之处请您务必加以原谅。敬祝

健康

胡乔木

一九八二年七月二十五日于青岛

关于文艺与政治关系的几点意见*

（一九八二年六月二十五日）

本来，我决定不参加这个会了，后来看到几期会议的简报，看到有几位同志对文艺与政治的关系问题还有一些很强烈的意见。我感到这个问题提出来跟我有点关系，我觉得有一种政治上的责任，把这个问题谈一下。这也可以说是政治为文艺服务吧！

中央考虑不再用“文艺为政治服务”、“文艺从属于政治”这些提法，而改用“文艺为人民服务，为社会主义服务”，究竟出于什么原因？是一种暂时的考虑，还是从根本的理论和实际上的考虑？我想谈一谈个人的看法。当然，文艺与政治的关系问题很复杂，我在这里不可能全面地讨论这个问题，只能就当前争论中的几个主要之点谈一谈。

在这次中国文联全委会上，我听说已经把列宁的《党的组织和党的出版物》这篇文章的新译文印发给大家了。我相信，如果我们是一个诚实的马克思主义者，如果我们是公正的，不带偏见的，有历史眼光的，那么我们读了中共中央编译局列宁斯大林著

* 此篇是在1982年6月25日中国文联四届二次全委会闭幕后的招待茶会上的讲话。标题是收入《胡乔木文集》时加的。

作编译室所写的《〈党的组织和党的出版物〉的中译文为什么需要修改?》[1]，一定会同意他们的意见。因为这个说明理由充足，是无法辩驳的。过去译成《党的组织和党的文学》，本来就是翻译错了。可是现在在有些同志看来，好像 Litteratura（俄文是литература）这个词不译成“文学”，党的 Litteratura 不译成“党的文学”，就是不能容许的事情。为了解除疑虑，我要给大家介绍两件材料。第一件，是《共产党宣言》第三章，小标题叫“社会主义的和共产主义的文献”，这里的“文献”这个词原文就是 Litteratura.“社会主义的和共产主义的文献”这一章里说的是什么呢？第一节是“反动的社会主义”，第二节是“保守的或资产阶级的社会主义”，第三节是“批判的空想的社会主义和共产主义”。大家想想，假如把这一章的题目译成“社会主义的和共产主义的文学”，我们的文学家和文学理论家们会不会认为译得很准确，感到很光彩？可见，Litteratura 虽然在许多时候可以翻译成“文学”，而在许多时候就不能翻译成“文学”。另外一件材料，在《马恩选集》第二卷里面，也是一篇很重要的文章，叫《流亡者文献》。这里的“文献”，原文也是 Litteratura。假如我们硬要把 Litteratura 翻译成“文学”，这篇文章题目就得译成《流亡者文学》。其实，从内容看《流亡者文献》还不如译成《流亡者的出版物》。因为《共产党宣言》中所说的“社会主义的和共产主义的文献”，指的是历史的文献，而《流亡者文献》中的“文献”，指的不过是巴黎公社失败以后的流亡者在外国出的刊物、报纸这些东西。我举以上两件材料，可以具备足够的权威，

---

〔1〕 此文后来在《红旗》杂志 1982 年第 22 期发表。

使大家相信，Litteratura 这个词并不是在任何时候都应该译成“文学”。要打破这一层成见。这样，我们才能比较客观地来考虑，列宁的这篇文章，究竟是翻译成《党的组织和党的文学》好，还是翻译成《党的组织和党的出版物》好。这完全是一个科学的问题，是一个语言学的问题，也是个历史学的问题，完全应该采取一种冷静的、科学的态度来对待。列宁所讲的，实实在在就是“党的出版物”，编译局的同志已经做了详细的说明。有的同志说，“党的文学”这个译法已经流行这样久了，现在忽然要改成“党的出版物”，会引起很大的混乱，甚至担心资产阶级自由化思想会借此进攻。这就发生一个问题，究竟是科学服从于政治，还是政治服从于科学？科学的研究和探讨，固然有时要考虑到政治，考虑到革命的利益和人民的利益，但是，归根到底，我们的政治是服从于科学的。因为我们是科学的社会主义者，而不是别的种类的社会主义者。因为我们的政治的根基牢牢地建立在科学上面，而不是建立在任何别的东西上面。因为马克思主义的科学符合客观的历史规律，因而符合革命的和人民的根本利益。现在遇到这样一个小小的问题，难道就不能尊重科学、服从科学了？何况这里面根本没有什么政治问题，纯粹是个语义问题、翻译问题。该翻译成什么就翻译成什么。过去翻译错了，这个错译造成了消极影响。我们不能迁就这个错译的既成事实。主张照旧不改，当然也是一种思想方法。持这种思想方法的同志，看来忠实于科学的精神不那么充分。我们要忠实于政治，我们更要忠实于科学。我们不能让科学来服从政治，那样，科学就不成其为科学，政治也就不成其为科学的政治了。我们的政治要服从于科学。我们党犯了错误，就要做实事求是的自我批评，虽然这种自我批评有时也会带来种种争论，甚至会带来一些消极的副作用，可是我们党有这种勇气，我们党忠实于科学，忠实于历史。而对科学，对历史，是不能不忠实的。勇敢的、科学的、恰如其分的自我批评，正是推动我们事业前进的巨大的积极力量。至于我们这里所谈的这个翻译错误，在马克思主义著作的翻译者中间，据我所知，基本上是没有争论的，都认为确实是翻译错了。而且在《列宁全集》里面，这个词在类似的情况下也是译成“书刊”，并没有都译成“文学”。仅仅这篇文章，沿用旧译，译成《党的组织和党的文学》。因为过去在延安《解放日报》上面这样译过（在这之前，在上海也这样译过，不过影响没有那么大），后来又被毛泽东同志《在延安文艺座谈会上的讲话》引用了，这就似乎成为不可更改的了。现在好像我们的文艺政策不是建筑在科学上面而是建筑在误解上面。哪有这样的事情呢？历史上有过许多误解。这个误解毛泽东同志不能承担责任，文章是博古同志翻译的。改正一个错误，这根本不应当成为一个问题。

有的同志说，文学怎么能够不是党的文学？怎么能够不是党的工作、党的事业的一部分呢？这是提到了问题的比较重要的方面。我们党领导人民建设社会主义。对于社会主义事业，我们党要承担领导责任，要领导到底，一直领导到共产主义。但是，我们要知道，社会主义事业，它是人民的事业，是我们十亿人口、各民族男女老少共同进行的事业，它属于整个社会、整个国家和人民。不能因为它要有党的领导，就把它说成是属于党的。文学艺术是一种社会文化现象，党需要对这种社会文化现象的发展方向进行正确的领导，但是，文学艺术方面的许多事情，不是在党的直接指挥下，经过党的组织就能够完成的，而是要通过国家和社会的有关组织、党和党外群众的合作才能进行的。而且，有许多与文学艺术发展方向关系不大的事情，党没有必要也没有可能去干预。因此，不能把文学艺术这种广泛的社会文化现象纳入党所独占的范围，把它说成是党的附属物，是党的“齿轮和螺丝钉”。正如同对其他社会经济文化现象不能这样做一样。比方说，我们党领导教育工作，但是不能说，整个国民教育是党的教育。我们党领导经济工作，但是不能说，整个国民经济是党的经济。或者说党的大学、中学、小学，党的工业、农业、商业。这样称呼显然是不妥当的。如果用党的教育的说法，那是专指在党内所进行的教育，有关党的章程、党的知识的教育，这与整个国民教育不能等同。如果叫党的经济，那是专指有关党的活动经费，党的财政收支，也与整个社会的国民经济不能等同。由此可以看出，党的文学这种说法的含义是不清楚的。把文学这种社会生活现象完全纳入党的范围是不合适的。

在这个问题上，斯大林讲过一段很好的话，他说，文学艺术是一种广大的社会事业，不能够用党的概念去衡量。所以，他反对在文学艺术领域中使用“左倾”、“右倾”这样的字眼。他说，这是党的工作里面的术语。一篇文学作品，可以说它是爱国主义的，是社会主义的；或者是反爱国主义、反社会主义的。但是，不要去说，哪个作品是“左倾”的或是“右倾”的。这是斯大林给比尔－别洛采尔科夫斯基的一封信里的话。我认为斯大林对这个问题说得很好。对于人民生活里面的问题，不要用党的概念去硬套。

前面我们说了列宁文章翻译的错误，又说了“党的文学”概念的不妥，再回过头来说文学的党性问题，就比较容易说清楚了。一个是文学的党性，一个是文学家、艺术家中的共产党员的党性。这是两个不同性质的问题。共产党员文学家，首先是共产党员，同任何共产党员一样，他必须坚持党的政治立场，在政治上同党保持一致，遵守党的章程和决议，服从党的组织和纪律，执行党所授予的任务，一句话，必须有坚强的党性。共产党员文学家决不可以把他所从事的文学艺术工作当作与党无关的个人事业，而应该把它看作是党的事业的一部分，决不可以因为是文学家就自视特殊，而应该把自己看作是党的组织的守纪律的成员。这个问题比较简单，这些原则是不能含糊，不能有丝毫疑义的。至于文学的党性，这个问题不那么简单，文学的党性是一个特定的概念，不是可以随便使用或广泛使用的。与此相联系，我们通常还使用文学的倾向性这个概念。对于文学的倾向性，有一些不同的看法和争论。是不是凡作品都有倾向性？或者说凡伟大的作品都有倾向性？没有倾向性的作品是不是不可能存在或者必定毫无价值？讨论这个问题要从文学的实际出发，从文学这种社会生活现象的特点和规律出发。从世界文学史和中国文学史的客观事实看来，有许多有价值的作品是有倾向性的，是或隐或显地表现了作者的政治观点和社会观点的。但是，也有许多有价值的作品并不带有倾向性。文学艺术的一些形式，如长篇叙事的诗歌、小说、戏剧、电影，可以带有倾向性，而另外一些形式，如建筑艺术、音乐艺术（不是指歌词），虽然离不开一定的社会历史背景和色彩，却一般很难直接说出它的社会政治倾向性来，某些绘画、诗歌和散文也有这种情况。在过去时代，对文学艺术作品的倾向性的要求，并没有提到过分的绝对化的地步。在今天，在社会主义时代，情况当然与过去有很大的不同。因此，对我们时代的作家的要求，应该既不同于对过去时代的别的阶级的作家，也不同于过去时代的无产阶级早期作家。我们时代、我们社会生活的主流，就是社会主义的。文学艺术既然是社会生活的反映，它就不能不反映我们社会生活的社会主义的内容。文学艺术的读者既然是广大人民群众，就不能不要求它用反映人民的利益和意志的社会主义思想来团结人民、鼓舞人民、教育人民。因此，在社会主义社会，文学艺术为人民服务、为社会主义服务的要求是必然的，是历史地不可避免的。即使如此，某些没有倾向性或者没有明显的政治倾向性的文学艺术作品也仍然要存在和发展。只要是合乎美学标准的，也能够在一个方面起为人民服务、为社会主义服务的作用。我们也要让这一类作品充分发挥它们的积极作用。

文学的党性，我认为它同文学的倾向性是一个性质，但是它比倾向性更自觉，更鲜明，更强烈。可以说，它就是文学作品的思想内容、思想倾向中所集中表现的阶级立场、政治立场、党派立场，这并不是一般文学作品所普遍具有的。我们党要求党员文学家、也希望所有革命的文学家，努力在作品中表现出革命的思想内容，表现出无产阶级的阶级立场和政治立场，使它们成为在政治上和思想上教育人民、鼓舞人民的武器。我们党对于某些文艺作品中表现出来的不健康、不正确的政治倾向和思想倾向，对于资产阶级和封建阶级的腐朽的思想政治影响，不能熟视无睹，任其腐蚀人民的思想，而要根据情况，进行有分析的、有说服力的批评和教育，以克服这些倾向和影响。这是今天党对于文学的党性的正反两个方面的要求。但是，当我们说，党要求在作品中努力表现无产阶级的阶级立场和政治立场的时候，我们必须记住，这是对党员的有倾向性的文艺创作而言的，不必要也不应该成为对所有的文艺作品的要求；如果那样要求，我们就把问题简单化了，我们的文学观就太狭窄了。我们还必须记住，这种倾向性，如恩格斯所指出的，“应当从场面和情节中自然而然地流露出来”，〔1〕就是说，要通过深刻反映社会生活本身的规律，通过严格遵循艺术创作本身的规律来表现，而不应该违背生活、违背艺术的规律，从外面加进来，硬塞给读者。对于共产党员文学家，党也是这样要求，因为艺术规律是客观的，违背艺术规律，不从生活出发而从政治概念出发去创作必定不会是成功的，不管你是不是共产党员。正如党性（这里当然是说的正确理解和正确要求的党性）并不要求做经济工作的共产党员不顾经济规律办事一样，它也并不要求做文艺工作的共产党员不顾文艺规律去创作。

有的同志这样问：现在党中央讲“文艺为人民服务，为社会主义服务”，“为人民服务，为社会主义服务”不就是“为政治服务”吗？为什么要变换一个说法？有什么好处？有什么必要？我认为，提出这个新口号，来代替“为政治服务”的旧口号，有很大的必要。两个口号有很大的不同。当然，我说这个话的时候，要声明，这两个口号不是截然不同的两回事，他们有很多共同的方面。但是也有很不同的方面。根本的不同在于新口号比旧口号在表达我们的文艺服务的目的方面，来得更加直接，给我们的文艺开辟的服务途径，更加宽广。因为人民，这是我们一切工作的

〔1〕 恩格斯：《致敏·考茨基（1885年11月26日）》，《马克思恩格斯选集》第4卷，人民出版社1995年6月第2版，第673页。

目的，这是我们一切工作所努力服务的对象，此外没有第二个目的、第二个对象。共产党的宗旨就是为人民服务。毛泽东同志在《为人民服务》这篇文章里讲："我们的共产党和共产党所领导的八路军、新四军是革命的队伍，我们这个队伍是完全为着解放人民的，是彻底地为人民的利益工作的。"在《论联合政府》里讲："全心全意地为人民服务，一刻也不脱离群众；一切从人民的利益出发，而不是从个人或小集团的利益出发；向人民负责和向党的领导机关负责的一致性；这些就是我们的出发点。""共产党人的一切言论行动，必须以合乎最广大人民群众的最大利益，为最广大人民群众所拥护为最高标准。"毛泽东同志在他的全部著作中，反复地讲了这个意思。这是毛泽东思想的一个基本点。"为人民服务，为社会主义服务"的提法比"为政治服务"的提法更本质，它的范围比"为政治服务"广阔得多。"为政治服务"，政治本身不是目的，政治是达到我们的目的的一种手段，固然是一种重要的手段，非常重要的手段，但它终究只是手段。政治的目的是为人民的利益。人民的利益，这才是目的。政治要从属于人民，从属于社会主义，这样的政治才是正确的；如果政治不从属于人民，不从属于社会主义，这样的政治就是错误的。所以，我们提出文艺"为人民服务，为社会主义服务"，这就把直接的、根本的目标摆到了我们面前，而不需要经过一个间接的目标。这个间接的目标——政治，它的范围是有限的，是比较狭窄的。而人民、社会主义，这是根本的目标，是非常广阔的概念。它们把政治包含在内，但不单单归结为政治。它们是政治的目的，政治的正确性归根到底要用人民的利益、社会主义的利益来衡量和保证。如果说我们"为人民服务，为社会主义服务"，也就是"为政治服务”，那么，这正好说明我们的政治跟人民的利益、社会主义的利益完全一致，以人民的利益、社会主义的利益为归依。那么，提“为人民服务、为社会主义服务”有什么不好呢？还需要有什么争论呢？为什么在有些同志看来，说“为政治服务”，就似乎光彩、革命一些，而说“为人民服务”，反而显得好像有些犯了错误，好像对毛泽东思想有些动摇，好像有点资产阶级自由化了呢？这是什么逻辑呢？“为人民服务”的口号不正是毛泽东同志自己提出来的吗？我们党不就是为人民服务，为社会主义服务的吗？我们的政治不就是为人民服务，为社会主义服务吗？所以，在这个问题上的争论我认为不必再进行下去了。在这个问题上，争论的时间已经够长了，我们非常希望大家的力量不要消耗在这些方面，不要为了这些问题而形成隔阂。我尊重这些提出异议的同志，我认为他们是革命家，可是我希望这些同志能够接受这个观点。

有人问，如果我们继续用“文艺为政治服务”的口号有什么不可以呢？有一些文学艺术，比如说政治宣传画、政治讽刺画，当然还有其他许多形式或者作品，可以而且需要“为政治服务”，即使是狭义理解的“为政治服务”，这是很明显的。但是这远不能代表文学艺术的全体。我们不能把人类历史上的文学艺术——除掉我们所要剔除的那一部分糟粕以外——都贴上“为政治服务”的标签，那是做不到的。中国文学作品最早的集子是《诗经》，《诗经》的第一首是《关雎》，按照古人的说法这首诗是歌颂“后妃之德”的。那么，这大概可以说是“为政治服务”了吧？但是我们不能承认。我们不能说“关关雎鸠，在河之洲”是为什么政治服务的。如果这样讲，我们就不是在做严肃的马克思主义的文艺理论研究，而是在讲笑话、说相声了。孔夫子对于诗的观点是比较开明的。他说："小子何莫学夫诗？诗，可以兴，可以观，可以群，可以怨。迩之事父，远之事君；多识于鸟兽草木之名。"[1]前面那四句话说得很好。"兴"有各种各样的解释，我们可以说是兴起一种意念，兴起一种愿望，兴起一种感情。"观"，按照古人的解释是观风俗之兴衰，我们也可以解释为观察，或者按照时髦的说法，也就是文艺作品的认识价值。"群"，就是把群众联系起来，文学艺术是可以有这个作用的。前些日子北京组织合唱团，举行合唱节，大家都来唱，这不也是"可以群"吗？"怨"，就是有不满、不平、不快要表现出来。这也有好处，因为既然有怨，就应该知道是什么怨，为什么怨，然后才能知道怎样去平息这种怨（如果可以平息）。孔夫子并没有把歌颂和暴露绝对地对立起来。他认为，诗可以歌颂，也可以暴露；可以抒情，也可以叙事。他是一个眼光、胸怀比较广阔的人，我们要在这些方面学习孔夫子。当然，孔子说"远之事君"，这也可以说是孔子提倡文艺为政治服务。可是他这样的话，并没有在文学史上起多大作用。我们中国流传的小说、戏曲、诗歌，究竟有几本是"远之事君"的呢？我看，是很少的。在我们的戏曲中的皇帝，没有几个是正面人物。就是皇帝不是正面人物的戏，慈禧太后她也是看的。我们的胸怀难道比孔夫子或者慈禧太后还要狭隘吗？

我们是为人民服务的，我们的作品是反映人民的生活的。我们站在人民的立场上，不是分裂人民、污辱人民，而是团结人

〔1〕见《论语·阳货》。

民，鼓舞和教育人民，这样的文艺作品，我们都欢迎。有一部分艺术作品（文学也有，姑且不说），是很难指出它的政治内容，很难说它是为哪个政治服务的。我们看看这里墙壁上挂的几幅画。《武汉长江大桥》，我们说它是为政治服务，说它是为人民服务、为社会主义服务的，也一样嘛！另外三幅画，《松》、《竹》、《梅》，很难说是为哪个政治服务的。当然，它们可以表现人的品质，但是要看什么人、在什么具体历史环境下去看。难道能够说《松》、《竹》、《梅》这类作品只会得到拥护社会主义的人赏识，不会得到不拥护社会主义的人赏识吗？只有无产阶级有这种品质，资产阶级、地主阶级就不能有这种品质吗？事实上，用松竹梅来表现人的品质，正开始于地主阶级。音乐作品更加是这样(我不是指唱的某些歌词，而是说乐曲)。无论中外历史上的乐曲，其中只有很少数是有政治倾向的，大多数是没有的。比方说广东音乐《步步高》、《雨打芭蕉》，或者江南丝竹《春江花月夜》，能够说它们是为政治服务的吗？能够因为这些东西不是为政治服务，或者说，不是为我们今天的政治服务的，就不让这些节目演出吗？能够把这些作品从音乐史上勾销吗？我们不是这样胸怀狭窄的人。我们要领导全社会，要组织十亿人口的社会生活，要满足全体人民各种各样的物质和文化需要。我们的文艺作品，毫无疑问，它的思想内容的主要倾向（如果有倾向）是要拥护人民，拥护社会主义，拥护党，表现某些强烈的政治主题，这是我们提倡的。但是，我们并不认为，这是文学艺术的唯一主题。鲁迅在关于“国防文学”问题的论战中，在答徐懋庸的信里说过这样的话：“‘国防文学’不能包括一切文学，因为在‘国防文学’与‘汉奸文学’之外，确有既非前者也非后者的文学，除非他们有本领也证明了《红楼梦》，《子夜》，《阿Q正传》是‘国防文学’或‘汉奸文学’。”〔1〕能够因为当时要提倡“国防文学”，或者说，要提倡抗战文学，民族革命战争的大众文学，就把《红楼梦》、《子夜》、《阿Q正传》排除在外吗？鲁迅早就看到了这一点。鲁迅的一生，都是为政治奋斗，为正义奋斗，为社会进步奋斗的，但是鲁迅的文艺观点是宽广的。

我今天讲的话，很不适合于茶会的调子，这是因为我没有学好文学艺术。我这个人，说实在的，只会为政治服务，我一辈子就是为政治服务。但是我知道，我为政治服务，就是要为人民服务。而且，愈是为政治服务，我就愈感觉到政治不是目的，政治如果离开了人民的利益，离开了为社会主义、共产主义的目的，就要犯错误。今天我们最重要的政治，就是要集中力量建设高度的物质文明，建设高度的社会主义精神文明，改善人民的物质生活和文化生活。为政治服务，就不得不为人民生活的各种需要服务。政治也不得不为经济服务，不得不为教育服务，不得不为文化服务，其中也包括为文学艺术服务，还要为很多很多的东西服务。各种各样的人民利益，各种各样的人民需要，都要去服务。我希望今天我讲的话，也能够为人民的需要服务。

谢谢大家。

---

〔1〕鲁迅：《答徐懋庸并关于抗日统一战线问题》（1936年8月3～6日），《鲁迅全集》第6卷，人民文学出版社1981年版，第531页。

《散宜生诗》序*

（一九八二年七月十四日）

聂绀弩同志〔1〕把他原在香港野草出版社出版的旧体诗集《三草》(指北荒草、赠答草、南山草) 一书加以删订，交人民文学出版社出版，改题《散宜生诗》〔2〕。我很高兴为这本诗集的新版写几句话。

绀弩同志是当代不可多得的杂文家，这有他的《聂绀弩杂文集》(三联书店出版) 为证。我似乎没有读过他过去写的新体诗。在我读到他的这部旧体诗集的时候，心情很是感动和振奋。绀弩同志大我十岁，虽然也有过几次工作上的接触，对他的生平却并不熟悉，因而难以向读者作什么介绍。在一九五七年以后，他遭到了厄运，在十年浩劫中他更是备尝了肉体上的折磨，以至他在《对镜（三首)》中说明："出狱初，同周婆（指他的夫人周颖同

---

* 此篇写于1982年7月14日，发表在1982年8月16日《人民日报》。

〔1〕聂绀弩（1903～1986)：湖北京山人，作家、诗人。

〔2〕散宜生，实有其人，是西周初年的一个大臣。《庄子·人间世》有一木匠在齐国评"散木"是"不材之木"的故事，并谓"而几死之散人，又恶知散木?"后以"散人"、"散木"指闲散不为世用的人。聂绀弩用古代的人事名题，有自嘲、自况之意。

志）上理发馆，览镜大骇，不识镜中为谁。亦不识周婆何以未如叶生〔1〕之妻，弃箕帚而遁也。”这我可以证明，我在再次同他见面时，实在也难凭三十年前的记忆来辨认他的面目了。我认为他的诗集特别可宝贵的有以下三点：

一、用诗记录了他本人以及与他相关的一些同志二十多年来真实的历史，这段历史是痛苦的，也是值得我们认真纪念的。

二、作者虽然生活在难以想象的苦境中，却从未表现颓唐悲观，对生活始终保有乐趣甚至诙谐感，对革命前途始终抱有信心。这确实是极其难能可贵的。

三、作者所写的诗虽然大都是格律完整的七言律诗，诗中杂用的“典故”也很不少〔2〕，但从头到尾却又是用新的感情写成的。他还用了不少新颖的句法，那是从来的旧体诗人所不会用或不敢用的。这就形成了这部诗集在艺术上很难达到的新的风格和新的水平。

我不是诗人或诗论家，但是热烈希望一切旧体诗新体诗的爱好者不要忽略作者以热血和微笑留给我们的一株奇花——它的特色也许是过去、现在、将来的诗史上独一无二的。

---

〔1〕作者原注：叶生事见蒲松龄《聊斋志异》卷一《叶生》。

〔2〕作者原注：为了帮助青年的读者理解这些诗作，我盼望人民文学出版社能在再版这部诗集的时候加上一些必要的注解。我没有能够早日提出这个建议，因为我一知道这部诗集将要在北京出版，它已经排好了，我仅仅来得及写这篇短序。人民日报副刊希望转载这篇短文，我因此就加上了这个序文中所没有的注解。我祝愿这本诗集的北京初版能早日销完，以便出版社能早日出一种加注的新版。

关于党对文艺工作的领导*

（一九八二年十二月二十一日）

巴金同志刚才说的“无为而治”这样一个想法，他曾经跟我提出来过。刚才巴金同志解释，主要的是，关键在于“治”。文学艺术方面的问题，完全的“无为而治”，我想恐怕是不能实现的。这就是说，看“无为”两个字怎么解释了。当然，作家写作品的本身就是有“为”了。这个作品写出来而且能够出版、发行，送到读者手里，这就是“治”了。这一系列的过程就得有所“为”。我想，刚才巴金同志所说的，也不是这方面的意思。（巴金插话：领导方面强调一点，不要事事都管。）这个意思我也赞成。领导方面，不要大小事情都管。（巴金：好像不管，其实还在管，这是我要补充的。）（贺敬之插话：在广州会议上，陈毅同志讲的“无为而治”，是指一些具体事务不要“为”。）把这四个字至少可以变换成四种组合的方法：无为而治、有为而治、无为而不治、有为而不治。这四种情况，都是有根据的，都会有相当的事实。“有为”也不等于就能“治”。如果有“为”而反而不

---

* 此篇节录自 1982 年 12 月 21 日上午会见出席中国作家协会第三届理事会第二次会议的部分作家时的谈话。标题是编者加的。

“治”，那么这种“为”就确实不要有。假如“无为”而不“治”，那么，这个“无为”也不成。比如说，现在作家的生活条件、出版发行方面的问题，正说明从粉碎“四人帮”后到现在五年当中，在这方面正确的“为”太少。我想，为着更准确地表达刚才巴金同志提出来的希望，我们是不是可以换用另外一种说法，像小平同志在四次文代会上的讲的，领导“不要横加干涉”。这可能更能准确地表示出这方面的意思。有横加干涉，有的同志说还有竖加干涉，或者是事无大小都要过问，都要干预。这种方法是应该改变的。

要尊重作家的权利。大概是五六或五七年，我曾经读过叶圣陶先生写的一篇文章，叫做《“领导”这个词儿，作家自己的哲学》。这篇文章的详细内容，我记不得了。但是他的主要论点，给我留下了很深刻的印象。一个作家他要进行写作，不能没有他自己独特的见解，也可以说是哲学。那么这个哲学，我们虽然有马克思主义这样一种基本的哲学，但是，作家在对待他所写的具体的事件、具体的人物，展开他写的故事，如果没有他个人的哲学，这个作品就写不下去，写不成。那么，现在发生一个问题，某一位领导同志能否把他自己的哲学，来取代、来替换这个作家在进行创作的时候，他所形成的见解，他对于生活的意见。在座的都是作家，我们可以理解到，这样的过程是非常困难的，并且是充满了危险。这就很可能造成有为而不治，有为而乱这样一种情况。

鲁迅先生曾经不止一次地讲过“遵命文学”这一命题。但是鲁迅先生的作品，恐怕没有哪一篇是遵了哪一位的“命”去写出来的。他所说的“遵命文学”，是讲整个的思想的趋势，整个的要求、社会进步的一种总的要求。他是“遵”的这样一个“命”。并不是有人告诉他，你要写一篇《阿Q正传》，要怎么怎么写，里面要出现哪几个人物，然后就可以写成《阿Q正传》。这是不能想象的。因为领导是在好些方面跟一定的权力相联系的，所以，掌握了这种权力的同志，在使用他的权力的时候，需要非常谨慎。他要知道权力作用的界限，什么情况下面能够得到积极的结果，在另外一种情况下，它就会产生消极的结果。这也就是说，可以“有为而治”，也可以“有为而不治”、“有为而乱”。在这方面，需要党的领导机关划清这个界限。领导在另外一方面的意义，我想，也就是服务。毛主席讲“为人民服务”，这就是共产党的根本的宗旨。所以，党的领导也就是党的服务。如果有这样的同志，他认为他的任务就是领导，而不是服务，如果说他是服务就委屈了，那么，这样的同志就不能够跟党领导的性质相协调。在很大范围里面，党对于文学艺术或科学、教育的领导，是同党对文学艺术，或者科学、或者教育的服务不可分的。

小平同志出来工作不久，他就召集了全国的一些科学家开会。他说，我的任务就是做一个后勤部长。从今天会上大家提出来的许多问题看，我们党中央、国务院做为文学艺术事业的后勤部长，这个工作没有做好。也做了一些工作，但是，离开我们国家、人民对文学事业的要求，还差得很多。需要在这方面做更多的努力。

怀念萧三同志*

(一九八三年二月十九日)

萧三同志是我党的一位老同志。他不仅是一位著名的诗人，而且是一位我党早期的革命活动家。他在青年时代就同毛泽东、蔡和森、赵世炎等一道投身革命。他和毛泽东同志这段早年缔结的亲密友谊，一直持续到建国以后；在延安、西柏坡和北京，他都曾多次同毛泽东谈天，可以说无所不谈。在他留法勤工俭学期间，同周恩来、赵世炎等发起组织“少年中国共产党”，并经胡志明介绍参加法国共产党，后转入中国共产党。一九二四年由苏联学习后回国参加第一次大革命；曾任共青团中央组织部长和代理团中央书记等职。参加过上海工人三次武装起义的筹备和组织领导工作。出席过党的第五次全国代表大会。

作为一位革命文艺战士和国际文化交流的友好使者，萧三同志在文化领域的努力和成就在国内外享有盛名。一九三〇年他以

---

* 此篇由作者据1983年2月19日在萧三同志追悼会上所致悼词（载1983年2月20日《人民日报》）改写而成，作为四川文艺出版社1992年8月出版的《萧三传》的代序。萧三（1896～1983）：湖南湘乡人。

中国左翼作家常驻莫斯科代表身份，出席了在苏召开的国际革命作家会议，参加了国际革命作家联盟的工作，主编《国际文学》中文版。一九三四年经我党组织批准加入了苏联共产党，历任两届苏联作家协会党委委员，结识了高尔基、阿·托尔斯泰等苏联大作家以及德、法、美、捷、匈、保、罗等国的进步作家和诗人。他用文学作品向世界宣传和介绍中国革命。他写的毛泽东、朱德等的传略被译成多种文字；同时他也把许多外国优秀作品译为中文。他回国以后，在延安时就翻译了有广泛影响的剧本《马门教授》、《新木马计》、《前线》、《光荣》以及《列宁论文化与艺术》，还翻译了普希金、马雅可夫斯基、高尔基等人的一些名篇。

萧三同志精通俄语、英语、法语、德语等多种语言，这为他的国际文化交流活动提供了特殊的方便，有利于他成为保卫国际和平的积极战士。他从二十、三十年代起，就同法共理论家沙里·拉波波、越南革命家胡志明、保加利亚革命家季米特洛夫、法国物理学家约里奥·居里、苏联作家法捷耶夫和爱伦堡、智利诗人聂鲁达、巴西作家亚马多、土耳其诗人希克梅特、智利画家万徒勒里、荷兰电影大师伊文思等数以百计的著名进步人士有密切的交往。建国以后，萧三同志在担任中央文化部对外文化联络事务局局长、中苏友好协会副总干事、中国人民保卫世界和平委员会委员、世界和平理事会常务理事和书记处中国书记等工作岗位上，曾出席历届保卫世界和平会议和亚太区域和平会议，两次亚非作家会议。

萧三同志在文化领域的成绩和对我国文学运动的贡献是多方面的。他在苏联期间和鲁迅有通信联系，对中国左翼文学和国际进步文学的相互交流起到了桥梁作用，并且翻译和主持编辑出版了鲁迅的不少著作。他在一九三五年八月十一日写给鲁迅建议解散左联的信，后来曾引起不少争议。我由于当时正在上海左翼文化总同盟工作，曾经看到过这封信。尽管写这信是出于王明的主张和督促，尽管上海左翼文化工作的领导人没有郑重地征询和听取鲁迅对这个问题的意见（这是一个不可原谅的错误），但是从实践的结果来看，当时执行这个建议应该认为是基本上正确的。萧三同志在诗歌创作中始终积极倡导诗歌的民族化和大众化。他在延安时期主编过《大众文艺》、《中国报导》、《新诗歌》等刊物。由他撰写的《毛泽东同志的青少年时代》不仅深受国内广大读者的喜爱，并且被译成多种文本在国外广为流传。他所编的《革命烈士诗抄》收集了许多革命烈士所写的诗，对青年读者起了很大的教育作用。他自己写的诗集有《和平之路》、《友谊之歌》、《埃米·萧诗集》、《萧三诗选》等，他的代表作如《宣言》、《希望》、《诗人，起来!》等名篇，尤其受到读者和评论家的赞扬。

萧三同志作为文化战线的老同志长期担任各种领导职务。延安时期曾任鲁迅艺术学院编译部主任、陕甘宁边区和延安文协常委、文化俱乐部主任、中共中央宣传部文委委员等职。建国以后，历任中国文联委员，中国作家协会书记处书记、外国文学委员会主任，国际笔会中国笔会中心副会长等职。他为我国文学事业和新诗歌的发展、繁荣，作出了长期不懈的努力，付出了毕生的辛勤劳动。

萧三同志一生忠于党和人民，从不谋求高官厚禄和私利特权。他襟怀坦白，光明磊落，为人正直，待人热诚，坚持真理，勇于进行批评和自我批评，始终保持着一个老共产党员的本色。

在十年内乱期间，萧三同志横遭林彪、江青、康生一伙的诬陷迫害，在被关押七年的时间里受尽了精神上和肉体上的种种折磨。然而他并没有被征服，始终以一位革命老战士的忠贞气节进行了坚决的斗争。一九七九年恢复工作以后，他虽已八十高龄，仍以老骥伏枥的精神"振笔挥毫，继续为人民歌唱"，表现了生命不息、战斗不止的可贵品质。这都是值得我们永远学习和纪念的。

我认识萧三同志是在延安时期，以后多次见面。他和夫人叶华（幸而她还健在，并继续为对外友好而努力工作）在"文革"结束时还被监督，曾各写了一封长信给我，托我转给中央，从而使他俩的冤案得以平反，重新获得自由。再相见时，萧三虽已很显衰老，但仍然坚持诗歌创作。我在一九八二年写过一首《怀旧》的诗，适逢我和萧三同志住一家医院，就把这首诗送请萧三同志阅看，他在病床上看了很高兴，特别欣赏其中的"我们种下的只是希望/这宝贝，如今正愈长愈壮"两句。在萧三同志去世以后，我发表这首诗〔1〕，特意说明这是表示对萧三同志的纪念(诗本身当然不是怀念萧三同志，当时他还健在)。后来每当看到这首诗，常常追想往事，牵动对于这位老战友的敬爱和怀念之情。啊，萧三！他已不能再歌唱，他曾长期从事的国际文化交流的政治环境现在也已经面目全非。

萧三同志的一位年轻的朋友王政明同志花了多年的心血，阅读了包括萧三同志的日记在内的大量的资料，写了一部比较翔实的《萧三传》。这部即将由四川文艺出版社出版的传记，填补了我国现

〔1〕 萧三于1983年2月4日去世，作者的《怀旧》发表在为萧三举行追悼会的前一天，1983年2月18日《人民日报》。

代文学史研究的一个空白，很是可喜。我不能按作者的要求写序。现在写这篇短文，既为了向读者介绍萧三这位老战士和老诗人的生平，也为了寄托我对他晚年不幸的哀思，就算是一篇代序吧。

“歌特”文章的意义*

（一九八三年二月二十二日）

张闻天文集编辑小组：

关于张闻天同志的《文艺战线上的关门主义》一文及其考证已由力群同志转我看了。曾送陈云同志，但他说记不起来了。我同意程中原同志的考证，〔1〕并认为这篇文章很有历史意义（虽然当时并未发生影响），可以在《中国社会科学》上作为史料发表。〔2〕编者可加一按语，说明此文情况和价值，但亦要注意张闻天同志当时思想中既有左倾的一面，也有反左倾的一面；这篇文章批评反对小资产阶级文学和反对第三种人，从纯粹理论上说是值得注意的，但没有联系到当时提倡小资产阶级革命文学（杨邨人）和第三种人文学（胡秋原、杜衡）的具体情况，不免是一

---

* 此篇是复《张闻天文集》编辑组的信。据手稿收录。标题是编者加的。

〔1〕指程中原写的《“歌特”试考》。该文后来以《“歌特”为张闻天化名考》为题发表在《中国社会科学》1983 年第 4 期。

〔2〕《中国社会科学》在 1983 年第 4 期重新刊载了张闻天化名“歌特”发表在上海中共临时中央机关报《斗争》第 30 期（1932 年 11 月 3 日出版）上的《文艺战线上的关门主义》。

重要缺陷。可以由此文批评左翼文学运动的关门主义，但不能由此否定左翼文学和鲁迅等对杨、胡、杜的批判。那不但会引起左翼的反感，还会被今天的右翼所利用。这一按语不好写，可写了试试看。或者就不写按语，也是一种办法。究以何者为妥，请与黎澍〔1〕、丁伟志〔2〕同志详酌。

胡乔木

二月二十二日

〔1〕黎澍（1912～1988）：湖南醴陵人，历史学家，时任《中国社会科学》杂志总编辑。

〔2〕丁伟志（1931～　）：山东潍坊人，历史学家，时任《中国社会科学》杂志副总编辑。

《随想》读后*

（一九八三年四月十九日）

谢谢之琳同志〔1〕把《读胡乔木〈诗六首〉随想》的清样寄给我看，征求我的意见。我当然要感谢之琳同志对于一个业余作者的揄扬，不过我不想在这一点上占《诗探索》的宝贵篇幅。之琳同志的文章主要谈两点，诗的思想内容问题和艺术形式问题。关于第一点，我同意他的看法，没有什么可说。关于第二点，我也大体同意他的看法，但还有一些小的不同意见，现在简略地写在这里，请之琳同志和其他作者、读者指正。

在今年四月九日人民日报《诗四首》〔2〕的附记中，我曾说明我写的一些新诗除一首外每行都是四拍的，每拍两三个字，有

---

* 此篇系读了卞之琳《读胡乔木〈诗六首〉随想》后所写。1983年4月15日，卞之琳把他写的《读胡乔木〈诗六首〉随想》（该文发表在《诗探索》季刊1982年第2期）寄胡乔木征求意见。胡乔木即于1983年4月19日作此文，发表在《诗探索》季刊1983年第2期。胡乔木的《诗六首》（题为：凤凰，茑萝，秋叶，车队，给歌者，金子），发表在1982年2月15日《人民日报》。

〔1〕卞之琳（1901～　）：江苏海门人，诗人、文学翻译家、评论家。

〔2〕《诗四首》：题为《蚕》，《怒吼的风》，《临别前的聚会》，《给叛徒》。

时把“的”放在下一拍的起头，拿容易念上口做标准。作者自认自己在习作中对于这些要求是严格遵守的。因此之琳同志所举的拗句、出格的例子，作者却不认为那样。那些句子作者是这样分拍成顿的：“在城市|的公园|和人行|道上，”“羡慕|我的”“一万个|否！否！”等等，而这样分法正是之琳同志所不赞成的。分歧的关键是作者认为诗的分拍或顿并不必与词义或语言规律完全一致，因为诗的吟哦究竟不同于说话，但仍然要容易念上口。以“的”字归入下拍为例，作者认为这是符合我国古来许多诗歌所习惯的，人们念起来并不觉得拗口。例如：“关关|雎鸠，|在河|之洲”，“奉君|金卮|之美酒，|玳瑁|玉匣|之雕琴，|七彩|芙蓉|之羽|帐，|九华|蒲萄|之锦|衾”。“上有|青冥|之长|天，下有|绿水|之波|澜”。“王郎|酒酣|拔剑|斫地|歌莫|哀，|我能|拔尔|抑塞|磊落|之奇|才”。自然“之”不是“的”，但道理是一样的，在现代的散文中，郁达夫和其他作家常用一长串形容词组下加“的我”（这里的“的”往往并不与前一个字相连，而是像“刚由北京到上海‘的我’”这种格式），鲁迅和其他作家的杂文中还有“……的（或底）A，的B，的C”这样的句式（恕一时未能查找原文）。况且，就“城市的公园”这样的词组说，“的”字究竟应该属上或独立，当代语法学家意见并不一致，“人行道上”也有类似问题。但是上举古代诗歌的例句，已经可以说明，把后者分为“人行|道上，|”不一定算犯规。“否！否！”当作一拍或一顿，情况也是一样，这只是表示在这里两个“否”字要快读，以便形成一种强烈的节奏。

这样零碎的问题何必固执呢？作者的想法是，现代白话诗的诗行如果要有格律，这种格律一定要非常简明，就如古来历代诗句的格律一样，一说便知。因此，作者既认定拿两三个字（音节）作为一拍或一顿，就不再采取拿一个和四个字（音节）作为一拍或一顿的办法，读者也就不用这样那样的猜测。前面说了，诗句的节奏和散文或口语的节奏总不能完全一样，后者的节奏要自由、繁复得多，因此念和听的人都不觉得那是有格律的诗。作者认为，关于诗句中分拍或分顿的办法，现在主要的问题正是要让大家都容易领会和接受；在这种情况下，同口语习惯有时有些出入是难以避免和不必计较的。这个问题虽然只是探索中的一个小问题，在一定范围内却迫切需要解决。为此，写下这点意见，以供讨论。

中国新文学的第二个十年*

（一九八三年六月一日）

总序不容易写。二七年到三七年，涉及到对左翼作家、作品的评价，也涉及到对左翼以外的作家、作品的评价。无论是左翼还是非左翼，他们对新文学的发展，总的起了什么作用，不是容易下笔的。比起第一个十年〔1〕来，这一阶段的文学作品水平提高了，视野扩大了，题材丰富了，风格也有了发展。第一个十年也有不同的风格，到第二个十年，更加多样化了。这些，都得有点判断，而这个判断是不能随便下的。我经历过这十年，作品也看过一些，但要就这些问题作结论，很难。要回过来再看一遍，才能大致有一个估价。

---

* 此篇是1983年6月1日同上海文艺出版社丁景唐、郝铭鉴的谈话。当时上海文艺出版社正在组织编纂《中国新文学大系（1927－1937）》，拟请作者撰写总序。标题是本书编者加的。

〔1〕 第一个十年：中国的新文学运动从1917年《新青年》发表关于文学革命的文章和鲁迅的小说开始。第一个十年指1917年至1927年。由蔡元培作总序，由鲁迅、胡适、茅盾等编选，由上海良友图书公司赵家璧主编于1935年至1936年间出版的《中国新文学大系》，按文体选编了1917年至1927年十年间中国新文学运动的理论文章和文学作品。

现在，国外、国内有一种错误的看法，认为左翼作家的作品没有价值，特别推崇徐志摩、沈从文、老舍等人。这样的观点，我只是听说，没有看到文章。国内的文章，据说一笔带过，没有论证，估计国外也是这样。他们只偏重几个人，把其他作家都抹煞了。鲁迅可能是个例外，有一些中外研究者，对他还是肯定的。巴金、曹禺，国外虽然翻译、研究他们的作品，但从总的说来，评价是不算高的。比如法国，出了巴金的几本书，但法国研究中国现代文学史的说巴金的作品不怎么样。茅盾的影响也不大，在日本有一点，比鲁迅、郭沫若差多了。第二个十年，郭沫若开始还写一点诗，后来诗也不写了，有点零星散文，主要精力转向历史和古文字学的研究。

这样便发生了一个问题：究竟应该怎样正确评价这一时期的作家作品？沈从文、老舍这些人，过去批评的多，文学史上估价不高，甚至根本不提。不提当然是不对的。鲁迅、茅盾当年编《活的中国》时，也选了沈从文的作品。[1] 鲁迅还说他的作品代表了一个方面，一种生活，有一定的代表意义。老舍解放后回到国内，创作活动很积极，作品数量很多，可能“文革”后的文学史，对他说得多了一点。但评价他的作品有点麻烦。

他当然是一个会说故事的人。在这方面很下功夫。二七年到

---

〔1〕《活的中国》是美国爱德加·斯诺主编的英译本中国现代短篇小说集。1936年由英国伦敦乔治. G. 哈拉普公司出版。集中收鲁迅作品七篇（其中一篇是杂文），茅盾、丁玲、田军的小说各二篇，柔石、巴金、沈从文、孙席珍、林语堂、郁达夫、张天翼、郭沫若、沙汀、杨刚、萧乾的小说各一篇。后附斯诺夫人海伦写的《现代中国文学运动》。鲁迅、茅盾对此书的编译给予支持和指导。

三七年是他的转变期。问题是有些作品，内容反共，这就比较麻烦。解放后的版本都删掉了。比如《骆驼祥子》，有些情节加得莫名其妙。老舍对共产党并不了解，却在作品中写了一段革命者拿“卢布”。〔1〕另外一个作品《离婚》，也有反共的东西。但总的说起来，不像《骆驼祥子》那么显著。《骆驼祥子》的结尾就结在这个上面。至于《猫城记》，那是非常露骨的。我不知道苏联为什么要出版这本书。书中骂马克思是什么“马祖大使”。不过，这本书也不是专门反共的。老舍在“一二九”运动中表现不好。当时他在青岛大学教书，学生要抗日，他反对，站在学生的对立面。当然，这并不能说明他是反对抗日。他认为学生就是应该读书。

老舍曾写过一首嘲笑国民党的诗，挖苦得很厉害，发在《申报·自由谈》上。我看到过老舍两首白话诗，现在一般的选本中都未收。除了这一首外，另一首是刚从欧洲回国时写的，发表在《东方杂志》上。内容是爱国的。他说各国都走过了，还是中国最可爱。诗里提到英国、法国、苏联，大概他是经苏联回国的，不然不会写到苏联。这一首有开玩笑的味道。前面提到的一首是

---

〔1〕《骆驼祥子》初版本中有革命青年阮明为考试不及格而出卖同情革命的大学教师曹先生的情节（见第12章第143～144页）。此人后来又投靠国民党“做了官”（见第22章第277页）。以后阮明“良心发现”，他的钱不够用了，又想起激烈的思想。他接受革命机关的津贴，“把思想变成金钱”。他从事组织洋车夫的工作，物色了祥子。“祥子为钱，接受思想”。祥子羡慕阮明的享受，把阮明出卖了，得了60元钱。阮明游街后被枪毙（见第24章第303～305页）。解放后《骆驼祥子》由人民文学出版社于1955年1月出版单行本。作者作了重大修改，上述内容尽行删去。

正剧，不是喜剧。整个说来，老舍的同情还是在人民一边，在受苦受难的劳苦大众一边。他的作品早期笑的成分多一些，但没有掩盖他的正义感。

左翼作家的作品应如何评价？抹煞它的价值，肯定是不对的。有人说，鲁迅后期没有什么作品了，事实并不是这样。《铸剑》就是后期写的，写得非常好。依我看，《铸剑》的艺术性是超过了《呐喊》、《彷徨》的水平的。《故事新编》的写作时间延续很长，有的早一点，有的写得很晚。有些讽刺，似乎过于露骨，没有多大必要。比如《理水》，骂到的人很多，主要是顾颉刚、潘光旦等一些北大教授。其实作品中没有这些成分，也许会更加完整一点。大禹本来写得很好，从旁插进一些话，反而使作品的风格受到了影响。这篇作品毕竟不是讽刺小说。说大禹是一条虫，在这篇作品中没什么意思，还有跛脚的教授，也不能增加什么东西。但总的来说，鲁迅晚期的小说是写得不错的。《奔月》发表以后，《大公报》还发过一篇赞扬的文章。这家报纸的文学副刊是资产阶级性质的。

有些人的作品是好选的，比如柔石。沙汀更不成问题。还有萧红。东平的作品很有特色，郭沫若也很赞赏，确实是写得比较别致的。可见，左翼作家的作品，并不是像资产阶级论者所说的那样肤浅，清一色。有些作品，当时影响较大，现在怎么看？要研究一下。如丁玲的《水》。《母亲》比较简单。胡也频烈士，目前关于他的选本，都选他转变后的作品，我给丁玲说过，转变前有些作品也还是写得不错的。张天翼这一时期是多产作家，作品瑕瑜互见，有的写得比较随便。他的作品很多，长篇我没看过。

第二个十年比第一个十年作品多，因此编选工作势必比第一个十年困难。吴组缃也是左翼作家，他的作品是写得不错的，很严谨，很仔细。鲁彦大部分短篇是写得好的。最后一个长篇《野火》，写农村里的斗争，作者想要表现新的时代，但又不熟悉生活，结果反而不如过去的作品了。整个说起来，这一时期还是他的黄金时代，短篇、中篇都是有成就的，可惜死得太早。蒋光慈麻烦一点。我看过一两本，无论从哪一方面来说，实在没有什么。早期的左翼作家还有洪灵菲。他的长篇我没看过，无法评论，看到其他同志对他的评价，据说粗糙一点。看来，这是一个带规律性的现象：愈是带有自传性的东西写得愈好，相反，凭空想象出来的东西，总是显得基础薄弱。

创造社是个难题目。二七年后，创造社很难说有多少东西，但创造社一篇也不选，有些人会不赞成的。作为一种历史，选一两篇代表那个时期的作品，即使幼稚一点，肤浅一点，也还是可以的。郁达夫是同样情况。《她是一个弱女子》，这样的作品是没有办法选的，比《迷羊》还要糟！那还只是粗制滥造。《迟桂花》可以选，鲁迅、茅盾推荐的《草鞋脚》目录中也有。

资产阶级作家中，有几个人的作品，当时是被推崇得很高的，比如陈铨。我没读过他的作品，只看过介绍文章。现在编选作品，不能只看今天有无影响。这些人的作品，几乎没有再版过，读的人少，究竟写得怎么样，要看一看。鲁迅当年编《小说二集》时，态度是十分严谨的，凡是能找到的资料都看，而且有选择的标准。

除了小说以外，这一时期，戏剧也有一些。田汉的产量是高的，其次是洪深。诗和散文还是容易选的，出了不少比较好的作家和作品。我曾经向“人文”[1]推荐过孙毓棠的《宝马》[2]。这篇作品发表在《大公报》的文学副刊上，今天的文艺界已经把它忘了。冯沅君曾推荐过这首诗。用历史题材写长篇叙事诗，在新诗中是具有开创性的。诗是用无韵体写的，很有魄力。“人文”后来说涉及到民族问题，因为宝马是由西域到长安的，看来写的是汉武帝。在我看，也没关系。西域当时聚居的民族，今天恐怕已没有了。所以，我不觉得这是什么严重的问题。郭老不是为了《再生缘》，写了很长的文章吗？《再生缘》要重印时，康生说无论如何不行，因为里面涉及到朝鲜。《薛仁贵征东》当然也涉及到朝鲜，结果薛仁贵的戏不好演了。许地山写过《薛仁贵与柳迎春》，这个作品不能忽略。袁昌英写过《孔雀东南飞》，也是应该注意的，“文革”前她人还在。

像杨晦这样的老作家，作品就是不印，也没人提到，报上发的讣告，只说他是个教育家，我总觉得有失公正。他有一本《楚灵王》[3]，上编是多幕剧《楚灵王》，下编是独幕剧，可能都没上演过，但确实是好作品。杨晦人很老实。当年在沉钟社，他的年纪是最大的，比其他人大十岁左右。抗战前，他的影响大一点，后来其他人的影响上去了。解放后，他的地位并不低，北大

〔1〕“人文”：即人民文学出版社。

〔2〕孙毓棠的长诗《宝马》连载于1937年天津《大公报·文艺》。1939年9月上海文化出版社出版单行本，还收入《老马》、《海盗船》等诗36首。1989年12月上海文艺出版社出版该书影印本。

〔3〕杨晦的《楚灵王》是一部五幕剧。戏剧集《楚灵王》于1937年7月由上海商务印书馆出版。还收有四幕剧《来客》和《笑之泪》等五个独幕剧。

副教务长，中文系主任，但在文学方面人家不提他，他的文学成就被湮没了。

左翼作家当然也有弱点，最大的弱点就是鲁迅所说的“左而不作”。左翼作家的作品和左联的活动不相称。

我最早参加革命活动，便是参加左联，那是在“清华”的时候。吴组缃也是在这时参加左联的，但他对政治不太感兴趣。我只参加了很短的时间，后来转到青年团，和左联便没有来往了。主要的人物是潘漠华，他在左联时期没有什么作品，从事组织工作。左联的活动不是很成功，虽然出版过一些刊物，但没有发表过什么了不得的作品。我不知道吴组缃后来有没有宣布退出左联，反正后来这个组织慢慢偃旗息鼓了。要说成绩的话，还得首推吴组缃。[1]

钱钟书没参加这些活动。他和吴组缃是同年级，对吴组缃还是推崇的，说他作品不多，但写得很用功。可惜后来不写了。师陀当时也是左翼作家，却不是以左翼作品见长。他在左联的《文学月报》上发过作品，文字上很下功夫。作品形式也是多方面的，散文、小说、剧本都有，剧本主要是改编的。

沈从文怎么选？太多不好，太少也不好。当时他确实是个多产作家。他的作品也有自己的风格。国外有些人，把他吹得过分了一点，过去我们也把他抹煞得厉害了一点。大革命时期，他和张采真较接近。张采真是共产党员，翻译过莎士比亚的《如愿》。沈从文对左翼文艺，有一段还是同情的。还写过两篇关于红军的小说。后来变得绅士气很足。他写过《记丁玲》、《记胡也频》。

〔1〕这一段中所说的左联，均指北方左联。

丁玲说他写东西真假不分，有真实的，也有虚构的。他把生活中平淡的、琐碎的事情艺术化了。当时他的基本的政治态度，和第三种人差不多。也写过一些政治文章，无非是说对左翼文艺只能疏导，不能堵塞，用的是向国民党献策的口吻。据我了解，他在解放后的态度是比较好的，也曾想写小说，后来安排到故宫博物院，离生活越来越远了，写了一些关于文物方面的文章和书。《中国服装史》，是周总理要他写的，前后花了十几年的功夫。"文革"中的表现，是不错的。当时要打倒他的人中，有一个是他的助手范曾，现在他在书上仍将范曾作为绘图者列上了名字。前不久得了脑血栓，以后恐怕不能工作了，连生活能否自理也成了问题。

类似的人还有一些。如凌叔华、林徽音等。凌叔华是陈西滢的夫人，跟竺可桢是亲戚。有次竺可桢来找我，说陈西滢想回国，怕有人不让他回来。我对他说没关系，回来照样可以工作。后来没回来，是因为在联合国教科文组织找了个位子。反正这些人说他们有资产阶级思想是不成问题的，但并不是反共到底的。李四光也是这样，鲁迅文章中多次提到过他。不能一榜定终身。他们的作品，主要看在艺术上有没有价值。

你们出这个选集，一定要选得公道。这是个重要的问题。它不仅在我国大陆要产生影响，而且会影响到台湾、香港以及在美国的一些人。一定要显示出大公无私的态度。布宁〔1〕这个人是反共的，十月革命后逃亡在外，但苏联还是把他放在文学史中，

〔1〕 布宁（Иван Алкексеевич Бунин，1870～1953）：又译蒲宁，俄国作家。十月革命后逃亡法国，死于巴黎。

承认他是个重要的作家。库普林[1]也是流亡的，回国比较晚，年龄大了，没什么活动，和爱伦堡[2]不一样。

左联是很复杂的，不同的人有不同的情况。鲁迅、茅盾，一直是努力写作的。鲁迅后期小说写得少一点，杂文很多。田汉、丁玲写得也不少。夏衍稍晚一点，但后来长期作这一方面的工作。有些人没有作品。

至于评论，很难说有多大价值。当时评论比较幼稚，大家都是二十多岁的人嘛。多数是拿日本的作样本，苏联以及欧美也有一些影响。

要对这一段历史作一次鸟瞰，不是那么容易的。总序与其写得没有棱角，不如不写。有些事要当仁不让，有些事却不能不让。总序不写是息事宁人的办法。我看你们也不要被第一个十年的格局束缚，非要总序不可。蔡元培写总序，还有一个目的，是为了对抗国民党的，否则这套书也许出不来。这是出于一种政治上的考虑。你们要我做蔡元培，我是不高兴的。现在又没有人压迫你们，何必一定要个总序？

叶圣陶当然是前辈，但他年事已高，眼睛又不好，已经宣布不能题词，也不能自己写文章了。他现在的文章，是口述以后由叶至善他们记下来的。让巴金写总序也有缺点，他不熟悉左翼文艺。摔伤以后，写字手抖得厉害，《随想录》也许写不下去了。

---

〔1〕库普林（Александр Иванович Куприн，1870～1938）：俄国作家。十月革命后逃亡法国，1937年回到苏联。

〔2〕爱伦堡（Илья Григорьевич Эренбург，1891～1967）：苏联作家。十月革命后他在创作中的倾向曾受到当时苏联文艺界的批评。

由他口述，让女儿记录，恐怕也不行，巴金是不太擅长于辞令的。曹禺写是能写的，在资历上怕压不住。还有谁呢？师陀、萧乾、黄裳……都不很合适。周扬你们让他自己指定个助手，是可以写的。前一阶段不是发了篇长文章吗，是由几个助手协助的，但主要观点是他的。这表明他还能写，不过也已老迈了。你们要找叶圣陶，我也不反对，但我对他表示同情。至于全书要有整体感，这个问题好解决，写个“出版说明”不就行了？

高高举起社会主义文学的旗帜*

（一九八三年六月三日）

在社会主义中国，在社会主义建设已经有长期历史和取得巨大成就的今天，社会主义文学这面旗帜，究竟是越举越高，还是越举越低呢？有的作家、批评家，也许还包括有影响的作家、批评家，有的时候，是在用各种各样的语言和方式，躲开这面旗帜。更有甚者，就是要丑化社会主义。这样的事实怎么估计？如果我们不注意这个事实，我们的革命责任心，我们对于革命事业——对现在进行的革命事业，对历史上的革命事业——的责任心，就有问题了。

我们共产党人没有理由、也没有权利，不去高高举起社会主义文学的旗帜。我看过一篇小说，写只能到童话和梦幻中寻求光明，现实是不着边的迷茫。怎么能得出我们的现实的社会主义社会不值得相信的结论呢？对于这样的问题，采取自由主义的态度，说你们慢慢讨论吧，我是不能赞同的。如果赞同这样的态度，那么确实党就可以不要领导了。从来的文学，总是写当代

---

* 此篇是1983年6月3日在中共中央宣传部部务扩大会议上讲话的摘要。标题是编者加的。

生活的作品占多数。我们的社会主义文学应该这样。资本主义国家里，资产阶级的文学史，也是这样的。写历史的作品总是比较少的。虽然有，也有很多杰作，但是大量的还是写当代。巴尔扎克也写过稍离得远一点的历史，但是也不太远。托尔斯泰写《战争与和平》，是离得比较远一点，其他作品都是写当代的。作品中绝大多数是描写现代生活的，这是文学史上不能推翻的事实。过去是这样，现在也是这样。现代派文学也是这样，写历史的不能说没有，但大多数还是写现代。我看，无论在什么社会制度下面，也是这种趋势。用算术的办法，认为这就叫做路越走越窄，算术背后还有哲学、政治学。我们不能赞同这个算术。

同样，我也不同意说衡量文学领导正确与否的标志，是路越走越宽，还是越走越窄。这个宽跟窄，纯粹是个数量上的形容词，没什么含义。宽，就能教育青年吗？就能教育人民吗？就能对人民负责吗？我们并不主张路越走越窄，这是毫无疑问的，但是也不是越宽越好，宽得没有边。存在不存在这么一种比例关系，这么一种函数关系？我看不存在。我们认为，描写当代生活，描写历史，路都是很宽的。但是我们也要反对一些东西，不能说因为我们实行双百方针，因此对一切都不反对。双百方针有自己的目的。双百方针不是孤立的，是和我们党的一系列方针相联系的。如果只有这一个方针，那么，四项原则就不存在了，反对四项原则和拥护四项原则也可以自由争鸣，何必还要讲坚持四项原则呢？既然有所坚持，当然有所反对。我们共产主义者，要想说不反对任何一个人，我看是做不到的。为什么要参加革命呢？为什么要加入共产党呢？参加革命，加入共产党，就是要反对一些人嘛！而这些人现在还在嘛，继承他们事业的人还在嘛！再说一遍，既然有所坚持，必然有所反对。对很明显地专门散布怀疑社会主义、反对社会主义的情绪和思想的作品，我们不能表示宽容。不然，我们何必坚持社会主义、何必建设社会主义呢？如果建设一个东西是为着让人们去怀疑、去反对，那我们自己就走上了一条连自己也莫名其妙的道路。

我赞成这样的意见：如果涉及到政治上敌对的倾向，那末不管占百分之几，也不管是青年、中年还是老年，我们都要反对。宽容要有标准。在拥护四项原则（至少是不反对）的范围内，我们应该而且可以说必须宽容。实际上现在是不是宽容呢？实际上宽容得很。存心骂共产党、骂社会主义、骂马克思主义的文章终归还是发表了，这就表明我们并没有不宽容，而是宽容得有点过头了。我认为，在社会主义中国，在我们的文学刊物上，对于反对共产党、反对社会主义、反对马克思主义的作品（这当然有各种各样的情况），是不能宽容的。要不然，我们何必为了《苦恋》费那么大的气力，周扬同志还主持写了那么一篇批评文章。[1]那个剧本中没有“打倒共产党”那样的话，不过我们还是不赞成它发表或拍摄。事实是发表了、拍摄了，所以当时小平同志提出领导上软弱的问题。[2]当时大家都同意，承认软弱，也作了自

〔1〕 指《文艺报》1981年第19期发表的唐因、唐达成的文章《论〈苦恋〉的错误倾向》。《苦恋》是白桦、彭宁合作的电影文学剧本，电影改题为《太阳与人》。

〔2〕 指邓小平1981年7月17日在同中央宣传部门领导同志所作《关于思想战线上的问题的谈话》中就《苦恋》等问题批评“当前的主要问题”是“存在着涣散软弱的状态”。

我批评。这种状况现在改变了多少？有错误就应该批评。假如批评时有些语言不适当，当然要改进；但是既然对露骨地表现了错误观点的作品能够容忍，为什么对于批评文章语言分寸上稍有不妥或不够水平，就不能容忍呢？

艺术的创新是永远需要的，内容变化了、发展了，形式不变化、不发展是不可能的。艺术包括文学总是不断地推陈出新。这里有两种情况需要研究。一种是，在创新的名义下反对社会主义。有没有这种可能呢？有可能，也许还不只是可能。如果宣传一种反理性主义，社会达尔文主义，那就不简单是个形式创新问题，而是世界观问题了。另一种，如果在创新的名义下提倡一种脱离一切内容的艺术，那末在好些范围内我们也是要反对的。

在有些范围内，比如图案画，是没有什么内容的，当然不能因此否定图案画。本来，艺术就像黑格尔说的那样，内容是不断地向形式发展的内容，形式是不断地向内容发展的形式。也还有这么一种艺术，很难说出它表现了什么内容，而这种艺术在社会生活里也是需要的。我们也要肯定这样的艺术。可是如果得出结论，认为所有的艺术都应该是这样，那就是另外一个问题了。

文学中自我表现的问题，也在引起讨论。在某种意义可以说，任何作家的创作都是自我表现，哪怕是严格的现实主义的作家，也在自我表现。因为任何创作都不能离开作者的感情、思想，作家必然要追求自己的个性。所以对自我表现也还是要分析。这个“自我”究竟还是客观的反映，它反映了什么东西、表现了什么东西，就需要分析。像《九叶集》的诗人〔1〕在形式上追求现代派，但还是有一定的社会内容。卞之琳也是追求现代派的形式的，但他有些作品的社会内容很明显。假如宣传任何艺术都是根本不要什么内容的，说这是艺术的唯一出路，那么我们跟这样的观点就要进行争论。这个争论不同于政治的争论，当然也不是说没有一定的政治意义。

我想，现实主义不仅是个形式问题，也包括了对世界的态度问题，如果没有一定的对社会的责任感，那么现实主义是发展不起来的。福楼拜那样的被有人称为为艺术而艺术的作家，写《包法利夫人》的时候，还是有很明显的社会观点。讲究形式美的作家，也还是有社会观点的。王尔德，也不能说没有一定的社会观点。他的童话《快乐王子集》，我还是小学生时代读的，直到现在还忘不了它对我的影响。

在形式上追求特异的表现方法，也有很久远的历史了。中外历史上都有这样的作品。温庭筠的词非常晦涩，比李商隐的无题诗还要难懂，可以有各种各样的解释。温庭筠的词也在追求一种特异的表现手法，这是不能否认的，关于对他的词如何估价，那是另外的问题。但温庭筠的词无论多美，都不能跟苏东坡、辛弃疾、李清照，乃至于李煜的词有同样大的价值，尽管有些人对他

〔1〕《九叶集》的诗人：在40年代后期，国统区有一群年轻诗人，经常在刊物上发表诗歌，较有影响的有辛笛、袁可嘉、穆旦（查良铮）、郑敏、陈敬容、唐祈、唐湜、杭约赫（曹辛之）、杜运燮等九人，称“九叶”诗派。他们的诗作不同程度地受了西方象征派、现代派的影响。又被称为“新现代派”。他们的诗的合集为《九叶集》。

非常崇拜。温庭筠如果生在现在，也是现代派。废名[1]写了一本新诗讲义，第一章就从温庭筠的词讲起。

在中国，三十年代就有现代派的作品，就有现代派的作家。在西方，技巧的创新达到一种比较奇异程度的也有，像美国作家爱伦·坡[2]。比他早的还有。约翰·登[3]是在近代受推崇的，他的诗有点神秘。爱伦·坡有些诗、有的小说也很神秘。当然，他的作品也是多方面的，他也写了一些不那么神秘的作品。爱伦·坡的神秘主义小说代表作是《亚细亚家族的灭亡》。沉钟社[4]就出过介绍爱伦·坡的专号，翻译了他的几首诗和这篇小说。这篇小说确实不容易懂，描写的技巧、手法完全是现代派的。首先赏识爱伦·坡的是法国的波特莱尔，十九世纪中叶的他的同代人。所以一定要把现代派和四维空间联系起来，同电子计算器、加速器联系起来，实在毫无常识。徐迟同志文章[5]认为现代派始祖是斯汤达，斯汤达时期有什么计算器？欧几里德的几何学出现比较早，但很难说哪个作家是学了欧几里德的几何才成为现代派作家

---

〔1〕 废名（1901～1967）：原名冯文炳，小说家，文学史家。

〔2〕 爱伦·坡（Edgar Allan Poe，1809～1849）：美国作家，文艺评论家。其作品对西欧文学中的颓废派和象征主义影响很大。

〔3〕 约翰·登（John Donne，1572～1631）：通译约翰·多恩，英国玄学派诗人，散文家。

〔4〕 沉钟社：五四时期的文学社团。1925年秋，部分浅草社（1922年在上海成立）成员从上海迁往北京，另外成立沉钟社，出版刊物《沉钟》。该社成员的作品热烈而悲凉，富于感伤的浪漫主义色彩。

〔5〕 徐迟（1914～1996）：浙江湖州人，报告文学作家。他在《外国文学研究》1982年第1期上发表了《现代化与现代派》一文，引起讨论。

的。我不知道存在精通数学到这种程度的作家。

顺便就现代派的讨论谈一点意见。《文艺报》批评徐迟同志的两篇文章[1]我看了一下，没有什么过头的地方。第二篇比第一篇好。第一篇粗一些，但还不是粗暴。徐迟同志发表了《现代化与现代派》的文章可不可以讨论一下呢？现在一片反围剿之声。只有两篇文章，够不上围剿的。

现代派这个词包括了五花八门。话剧《贵妇还乡》[2]的手法算现代派，但它批判了资本主义，也可以说是批判现实主义的作品。有人主张文学作品可以无人物无情节，并且举《聊斋》为例。其实，《聊斋》每篇都有人物，只是对人物描写花的功夫不多，主要是讲故事。鲁迅的《狂人日记》、《故乡》、《社戏》都没有什么情节，但这同现代派所谓的没有情节不同。

现在的讨论，需要请几个走过现代派道路的人来参加。袁可嘉[3]四十年代就在《大公报》的副刊上讲过目前一些提倡现代派的人讲的话。卞之琳[4]过去一直是追求现代派的。二十世纪的世界文学，是不是就是现代派的天下？可以一个国家一个国家

---

〔1〕 指《文艺报》在1983年第2期发表的《现代化与现代派有着必然联系吗》(李准)和1983年第3期发表的《也谈现代化与现代派》(尹明耀)。

〔2〕 话剧《贵妇还乡》：瑞士作家迪伦马特(Friedrich Dürrenmatt，1921～)的多幕剧，写亿万富婆45年后衣锦还乡，以巨资收买全城居民，使得造成她17岁沦为妓女的旧日情人突然死去。该剧当时正在北京上演。

〔3〕 袁可嘉(1921～)：浙江慈溪人，诗人，外国文学翻译家、评论家。80年代初出版了他主编的《外国现代派作品选》。

〔4〕 卞之琳：见本书第266页注〔1〕。

地把情况介绍一下，看看究竟哪些作家更有读者。想把传统完全推翻是不可能的，是荒谬的。生活不是这样。物质生产、精神生产都不是这样。科学也不可能把过去的规律全都打破。文学、美学想把过去的规律全都打破，是真正幼稚的想法，是一种崇洋媚外的表现。中国早就有人提倡现代派了，施蛰存〔1〕、穆时英〔2〕、刘呐鸥〔3〕都提倡过，都是昙花一现。施蛰存写小说，路子越写越窄，走向了死胡同。不是左翼不准他写，是他自己写不下去了。现实主义作品产生了许多文学人物、场景，提出了许多有社会意义的问题，道路很广阔。现代派太不能与之相比了。

要拆穿西洋镜，介绍一下西方文学的重要作家和重要作品。这样可以使有些青年作家避免把现代派作家当成是最好的作家。辛格〔4〕是现代的作家，但不是现代派。诺贝尔奖金固然不能作为代表，但也可以说明一些问题。包括各国其他很多文学奖金，并没有授给很多现代派作家。现代主义在二十世纪也不能成为主流。号称现代主义的，是各种不同类型的作家。音乐中现在最流行的也还是古典音乐。反理性主义很难写出好作品来。荒诞派用

---

〔1〕施蛰存（1905～　）：浙江杭州人，作家。1929年与刘呐鸥、戴望舒等创办《新文艺》月刊，提倡新感觉派。1932～1935年主编《现代》月刊，新感觉派小说得到很大发展。

〔2〕穆时英（1912～1940）：浙江慈溪人。新感觉派的代表作家，运用现代手法表现大都市光怪陆离的生活。

〔3〕刘呐鸥（1900～1939）：新感觉派在中国最早的传播者和实践者，他的《都市风景线》（1930）是最早的新感觉派小说集。

〔4〕辛格（Lsaac Bashevis Singer，1904～1991）：美国犹太作家，使用濒于死亡的意第绪文写作，作品情节生动，富有趣味，有不少神秘的灵学和鬼怪故事。1978年获得诺贝尔文学奖。

了讽刺手法，着眼点还是生活，它所追求的正义，同十九世纪的作家没有多少不同。说他们发现了新的正义，是胡说八道。萨特〔1〕发表了一些唯心主义的、反共的作品，但正因为他追求社会正义，所以同共产党还有某些共同的语言。他也不是完全表现自我。他说生活是荒谬的。但他一生奋斗的目标，如反对侵略阿尔及利亚，也不是什么追求自我，跟《新的美学原则在崛起》〔2〕是不同的。《可尊敬的妓女》还是反映现实，追求社会正义的。

要通过讨论，进行一次教育。艺术的历史说明，艺术不能离开生活。根本不能根据出现了电子计算机就搞不合逻辑的东西。没有情节同有情节的作品可以对比。写短篇可以没有情节，但写长篇没有情节就很难写下去。有人引用萧红的话，说不走契诃夫的道路。契诃夫有的小说没有情节，戏剧特别明显。他强调对日常生活不要加工。正因为这样，他的戏剧没有能够广为流传。可以从更广阔的方面来开展讨论。中国现代派的历史也可以讲一下。

恩格斯说写典型环境中的典型人物〔3〕，不是捏造出来的，

〔1〕 萨特（Jean-Paul Sartre，1905～1980）：法国作家，哲学家，第二次世界大战后重要文学流派存在主义的倡导者。下文提到的《可尊敬的妓女》（1947，又译《恭顺的妓女》），是一部政治剧，揭露美国种族主义者对黑人的残酷迫害，并对反压迫、反种族歧视的普通人民的觉醒寄予深切的期待。

〔2〕《新的美学原则在崛起》发表在《诗刊》1981年第3期，作者孙绍振。

〔3〕 恩格斯在致玛·哈克奈斯的信（1888年4月初）中批评她的小说《城市姑娘》"也许还不够现实主义"，说："据我看来，现实主义的意思是，除细节的真实外，还要真实地再现典型环境中的典型人物。"（见《马克思恩格斯选集》第4卷第683页）

是总结了艺术的实践而提出的。如果舞台上是空的，只是飘过一片云彩，那有什么看头。小说要有人物，有故事，是生活本身的需要，是生活的反映。读者从这种对生活的反映中才能得到艺术享受和受到教育。如果作品没有人物，没有故事，不反映生活，读者怎么能从中得到享受和教育呢?

我们说要有纪念碑式的作品，现代派无论如何不能达到这个要求。科学家概括的真理范围越大，贡献越大。文学家也是如此。只写自我，自我是怎么形成的?是从天上掉下来的?自我是社会的产物。认为自我同社会生活无关，是一种幻想。这涉及到哲学观点。抒发自我也是为了唤起人们的同情，否则何必写作呢?但用抒发自我来对抗社会生活，常常是以卵击石。所谓现代派的艺术手法，无非增加一些新奇色彩。新奇是相对的。《狂人日记》刚发表时也很新奇。每个作家都会创造出新奇来的。易卜生对于莎士比亚来说也是新奇的。但是，有的新奇流传到现在，有的就得不到流传，这里面是有区别的。

讨论搞得广泛一些，使读者、作者得到提高。可以把从古代到十九世纪、二十世纪文艺上的一些原理、知识介绍一下。可以多找一些作家，谈一谈他们当时的经历。如曹禺受奥尼尔〔1〕的影响，主要表现在《原野》里。阿瑟·密勒〔2〕也用一些新的手法，应予肯定。他追求社会正义非常强烈。讨论的范围扩大，参

---

〔1〕 奥尼尔（Eugene O'Neill，1888～1953）：美国剧作家。他的表现主义话剧《琼斯皇帝》（1920）对曹禺创作《原野》颇有影响。

〔2〕 阿瑟·密勒（Arthur Miller，1915～ ）：美国剧作家。1978年曾来华访问。1983年再度访华，亲自导演他的代表作《推销员之死》（作于1949年），由北京人民艺术剧院上演。

加的作家多一些，可以让人感到路子越走越宽。去年文学研究所有人写文章介绍两个美国人写的评论鲁迅的书，此书很详细地解剖鲁迅的艺术，用了对比的方法，列举了鲁迅受过影响的作家，说明鲁迅超过了他们，写得很细微，引用了许多作家的材料。我把这篇介绍文章寄给了茹志鹃。要使作家感到文艺批评是在认真做工作，是下了苦功夫。至于宣扬个人主义和资产阶级人道主义的作品，当然要进行批评，不管什么人反对，也要进行批评。要多做一些建设性的工作。我们的文章既然是文艺批评，本身也一定要成为艺术品，不要使人感到很粗糙，很肤浅。许多著名的批评家都是文体家，不仅知识丰富，而且文章也漂亮。批评文章写得不漂亮，就不能吸引人。

总之，艺术要不断创新，创新离不开艺术最根本的原则。艺术有社会功能，图案画也有社会功能。如果宣传一切文学艺术都要摆脱社会功能，我们就要批评。假如我们的文学艺术不要社会功能，不要社会内容，抛弃了社会利益，这和社会主义的根本原则是不相容的。

我们现在一定要宣传社会主义的文学。采取什么形式，懂的人多、懂的人少的问题是比较次要的。有些作品懂的人比较少，但它不仅仅因为这个原因失掉在文学艺术历史上的价值，只要它有一定的社会内容，这社会内容是对社会主义社会有益的，这样的作品就应该肯定。当然我们可以向作家提出劝告，写得能使更多的人懂。在这方面，我赞成艾青同志的观点，不反对写一些朦胧诗，但认为除了朦胧诗之外就不算诗，那我是坚决反对的。所谓朦胧诗，还是可以懂，只是比较难懂就是了。这和刚才说的那些更重要、更严重的问题比较起来，可以放到次要地位。我也不反对讨论这样的问题。一个作家开始不大被人理解，被人接受，后来被人理解、被人接受了，这样的事在文学史上是很多的。批评家还是要有比较大的肚量。这可以成为一个讨论的问题，但不是第一等的问题。

现在出现的一些现象，是有历史原因的，是长期对现代西方文学封锁的一个反动，同时也是我们实行开放政策的一个后果，这个后果很难避免。政治上也产生了很多后果，怎么在文学艺术上就不产生一定的后果呢？周扬同志刚才说的观点我很赞成，左翼文学、社会主义文学是打不倒的。《高山下的花环》[1]的艺术成就不能说得过高，但它确实受到那么多人的欢迎。当时一位军长向我称赞这篇作品，我多少有点惊讶，因为这个作品有暴露部队阴暗面的内容，可是它的主流不是这样的。这说明我们社会的骨干、领导人才，不是那样幼稚。当然，对现代派作品作评论要谨慎，是非常对的，但是如果在利用现代派技巧的幌子下来掩盖反对社会主义的内容，那么我们是要坚决反对的。对于反对社会主义的文学，我是不赞同宽容的。共产党员可以宽容一切，但对于反共的东西不能宽容。

我特别有这样的想法和希望，就是在北京的作家，以及文学刊物、文学出版社，能在全国起一种表率的作用。建议文联、作协、中宣部文艺局和作家多交换些意见，再在全国发生很好的影响。

---

[1]《高山下的花环》：李存葆写的中篇小说，描写我军指战员及其亲属在对越自卫还击战中的故事，发表在《十月》1982年第6期。很快改编为电影。小说和电影都得到好评。

我们需要健康的批评空气*

（一九八三年六月）

自从党的十一届三中全会以来，我国的文学创作确是达到了繁荣的地步。很多人说，这不但是建国以来最繁荣的时期，而且也是自有新文学以来最繁荣的时期，比国外一些文学繁荣的国家也并不逊色。我想这种评价是公允的。

但是文学批评却远没有达到繁荣的地步。这当然有很多原因。实在说，在整个新文学运动的历史上，文学批评从来是比较薄弱的一个方面。鲁迅、茅盾和其他作家曾留下不少杰出的文学评论，但是他们究竟不是专门的文学批评家。自有新文学以来的六十多年间，我们很少文学批评的专著（这里姑且把评论文集、文学概论以及美学一类的著作除外），也很少受到公认的专门批评家。一般说来，批评家既要是艺术家，又要是学者，既要有书本的知识，又要有生活的知识，他们的产生总比作家的产生困难得多，无论中国文学的历史或世界文学的历史都可以作证。正因为这样，我们就更需要努力培养批评家，更需要爱护良好的文学批评，而这就要求有一个健康的批评、评论或辩论的风气。

---

* 此篇作者生前没有发表，曾据手稿收入《胡乔木文集》第3卷。

诚然，简单化的、幼稚而粗暴的批评造成了很多人对批评厌恶。可惜还不能说这种批评已经绝迹，更不用说它留下的影响了。一些作家心有余悸，听说自己的作品受到批评就紧张起来，而其他作家也很容易就此“联合自卫”。但是这种余悸状态总不该长期存在下去，以致成为作家反对批评家的理由。时代已经变了，至少变了很多。有些作家的作品受过批评，他们的作品现在不是照样发表吗？新的批评正在生长，新起的批评家正在努力于建设比较健全的批评，并且一些作家也在参加这个建设。我们不能把他们的努力一笔抹煞。他们在帮助读者理解、鉴赏和评价作品；他们同作家一起研究创作的经验，探索艺术和艺术所表现的生活中的得失是非，试图同作家一起寻求把作品写得更好、更适合于社会需要的道路，试图探险似地摸索一些有关文学的功能、内容、发展规律和发展趋势问题等等。他们的努力是初步的，还免不了幼稚，但是只要他们不是粗暴的，那么他们建设性的劳动都是应该欢迎的。犹如诗人所说，“儿童是成人之父”，失败是成功之母，幼稚是成熟之母，不经幼稚，哪来成熟？由幼稚到成熟，无疑将需要一个漫长的艰苦学习的历程，因而在开始的阶段，人们也不能要求过高。人们对新起的作家有很多原谅（固然也有不适当的捧场），反对对他们责备求全，为什么对新起的批评家就一定要责备求全呢？批评家并不是法官；一篇不正确的批评，如果不是诽谤，也正如一篇不成熟的作品，尽可以客观地和有礼貌地（这是否要求过高呢?）给以指正。即使对方不接受，仍然可以在各自保留意见的情况下和平共处；何必疾言厉色，仿佛非要灭此朝食不可呢?

此外，一些批评家之受到厌恶，还因为他们曾经或者仍然同不正确不民主的领导联系在一起，他们的批评（其实是审判）会带来严重的后果。这就不免使作家们畏避甚至咒骂。我不想在这里谈论领导这个复杂而且离题的问题。我只想说，今天的多数诚恳的批评者是同作者平等的，他们写出一些评论跟作者写出一些作品一样经历辛勤的劳动，而他们的社会地位一般要比作家卑微。他们没有崇拜者，没有为他们设置的奖金。他们说不上对作品有什么“生杀予夺”之权，相反，他们自己的文章能否发表，有时还受到某些名作家的影响。至于他们的文章之难于结集出版，幸而出版也难于成为畅销书，这更是周知的事实。这不但对今天的年轻的批评家是这样，就是建国以前比较著名的批评家也难逃同样的厄运。当我们评论批评家的时候，我们为什么这样吝惜自己的同情心呢？

现在流行一种现象，我想是对于批评的发展特别不利的。一位作家写了一篇或若干篇批评性的文字，即令这些文字也是简单化的和肤浅的，虽不一定粗暴，却也多少有些武断和盛气凌人，这很少有人非议，因为是出于作家的手笔。如果竟有人非议了，尽管只说是商榷、质疑，并且声明请求指教或者请大家讨论，这就常常被称为攻击，压制，违反“双百”方针；而如果这样的文章有了两篇，那就要被升格为“围剿”，难免是群起而攻之。但这种群起而攻却决无“围剿”之嫌，不但不违反“双百”方针，而且是对这一方针的维护。大概是由于群情愤激，力求速效吧，这样的反批评往往采取座谈的方式，三言两语，众口铄金，横七竖八，东拉西扯，一概无忌。因为是作家，嬉笑怒骂，当然皆成文章，但是究竟是缺席裁判，逻辑时而不知不觉地让位于力学或人名学。发言者的用意固然是为了帮助新起的文学批评走上正道，但是这样的帮助下去，我们的还比较稚弱的文学批评，恐怕是不容易发展起来吧。何况这样即兴式的发言，本身就是一种文学批评是无疑的了，但是这究竟算不算就给文学批评树立了正道呢？

这并不是反对一切座谈会，而是反对无条件地发表座谈会的记录。咳唾成珠玉的人，大概是有的吧；但是咳唾出来的文学批评却未必都是科学和艺术，也未必都能帮助一些诚恳的批评由幼稚达到成熟。

我们常说同志式的批评，这是一个多好的词语啊！作家和批评家本来都是为着同一的目标而努力的同志，讨论问题，大家何妨心平气和，条分缕析，论据既然详明，使人益智，文采又富魅力，使人乐诵。遇有争议，各方也要共同奠定真善美的比赛法则，使观战者如登春台，如入宝山，乘兴而来，满载而归。无论作家和批评家所写的批评或反批评，都能采取这种同志式的即友好、平等、互相尊重直至互相敬爱的态度（纵然有些被批评的观点或许难以归入同志式的范围，但是批评仍然应该保持严谨的科学态度，并且对有关的作者寄予改变他的观点的令人感动的期望）。这样的健康的批评，在文学史上不乏前例，并非幻想，而在我们提倡社会主义精神文明的今天，更属必要。鄙见以为有了这种风气，我们的文学批评才有希望逐渐走上健康成长的道路。

人非圣贤，孰能无过；拙文虽短，错误难逃。欢迎任何人给以批评，哪怕是非同志式的也罢。

在“中国人民解放军文艺奖”首届授奖大会上的讲话*

（一九八三年七月二十七日）

我非常高兴地参加中国人民解放军文艺奖的首次授奖会，并且热烈地庆贺军事题材文学艺术的发展，热烈地庆贺各位得奖者所取得的成功。

得奖的作品我只看过一小部分，不能作全面的评论。但我坚决相信，中国人民解放军军内外军事题材文学艺术事业将继续胜利发展，在今后几年内，将会有更多更好的作品得奖，这些作品将不但是对全军而且是对全国人民精神文明建设的重要贡献。在今年春天上海职工读书报告团到北京汇报时，我听说上海的工人们因为要读《高山下的花环》，把全市书店的存书都买完了，几个人传阅着读，还是不够分配，不得不到外省市去搜购。这使我感到莫大的喜悦。尽管《高山下的花环》在艺术上还有提高的余地，但是这个事实生动地说明，一切有爱国心有上进心的青年所需要的是怎样的作品。青年们是多么需要作品在忠实表现社会现实生活的同时，能够引导他们积极向上啊！这样的作品对于帮助

* 此篇发表于1983年7月29日《解放军报》。

广大青年奋发前进，为建设和保卫社会主义祖国而献身，是具有多大的吸引力和感召力啊！这个事实还说明，把青年们组织起来读文学书，欣赏各种表演艺术，这对于我国文学艺术事业的发展是展现了一幅多么壮阔壮丽的前景啊！当然，解放军早已成为青年们组织起来学习（这种学习除了阅读文艺作品，还包括学习军事、政治、科学、技术、文化等等）的大学校。解放军不但为全国的工人、农民特别是全国的青年树立了这种榜样，而且为他们输送了阅读和欣赏的优秀资料，所以我说这是解放军对全国人民社会主义精神文明建设的一大贡献，同军民共建文明村一样。而且由于范围可以更广泛，意义也就可以更重大。这是军民共同培育革命化的一代新人、共同培育革命化的整个民族的事业，因此，希望全军和全国的文艺工作者决不要看轻自己的作用，放松自己的职责。

值得高兴的是，现在全国文艺界都在积极前进，各条文艺战线都有许多为广大人民所欢迎的优秀作品受奖。作家艺术家们正在深入社会生活的各个方面，为创作更多更优秀的社会主义的文学艺术作品而努力。当然，任何事物的发展都不会完全平衡。正如赵紫阳总理在六届人大一次会议的报告中所说，文艺体制改革中出现的某些“一切向钱看”的商品化倾向，以及思想文化领域中的资产阶级自由化倾向，对作品的社会效果不负责任的倾向，都还需要努力纠正。现在，国务院已经批转文化部关于严禁私自组织演员进行营业性演出的报告，随后总政治部也转发了国务院的文件，并且作了详细切实的规定。坚决按照这些规定做去，文艺活动商品化的倾向就不难克服。至于资产阶级自由化的倾向和对社会效果不负责任的倾向，虽然不是目前文艺界的主流，但是它们的影响所及是决然不能忽视的。中共中央已决定全党学习《邓小平文选》作为整党的思想准备，文艺界当然不能例外。我相信，在这一学习过程中和整个整党过程中，一定能够对这些倾向取得决定性的解决。我借此机会，希望全军和全国的党员文艺工作者能够认真按照党中央通知的内容，迅速地有的放矢地开始这一学习，通过学习中开展的健康的同志式的批评和自我批评，实现整个文艺界的团结一致，把社会主义文学艺术的旗帜举得更高，创作出更多更好的为人民服务、为社会主义服务的作品。在党中央和军委总政的坚强领导下，这个目的是一定能够达到的。

我代表党中央再次祝贺解放军文艺奖授奖会的举行，祝贺军内外文艺战士同全军和全国正在为建设社会主义英勇奋斗的战士一道，取得更光荣的成绩。谢谢大家。

《杨刚文集》序*

（一九八三年八月三日）

我能够读完萧乾同志〔1〕所选编的《杨刚文集》的清样，这不能不感谢萧乾同志的努力和人民文学出版社的同志们给我的机会。

杨刚同志是我最早认识的共产党员之一。那是在一九三一年初，我刚在清华大学加入共青团之后不久。由于当时北平市的党组织围绕党的六届四中全会和非常委员会〔2〕问题发生了激烈的争论，党和团的市委联合在清华大学一位同志宿舍里召集过两三次西郊区党团员活动分子会议。这就使我能够认识当时在燕京大学的几位党员，其中给我印象最深的就是杨刚，当时叫做杨缤。这一来因为她是当时参加会议的唯一的女同志，二来因为她的雄辩。我仿佛记得，她当时是既反对四中全会，又反对非常委员会

---

* 此篇发表在1983年8月3日《人民日报》。杨刚（1905～1957）：湖北沔阳（今仙桃市）人，1928年在燕京大学读书时加入中国共产党，左联时期从事文学创作，是北方左联的重要干部。

〔1〕萧乾（1909～1999）：祖籍黑龙江，蒙族，记者，作家，翻译家。

〔2〕“中央非常委员会”是罗章龙等在反对六届四中全会名义下擅自成立的进行分裂活动的第二党组织。

的。不过我虽因本校同志的介绍知道了她的姓名，她却并不认识我，我们以后再见时我也没有提过这件事。

我在北平以后还因为团的工作去过几次燕京大学，却没有机会再见到她，也没有听说过她的消息。一九三二年五月我离开了北平，自然更不能遇到她。一九三三年她曾在上海参加左联工作，时间似乎不长；到我一九三五年去上海工作时，她大概又回到北平了。我看过商务版的《傲慢与偏见》〔1〕的中译本（这是这部名著的第一个中译本，原书有吴宓教授的序），才知道她是学习英国文学的。抗日战争后期她去美国学习和工作，我曾在《大公报》上看过她的几篇美国通讯。直到一九四八年底，她由香港来到河北省平山县的党中央所在地西柏坡，我才在周恩来同志把她介绍给毛泽东同志的时候再次见到她，因为年龄变化，她的面容跟我初次见面的印象已经很不同了。再到北京以后，我同她比较常见。但是直到这次读《杨刚文集》，我几乎完全不知道她曾写过这么多的作品，包括诗、小说、散文和文学评论。无论在重庆和北京，周恩来同志都非常器重她，我还记得他在西柏坡曾对毛泽东同志说她是党内少有的女干部。她在《进步日报》、上海《大公报》、周总理办公室、中央宣传部、《人民日报》的工作，使我认识到她的多方面的才干。非常可惜的是我们竟始终没有深谈过，这也是我对她的文学活动和文学见解缺少了解的原因之一。

她在一九五五年不幸遭遇车祸，造成严重的脑震荡，以后虽

〔1〕《傲慢与偏见》是英国小说家奥斯汀（Jane Austen，1775～1817）的代表作，杨刚的中译本出版于1935年。

经休养，却一直没有能恢复正常。一九五七年十月，她偶然遗失了一个笔记本。尽管没有受过任何责怪，而且许多同志都曾劝解她务必不要为此着急，她仍然感到十分紧张（这无疑跟当时的十分紧张的政治空气有关），竟在十月七日在精神极不正常的情况下不幸离开了人间。周恩来同志，邓颖超同志和其他熟识她的同志都对她的不幸逝世非常痛惜，认为是党和人民的重大损失。

由于我和《人民日报》社的同志们对她过去的文学活动了解很少（我只知道她曾担任过《大公报》文学副刊的编辑工作），也由于她逝世的特殊情况，我们并没有想起为她出文集的事。一九六〇年夏，我在哈尔滨养病，遇到当时担任哈尔滨市委宣传部长并已在一九七八年病故的郑佩同志（他是我一九三一年在北平认识的，也担任共青团的工作，以后在延安又见过，所以比较熟），这才在谈话中知道他原是杨刚同志后来分居了的丈夫郑侃的弟弟。可惜他也没有对我谈到杨刚同志的文学作品。可能因为工作不同，来往不多，他也不很熟悉她在这一方面的成就吧。但是即使是熟悉她的文学活动的同志，要在过去一段时间内出版她的文集，实际上怕也是不大可能的。

现在一篇篇展读她的遗作，我的心是多么沉重啊！她的逝世不但使党和人民损失了一位忠诚优秀的女儿，而且使中国文学界也损失了一位难得的富有热情又富有独特风格和识见的作家。她不是大作家，不追求文学的形式美（有时也不太讲究修辞），也不算多产，但在她把主要精力投入革命斗争的经常奔波劳碌的岁月中，能写出这样多方面的优秀的作品来，不能不使人敬佩。谁要知道抗日战争中中国人民的心声吗？谁要知道旧中国各种各样妇女的辛酸以及革命家的受难么？谁要知道美国社会各个角落里的生活画面么？杨刚同志的诗、中短篇小说（历史小说《公孙鞅》除外）和散文会给你一份真实的答案。杨刚同志的小说是朴素的，但是有一种深入人心直至撕裂人心的力量，例如被斯诺收入《活的中国》中的《肉刑》（原题《日记拾遗》）就是这样。她的诗可能不够精练，却是感情的燃烧。她的散文，特别是散文集《沸腾的梦》，是中国人爱国心的炽烈而雄奇的创造，在现代的散文中很难找出类似的作品来。我想，单是这个散文集，中国的文学史家就永远不能忘记她。她的文学评论虽然写得不多，她的独到的见解也是人们所不应该忽略的。

愿她的文集的出版能使她的热烈的生命长存在追求真理和光明的读者的心中。

序新版《无望村的馆主》*

（一九八四年九月五日）

《无望村的馆主》是原用笔名芦焚的老作家师陀同志〔1〕在一九三九年上海沦陷期间写的一部中篇小说。最近作者作了不少的修改，并对一些为现在的青年读者和南方读者所不易了解的故实和词语作了很多注释，使这部描写北方（可以假定是作者的故乡河南一带）一户大地主在四代之中怎样由暴发为巨富败落而为朝不保夕的乞丐的浪漫故事，以新的面貌出现在读书界，我以为是值得高兴的。

这部书对于认识中国近代地主社会有一定的价值。说起地主，人们常常从社会发展史的材料去想；这些材料当然有它们的重要意义，但是很难从它们中间去想见中国近代地主社会的具体状况。幸而现代中国文学已有不少优秀作品以揭露地主社会的腐败黑暗为主题，这才比较能给现代读者在这一方面的需要以满足。这部中篇小说也是这类作品的一种，但是它既有自己的乡土色彩，而叙述的事件又相当奇特，所以又有独自的贡献。它认真

---

* 此篇发表于1984年9月5日《人民日报》。

〔1〕 师陀（1910～1988）：河南杞县人。原名王长简，笔名芦焚。

地描绘了近代中国地主社会和地主家庭的一种类型，在这个社会和家庭里产生了一些什么样的人物，一些什么样的风俗，一些什么样的难以意料的事变。在一方面，这些东西现在差不多都绝迹了；在另一方面，这些东西遗留下的影响和变形却还可以在现代的某些生活场景中辨认出来。因此，把这部描写大约相当于五四时期前后的农村故事介绍给现代的读者，我想仍然很有益处。

这是一部小说，当然首先要从小说来评价。它篇幅不长，人物不多，但是舞台面的变化却很剧烈，有时简直近于暴风式的疯狂。读者可以从这里看出旧社会能把一些人的人性变得怎样凶残、丑恶、卑鄙和麻木，而善良的人们又在遭受怎样可怕的蹂躏。作者曾有一个时期努力地而且成功地写过不少散文式的短篇小说（作者早期的短篇小说现在都收在江西人民出版社出的《芦焚短篇小说集》里，署名仍用师陀），但是这本小书的结构同它们相比，够得上一篇紧凑的戏剧。故事的进行是快速的，但作者对人物和场景的描写却一丝不苟，我们可以从中看到许多幅精雕细刻的肖像画和风俗画。一个好的小说家未必是一个好的文章家，作者却把这两者都做到了。这是这部中篇的另一个可贵之处。

这本书最初出版时由于当时的环境发行有限，现在重印，希望它能得到全国文艺爱好者的注意。我不是文学评论家，对于作者的人和作品都缺乏研究（我对作者只通过几次信，至今还不认识，他的作品读过的恐怕也不到五分之一），当然不致胡涂到说这是什么伟大的杰作。我只想说，读者看了这本书会喜欢它，会跟我一样感谢作者用优美的文字叙述了一段悲惨、荒唐而又真实可信的历史，这段历史就产生在我们自己的土地上，离开现在不过半个多世纪。我还得感谢我所尊敬的沙汀同志[1]的抱病推荐，使我对写下这几句话增加了信心。

[1] 沙汀（1904～1992）：四川安县人，作家。时任中国作家协会副主席。

对艺术家们表示敬意和感谢*

（一九八四年十月三日）

我先要报告，演出〔1〕很快就要开始了，因此，多说不如少说，留时间给大家看戏。刚才万里同志已经下了命令，他是国务院副总理嘛，我要服从命令。同时，今天在座到了这么多优秀的艺术家，我们不能不向大家表示敬意和感谢。应该说明，今天到会的只是表演艺术家中的一小部分，还有许多重要艺术门类如文学、美术、曲艺等方面的代表没有邀请，戏剧、音乐、杂技等部门也有许多方面的艺术家，像剧作家、舞台美术家、作曲家等没有邀请，我们也在这里向他们表示敬意和感谢。我们所以要向大家表示敬意和感谢，这是因为，大家在国际上为祖国赢得了荣誉，赢得了友谊，在国内得到了人民的赞赏。大家的杰出的艺术劳动，向国内外、向我们在座的艺术的门外汉报告了一个信息，就是说，中国的艺术已经相当成熟，它的前途非常光明，完全能

* 此篇是1984年10月3日晚在中南海怀仁堂会见在国内外比赛中获奖和在国外演出产生重大影响的部分文艺工作者时，代表参加会见的中共中央、国务院、中央军委领导同志所作的讲话。标题是编者加的。

〔1〕会见后浙江小百花越剧团演出了新编古装伦理剧《五女拜寿》。

够达到世界艺术的高峰。过去，有很多演出，我们没能去欣赏，这要向大家道歉。我国各民族的艺术表演，不但是我们国家文化成熟的表现，而且是中华人民共和国的艺术成就在世界上占有什么位置的一个重要标志。我们对体育界历次在国际比赛中获奖的运动员已经给予了很高的荣誉和奖励，这是完全正确的，应该的。但是对艺术上获得高超成就，获得全国人民、世界广大人民以及世界上许多艺术专家共同赞赏的各位艺术家的辛勤的宝贵的劳动，奖励得不够。跟体育竞赛中的优异成绩一样，很多艺术表演的优异成绩也需要长久的艰苦的准备工作，这种准备工作是一般观众听众所不容易理解和想象的。艺术道路同科学道路一样，是崎岖不平的，要经历很多困难，经受很多磨折。必须有坚忍不拔、百折不挠的顽强精神，才能战胜各种困难和磨折，攀登到令人惊叹的真善美的顶峰。每一种艺术都有它的羊肠小道，每一个表演艺术家的成功都不能不熬受所谓“十载寒窗苦”，如果我们姑且把某些特异的艺术神童除外的话。一些杂技演员在练习过程中所经历的刻苦锻炼，就不是所有普通人所能受得住的。他们的这种苦练的工夫，也同我们的体育健儿们所经历的苦练工夫一样，已经通过一些纪录影片让许多观众看到了，但是纪录下来的不过是一小部分。其他艺术，例如大家比较熟悉的《茶馆》、《丝路花雨》的成功，也都是经历了千辛万苦，千锤百炼才达到的。《茶馆》早在五十年代后期就取得成就了，但是直到最近才在国际上得到承认。我们今天会见的演员同志，于是之同志——老王掌柜，还有夏淳同志，比他们取得成就时大了二十多岁吧。这使我想起《茶馆》演员们的辛苦，也不能不联想到和痛惜不幸含冤去世的作者老舍先生，导演焦菊隐先生。他们的心血留传到今天是非常非常宝贵的。

每一艺术品种，艺术团体的成功，都凝结着很多人的心血。我们对在座的各位表示敬意，对在座的老师们以及那些已经离开我们的前辈更要表示敬意。对在座的以及已经离开我们的前辈用几十年心血培育出来的花朵，必须十分珍惜。万里同志对我说，我们要做自我批评，我更要做自我批评。请允许我对大家所做的一切贡献表示感谢，这不是代表个人，而是代表党，代表国家，代表政府，代表人民。我们不能只是表示感谢，空口说白话，而要加强对艺术战线的联系和学习。我们在某种范围可以说是做了些领导性的工作，但不是艺术上的领导。我们没有资格这样说，这样想。大家工作很辛苦，还有很多急需克服的困难。这些困难，党中央是了解的，但是对大家的帮助很少，所以要做自我批评。今后，我们要用全党的力量，尽量帮助大家克服困难，去夺取更大的胜利。

希望人人都看《花环》*

（一九八四年十一月）

《大众电影》编辑部要我对影片《高山下的花环》写几句话，我当然很高兴能为这部很好的影片在这个拥有大量读者的刊物上写点什么，但是在我真要动笔的时候，我却被自己对电影艺术的几乎完全无知（对其他艺术我也同样地几乎完全无知）窘住了。是的，我和党中央的一些同志一起看过这部影片，像别的很多人一样受到极大的感动，当时在场的同志们都流了不少热泪。我认为这确实是一部非常成功的作品，值得全国的工农商学兵，全国的男女老少，人人都看一遍。为了真正做到人人都看，我很希望各个城镇、企业、农村、学校、机关、部队和群众团体能够作出适当的安排。我还希望每个看过这部电影的人拿片子里的人物跟自己认真地比一比，想想在看了以后比看以前自己应该起一点什么变化，才对得起片子里所表现的绝大多数人，才对得起那些为了祖国的安全而献出了生命的英雄们以及他们的同志和亲人，也才对得起这部片子的编导和演员们为了献出这部影片而付

* 此篇据手稿收录。《花环》，即《高山下的花环》，根据李存葆同名中篇小说改编的电影。

出的不平凡的劳动。但是要说到这部片子为什么这样成功，足以称得上我国电影艺术中少有的杰作之一，我却不知道应该从何说起。本来电影不像小说，手头没分镜头剧本就很难说出它的某个情节和某个手法；就是有了分镜头剧本，也不能代替影片上的生动形象。而且如列宁所说，一部好电影只看一遍是不能真正看懂的（大意）。直到在一九八四年十一月十五日的上海文汇报登出了该报记者对这部影片的导演谢晋同志（他也是本片的编剧之一）的访问记《我将从零开始》以后，我才算稍微明白了导演的一些匠心所在。我完全同意谢晋同志在这部影片的艺术构思方面和对片中人物、场景、台词的处理方面的见解；因此，我很愿意向大家推荐这篇访问记，它的全文发表在上海《文汇月刊》一九八四年第十一期上。

谢晋同志说这部影片的最大突破是在军事题材的作品中写了悲剧。我们的生活中有悲剧，为什么不能写呢？自然，在近几年的文学作品中，悲剧性的作品已出现不少，就在电影中这也不是第一部；但是在军事题材的作品中，大概谢晋同志的话是不错的。写悲剧当然不等于作者自己一定有什么悲观的倾向，或者作者一定想让看的人变得悲观起来。在这里讨论悲剧的理论和作用是多余的，因为凡是看过这部电影的人都会觉得自己并没有因此而悲观，反倒更严肃地想起自己作为未死者的责任有多么重大。由于影片适当地改变了李存葆同志小说原作的某些细节，加上电影所特有的艺术方法的处理，观众看电影所受到的感动和震动比读者从小说所受到的要强烈得多。谢晋同志说：《花环》引起他最大共鸣的是梁三喜这一家。梁三喜一家的精神，是我们民族的精神，民族的灵魂，民族的伦理。这一家人的命运，真实而又自然地抒发了人世间最难能可贵的革命之情，同志之情，天伦之情。没有矫揉做作，没有空洞的口号，没有贴标签，一切顺乎情理。他认为共同的美好的人性是有的，(这里不需要对“共同的”这个词的范围怎样画定，插入哲学的逻辑的或语义学的讨论，无论如何，没有一点理想主义，一个人就不能成为真诚的艺术家，甚至也不能成为真诚的艺术爱好者）没有人情的作品是不会感动人的。这些话都说得很好，也解释了这部电影的成功的秘密，我不必再加上什么外行话了。

我愿意写这篇短文来祝贺《花环》的成功，祝贺谢晋同志、同他合作编剧的李准同志、各位演员以及参加制片的全体工作人员（包括协助拍片的昆明军区的很多位指战员）的成功，还因为这也是祝贺中国电影的成功。有些评论家指责我们的电影这也不行，那也不行；我要说，我不敢附和这种轻易地抹煞一切的论点，因为我们的电影（如同我们的其他艺术）总的说来确是在进步。《花环》的成功也正是在这个总的进步的基础上得到的成功，而不是一个孤立的、突然的、特异的现象。谢晋同志是一个老导演，他本人前进的足迹也说明这一点。尽管我们的电影还有弱点，但是为了努力消除它们，首先要对我们能消除它们有信心。没有这种信心而一味指责，以至一味自卑的人，是什么也建设不起来的。

“芙蓉楼”故址不在湖南*

（一九八四年十二月十三日）

湖南省委并省人民政府：

日前看电视新闻，得悉湖南新修了一座芙蓉楼，根据是唐王昌龄有芙蓉楼送辛渐一诗，很感意外。查该诗作于江苏镇江，故首句即云“寒雨连江夜入吴”。清沈德潜唐诗别裁集在此诗题下注：楼在润州。按润州即今镇江。又中国社会科学院文学研究所马茂元编唐诗选（人民文学出版社出版）该诗题下亦注：“芙蓉楼，故址在旧镇江府城上西北角。辛渐是王昌龄的好友。这诗当是他失意回到故乡（按据新唐书，王昌龄的故乡是江苏江宁即今南京）时，适逢辛渐入洛送别之作。”两说一致，必有确凿证据。估计其他有注的版本（现手头无书）都不致把芙蓉楼说成在湖南，那样全诗就讲不通了。猜想湖南的同志所以这样想，原因可能有二：一是王昌龄晚年曾贬湖南龙标（今黔阳）尉，此诗想系由湖南首途回江苏时作；二是诗中有“平明送客楚山孤”句，楚或可指湖南。但原诗即云夜入吴，则显已到了江苏，而不能仍在

* 此篇是致湖南省委并省人民政府的信。据手稿复印件收录。标题是编者加的。

湖南。楚山之楚，因楚怀王时曾并吞已灭吴之越国，疆域一时甚广，故两湖以东均可称楚（项羽都彭城即今徐州而号西楚霸王可证），在这里很难说是指湖南的山。我曾以此句之楚何指问过毛主席，毛主席答以楚是指江苏江北。按由江苏镇江北望江北无山，故此处楚山较可能即指镇江的金山或江心的焦山。前述马茂元唐诗选注云：古代吴楚两国，地域相接。客去之后，极目西望，只能看到遥远的楚地的山影，给人以孤独之感。此说稍曲，勉强也可讲，但在镇江西望是不可能望见湖南的山的，且此时作者即已远离湖南，湖南还非作者故乡，实亦无远望湖南的理由，至少诗中没有内证可指实楚系湖南。综上所述，在湖南建芙蓉楼而以昌龄此诗为据，很难说通，且难免为识者所讥。但楼既建成，不可无说。因此建议，改为以毛主席“芙蓉国里尽朝晖”(原出晚唐谭用之“秋风万里芙蓉国”句，见《全唐诗》）为根据，既可避免对王昌龄诗的误解，又有纪念毛主席对湖南光明前途的祝愿的意义。这种改动，可能会妨碍已建的芙蓉楼上的某些解释性的陈设，但权衡利弊，仍以改动一下为好。以上意见是否可行，希予考虑。

胡乔木

十二月十三日

与电影工作者的谈话*

（一九八五年一月二十二日）

胡乔木：祝贺电影表演艺术学会成立。电影的好坏，有的时候是很难说的。我看到张骏祥同志在《文汇报》发表一篇文章，列举三四十部电影，有的电影界认为好的，上座率不高；认为不好的，上座率很高。电影是艺术，同时又是商品，不能不受影响。电影还要拿到群众中去，到工厂演，到农村去演，那里礼堂很多。如果完全由“市场调节”，不卖座，大家白费了很多心血。

现在上海有的工厂搞工人影评小组，把电影拿到工厂去放，看电影不用坐车去，观众就多了。图书发行也一样，书店的负责人不懂得什么书需要多少，结果有很大盲目性，有些书堆在仓库里，需要的书又买不到。电影发行也要多渠道，这样有利于电影事业的发展，也可以使电影界与群众的关系密切起来。

我对电影工作了解不多。赵丹同志病重的时候，我去看过他。他送我两本书，其中一本是《地狱之门》，我读后懂得不少东西。刘晓庆同志的文章，我看后也学到不少知识，我并不像有

---

* 此篇是1985年1月22日同电影工作者丁峤、张瑞芳、赵子岳的谈话。标题是编者加的。

些人那样觉得反感。她的文章有缺点，但有缺点的文章多得很，不必去攻她。她在文章里有些话说得不谦虚。

中国电影事业有这么久的历史，“文革”前出过一本《中国电影史》，太少了。我们还没有演员的传记，也没有导演的传记，专门的书也不多。中国电影事业同其他事业一样，也是从“零”开始。各项工作都有缺点，电影当然也有，但不能因此否定中国电影。现在你们成立了电影表演艺术学会，对中国电影事业作出评论，对演员的表演作些介绍，很有必要。能组织些文章，出些书，是非常好的。你们这次交流经验，有什么成果？

张瑞芳：还未形成专题，是各人从自己的创作经验中谈体会。过去讲什么本色演员，角色演员，实际上是概念没有搞清楚。中国演员的水平并不低。从这次会上的发言来看，从学校毕业的同志谈得更系统一些。

丁 峤：从大家的发言来看，演员的生活很重要。

胡乔木：你们计划三年开一次大会，这很好。中间还可以搞些小规模的，专题的讨论。

张瑞芳：我们想像奥林匹克运动会一样，一届换一个地方举行。经费由各方资助，社会上热心的人不少。我们的中心议题，就是电影表演艺术的研讨。

丁 峤：我们在考虑电影能否自产自销，并且自己搞外销。广东拍的《亚马哈鱼档》，珠影直接同香港联系，到那里放，效果不错。外贸部门说要统一，其实，影片不同于杯子、碗这些商品。

胡乔木：不同国家有不同的需要。最近波兰对中国三部电影评价很高，一部是《少林寺》，一部是《神秘的大佛》，还有一部讲陕北游击战中，一个人被当作特务，牺牲了，我记不得片名。外国人的口味不同，中国人的口味也不同。中国电影，不论三十年代的，五十年代的，都有独到之处。过去出名的演员，赵丹也好，金焰也好，都没有人为他们树碑立传。赵丹死后搞过书画展，那同电影无关。

张瑞芳：为石挥和上官云珠开过三次座谈会，北影为赵子岳同志举行过从事电影事业50年座谈会。

胡乔木：你们可以出一套中国电影演员丛书。不是把每个演员说得十全十美，而是说明他们的路是如何走过来的，以便发扬他们的优点，克服他们的缺点。

张瑞芳：现在散见在报刊的文章不少，但过后就散失了。

胡乔木：我们有的时候往往是“不识庐山真面目，只缘身在此山中”。比如《茶馆》，如果不出国，在国外得到好评，那末，国内也不会有那么大的影响。电影也要出国，获得国际上的承认。中国电影固然有不足的地方，但外国人无论如何演不出有中国特色的电影来。过去外国人演中国人，都是污辱性的。

我们的表演艺术是在不断进步的。

艺术来源于生活，但艺术的真实要跳出生活的真实，这就要有勇气。历史上的艺术作品，里面往往有不真实的东西，尽管有不真实，但仍然是杰作。比如《巴黎圣母院》，很难说有多少真实性，但不能否认它是优秀作品。《巴山夜雨》，有人说夜里在长江中跳江不真实，这可能不真实，但观众并不计较这些。艺术作品有时候创造一种境界，使人不去计较具体的真实。我不是提倡故意的弄虚作假，而是说，不能拘泥于细节而限制创作。

赵丹说，党管得太具体文艺没有希望。我在好几个地方说过，这个说法是对的。党是政治组织，对文艺本来不应该具体管，何况太具体？即使是艺术组织，比如剧协，也不能管每一个人的创作。莎士比亚的作品如果都由剧协审查，我想，未必能出那么多好作品。如果管得太具体，很难充分发挥每一个演员的艺术才能。演员如何表演，作个什么动作，不作什么动作，说句什么话，不说什么话，要尊重演员的创造，演员不是傀儡。当然，演员要同导演合作，你们可以对演员提出要求。

北影的《潜网》，当父亲的那样结尾，对女儿没有一点感情，不可能有那样的父亲。

丁　峤：现在，“教戏”的导演还比较多。

胡乔木：导演与演员，犹如教员与学生，是朋友关系，师生关系，要启发、诱导，不能死记硬背。学生反驳老师，老师应该非常欢迎。学生能指出老师的错误，老师应该感到骄傲。

赵子岳：这说明老师教育的目的达到了。

张瑞芳：如果总是填鸭式的，那就一代不如一代了。青年人有追求，有创新，我们很高兴。青年人骄傲，心里想，你有什么了不起，我要超过你。这是很自然的，我们年轻的时候也是这样过来的。

胡乔木：对外国的东西，舞蹈也好，音乐也好，要多介绍一些，就是说，门要开得更广一些。现在门开得还不广，显得单调，就是香港的东西。

丁　峤：去年拍电影一百四十多部，好的和比较好的，比前年还多些。

张瑞芳：《沙滩上》、《一个和八个》，有追求，有创新。

胡乔木：演剧可以搞小实验剧场，电影比较麻烦。

张瑞芳：也可以搞。

胡乔木：太洋化了，必须有人讲解，才能懂得。

在中国现代文学馆开馆典礼上的讲话*

（一九八五年三月二十六日）

今天到会的各位前辈，各位作家同志们，我参加这次会感到非常兴奋、非常荣幸。中国现代文学资料馆能够成立，能够在今天开馆，这毫无疑义地应该首先归功于我们大家所一致尊敬的、中国现代文学老一辈巨匠巴金同志的倡议和大力的支持。没有他的倡议和实际支持，文学资料馆的成立是不可能的。所以我愿意代表党中央向中国现代文学资料馆的倡议者、支持者、领导者巴老表示崇高的敬意和深切的感谢。当然，在筹备工作中间，除了作家协会本身许多同志的积极努力以外，像刚才王蒙同志提到的，也得到北京市许多同志以及解放军总政治部的慷慨的、大力的协助，也应该向他们表示衷心的感谢。

中国现代文学馆的工作在中国历史上还没有前例。今后怎样的工作，当然会有很多复杂的问题，对于这方面，各位文学界的前辈、先进会提出很多宝贵的意见。我只是希望文学资料馆能够越办越好，能够越办内容越充实，能够在中国文学事业上留下永

---

* 此篇发表于《中国现代文学研究丛刊》1985 年第 3 期。

远不可磨灭的、重要的地位，发挥越来越大的作用，而且对其他的姊妹艺术界建立同样的机构起一个促进的作用。

巴金同志的建议首先是向胡耀邦同志提出来的。我愿意代表党中央表示：在文学馆今后的工作当中，凡是需要党中央帮助的地方，我们一定尽力地给予无保留的支持。

我的话完了，谢谢大家。

赞成纪念郁达夫*

（一九八五年七月九日）

启立、仲勋、力群同志：

考虑到郁达夫在一生重要关头都是支持同情我党的著名作家，最后又死在日本侵略者的屠刀之下，我赞成在不花国家外汇的前提下邀请所列十位日本、新加坡和香港来宾参加杭州市文联纪念郁达夫的活动，别让台湾反占上风。请批示以便转告郁风〔1〕同志等。

胡乔木

七月九日

---

* 此篇是为纪念郁达夫事致中共中央书记处主管宣传工作的书记胡启立、习仲勋、邓力群的信。郁达夫（1896～1945）：浙江富阳人，作家，创造社主要成员。抗日战争时期在香港、新加坡等地参加并领导当地文化团体，从事抗日宣传。新加坡沦陷后流亡苏门答腊。1945年8月29日夜在他居住的小城巴牙公务“失踪”，9月17日被日本宪兵秘密杀害。中共中央赞成胡乔木的意见。1985年8月29日，首都文艺界、新闻界和侨务工作者集会纪念郁达夫烈士遇难四十周年，胡愈之发表题为《郁达夫——爱国主义和反法西斯主义的文化战士》的讲话。纪念郁达夫的国际学术讨论会也在9月17日起在杭州召开。

〔1〕 郁风：郁达夫的侄女，美术工作者。

电视剧《四世同堂》的启示*

（一九八五年九月三日）

你们制作出了一部洋溢着爱国主义热情、富有民族风格和地方色彩的优秀电视连续剧。受到北京、上海、武汉等地广大观众热烈欢迎和文艺界的普遍赞扬。你们以不懈的追求，终于获得了成功。我是一名“观众代表”，我要感谢大家拍出这部成功的连续剧。

《四世同堂》的成功给我们留下了很多启示。它表明中国艺术创作的潜力是巨大的。来自许多不同部门的艺术人员通力合作，克服重重困难，终于攀登上了电视艺术的高峰，实在使人兴奋。这也只有在社会主义制度和党的领导下才能实现。《四世同堂》的成功，当然首先要感谢老舍先生创作了这部伟大的原著，同时也要感谢全体演职人员和组织人员的创造性的辛勤劳动。有些真诚的西方艺术家曾热情希望，中国艺术界千万不要一味跟在西方的现代流派后面追，而要制作出具有中国民族风格的高水平

* 此篇是1985年9月3日晚在中南海怀仁堂接见《四世同堂》电视剧组部分演职员时的谈话。标题是编者加的。新华社9月4日对谈话要点曾作了报道。

的作品。这种值得我们深思的友好愿望是一定可以实现的，《四世同堂》的成功就证明了这一点。

《四世同堂》的成功还说明，我们的观众的艺术趣味和审美能力决不是一成不变的，问题在于引导。现在，各地观众不分男女老少都称赞电视剧《四世同堂》，说明只要是真正好的文艺作品，就会受到广泛的热烈的欢迎。这部二十八集的电视连续剧，没有什么惊险的情节和新奇的手法，没有什么武侠、侦破和感官刺激的成分，更没有什么矫揉造作的说教的色彩。这部朴实而自然的现实主义作品，深深地感动千万人的心灵，说明广大观众对于高尚的艺术是完全乐于和善于欣赏的。这对于我国艺术界是巨大的鼓舞和深刻的启示。希望大家拿出充分的信心和勇气，努力创造出更多的同样优秀以至更优秀的作品来满足人民特别是青少年的需要，并且使中国的艺术毫无愧色地立足于世界第一流艺术之林。

《四世同堂》的成功为当代文艺界吹来一股清新的风。它给中国电视艺术家创造了一个前途无限的开端。它向电视、电影、戏剧工作者指明：艺术的道路是非常宽广的。

对电视工作的一些建议*

（一九八五年九月四日、一九八六年九月十日）

一

知生同志：

昨晚听了北京市负责摄制《四世同堂》同志的汇报，很受感动。[1] 广播电视部可否考虑将他们团结各方，克服各种困难，经过三年多的很多同志的一致艰苦紧张的努力，终于摄制成功我国这一空前成功的大型电视连续剧的良好经验，向全国各有电视台的城市作一介绍，藉资推广；并对有功编导演职人员给予表彰奖励？

我曾考虑建议上海台研究摄制周而复同志的《上海的早晨》，该书成就可能比不上《四世同堂》，但至今描写资本主义工商业

---

* 此篇收录致艾知生的两封信。据手稿复印件收录。标题是编者加的。艾知生（1928～1996）：湖北汉阳人，当时任广播电视部部长。

〔1〕 1985年9月3日晚中央领导同志在中南海怀仁堂接见了《四世同堂》电视剧组部分演职员。听汇报后胡乔木发表了谈话。谈话收入本书。

改造的长篇作品，似还无第二部，而该书的主题对目前观众的思想教育可能意义更大，且作者健在，了解该书所据实际情节的人很多，无论艺术上政治上的缺陷都不难弥补。因未经事先交换意见，昨晚未敢贸然提出，请你部会同上海台讨论一下如何？

中央台消夏音乐（文艺?）晚会我看过一次，感到港台味太浓，演员除唱腔低劣外故作种种媚态，开头结尾的介绍亦俗不可耐。可能这是我的偏见，有许多观众喜欢这一套，也可能我看过的一次不能以偏概全。但以电视台特意宣传录了音相，欢迎踊跃购买，感到即令所见不全面，仍有引起注意的必要，否则何以指导地方台？姑写上请参考。此外，对地方台大量播放香港武打片和其他低劣片各地意见也不少，此固系我国现能供应片太少所产生的现象，仍希特告各台注意总的社会效果，并在片源供应方面有所调整。观众的审美趣味诚然可以提高，但更易愈降愈低。此与武侠小说和类似报刊的盛行互相结果，对社会特别是青少年影响非浅。

胡乔木

九月四日

又，我昨晚即席发言，措词多有欠当。我只是不赞成故意模仿追逐西方现代各流派，不应说是“旁门左道”，如介绍时请代改正。

二

知生同志：

顷读韦君宜〔1〕同志八四年作长篇《母与子》(上海文艺出版社八五年版),深受感动,有的同志读了认为比《阿信》更有教育意义。我读的长篇不多,但此书和以前曾推荐过(?)的丛维熙〔2〕同志所作《北国草》确都有改编为电视连续剧的条件。可惜韦君宜同志不久以前患脑溢血,正在疗养,很难帮助改编。好在了解书中主要背景(三十年代至四十年代的国民党统治区,由旧式家庭妇女变为地下党员,地点主要在江苏扬州、武汉、成都、川西农村和延安)的人还比较多,书又大体以真人真事为素材,改编、导演、演员都还不难物色。特此作为个人意见介绍,谨供参考。

雁北电视台摄制的李林连续剧〔3〕已看了,因编剧不了解李林去山西以前的情况和当时历史实际,虽努力可贵,难免缺乏真实感,已提了几点意见供他们参考,他们将努力作一些修改,但

〔1〕 韦君宜(1917～　　):湖北人,作家。

〔2〕 丛维熙(1933～　　):河北玉田人,作家。

〔3〕 1985年5月18日胡乔木曾写信给朱穆之(文化部部长)、艾知生,建议以李林烈士事迹拍摄电影和电视系列片。信中说:“关于青年民族女英雄、归侨抗日烈士李林同志的可歌可泣的悲壮事迹,报载文章很多,并已有专著(不知已否出版,我只见洪丝丝老人的序文),很富传奇性、戏剧性,场面广阔(涉及两国五省市)、情节丰富而时间很短(牺牲时仅24岁),我想如能拍成电影和电视系列片,不但具有极大的教育意义,在艺术上也有取得很大成功的可能性。不知你们能否以适当方式向有关制片单位和电影、电视艺术家提出这一建议请他们考虑?请酌定。”李林(1916～1940):福建闽侯人,印尼归侨。九一八事变后参加抗日救亡运动。1935年加入中国共产党。七七事变后在山西参加抗日游击战争。1940年4月在反扫荡中负伤被俘,壮烈牺牲。

已制成，难作多大的改变了。

附告。

胡乔木

九月十日

听说电影演员刘晓庆将去法留学，事如属实，当为张瑜等去美后的我国电影界的又一损失。不知可否考虑像慰问留学生那样对她们做些争取的工作？她们多数人在国外的境遇很不幸。我对电影界是外行，请与影协同志研究一下如何？

对电影《武训传》的批判不能说是基本正确的*

（一九八五年九月五日）

一九五一年，曾经发生过关于电影《武训传》的批判。这个批判涉及的范围相当广泛。我们现在不在这里讨论对武训本人及《武训传》电影的全面评价，这需要由历史学家、教育学家和电影艺术家在不抱任何成见的自由讨论中去解决。但我可以负责地说，当时这场批判，是非常片面的、非常极端的，也可以说是非常粗暴的。因此，尽管这个批判有它特定的历史原因，但是由于批判所采取的方法，我们不但不能说它是完全正确的，甚至也不能说它是基本正确的。这个批判最初直接涉及的是影片的编导和演员，如孙瑜同志、赵丹同志等；他们都是长期在党的影响下工作的进步艺术家，对他们的批判应该说是完全错误的。他们拍这

* 此篇是1985年9月5日在中国陶行知研究会和陶行知基金会成立大会上讲话的部分内容。标题是编者加的。全文发表于《党史通讯》1985年第15期。1951年5月20日《人民日报》以社论形式发表毛泽东写的《应当重视电影〈武训传〉的讨论》，批评对武训及电影《武训传》的赞扬，全国各地报刊转载并发表文章，批判武训和电影《武训传》，形成建国后文化思想战线上的第一次批判运动。

部电影是在党和进步文化界支持下决定和进行的，如果这个决定不妥，责任也不在他们两位和其他参加者的身上。这部影片的内容不能说没有缺点或错误，但后来加在这部影片上的罪名，却过分夸大了，达到简直不能令人置信的程度。从批判这部电影开始，后来发展到批判一切对武训这个人物表示过程度不同的肯定的人，以及包括连环画在内的各种作品，这就使原来的错误大大扩大了。这种错误的批判方法，以后还继续了很长时间，直到党的十一届三中全会才得到纠正。

一股清新的春风*

——谈影片《迷人的乐队》

（一九八六年一月十一日）

在目前武侠片、侦破片泛滥成灾的时候，《迷人的乐队》〔1〕这类影片的出现是难能可贵的，它们给全国观众吹来一股清新的春风。这类影片本来是我国进步电影事业长期优良传统的表现，非常可惜的是近几年这个优良传统竟濒临危机。对于这个不幸的曲折的形成，恐怕在座的许多同志，包括我自已在内，都负有或多或少的、直接间接的责任。希望电影局、发行公司要按照启立

---

* 此篇是1986年1月11日晚在电影《迷人的乐队》座谈会上的谈话。主要内容曾在《电影通讯》1986年第2期上作了报道。标题是编者加的。

〔1〕《迷人的乐队》是北京电影制片厂制作的故事影片，王好为导演，李晨声摄影。

同志提出的意见，〔2〕制定使一切优秀影片从生产到发行畅通无阻的办法。制定一个“交通”规则，使《迷人的乐队》这类好片子的创作、摄制、发行和群众的观看，都能畅通无阻。出版物的管理也面临着类似的问题。希望每个有关的负责人做一个好的“交通警”，指挥错了要马上纠正。对健康的、有益于人民和社会主义的电影，各个环节都要开绿灯；对有害于人民和社会主义的坏片子，各个环节都要开红灯。

这个摄制组在困难的条件下完成了一部好影片，是光荣的，值得骄傲的。要对过去拍的毒害人民、毒害青少年、也毒害了电影艺术本身的坏片子进行检查，得出必要的教训。那些恐怖片、色情片以及胡闹得无聊透顶的恶心片，连稍有道义感的资产阶级人士也不能容忍。现在文艺界、文化界有少数人，眼睛里没有群众的利益和对群众应负的责任，也没有艺术和文化，只有对金钱和西方的崇拜。我们要信任人民，信任艺术的力量。不能把群众的趣味看得那么低。健康的艺术是有生命力的，有一股开拓前进的力量。道路会越走越宽，前途无限广阔。

这部影片以及其他优秀的影片，在正式放映和受到群众鉴赏以后，要像对电视连续剧《四世同堂》一样，给予表彰，树立正气，压倒邪气。

应该看到，社会效益和经济效益不是对立的。《迷人的乐队》不仅有思想性、艺术性，也有娱乐性。不能在强调艺术品要以社

〔2〕胡启立主持了这次座谈会。他提出要做好优秀影片的宣传、发行工作，把《迷人的乐队》当成这项工作的突破口来抓，制定出一套有效的规定，要把社会效益与经济效益统一起来。

会效益为唯一标准的时候，有意无意地把社会效益与经济效益对立起来，把两个效益放在互相排斥的位置上。

文化市场和物质产品市场有区别。优秀的文艺作品受到群众的欢迎，和舆论的提倡密不可分。票房价值不是死的东西，群众的欣赏习惯从来都是可变的，这才有文化艺术的发展和进步的历史。我们不是那些怀疑一切、否定一切的绝望论者，相反，我们坚定地相信社会进步和文化进步。群众的艺术趣味是否向健康的方向发展，归根到底是担负文化领导工作的同志们的责任。无论如何，决不允许把群众看成是不辨美丑的，如果有人这样看，最好先请他问问自己是否辨别美丑。一定要相信人民，一定要相信艺术的力量，努力改进我们的工作，这样就一定会创造出票房价值。如果连这一点信心和勇气都没有，那不如去干别的工作。

关于《毛泽东诗词选》的通信*

（一九八六年五月）

一、胡乔木致逄先知、龚育之

先知、育之同志：

四月二十四日信并各件〔1〕都看了。毛泽东诗词选书稿借来得迟了，许多问题在京时未听说，如今很难对谈了。正裕同志〔2〕对注释稿作了如此认真详细的核对补充，用力之勤，甚可感佩。所校正处当然要照办，毫无疑义，但所增之处多数建议加以删节。这是因为：1. 注释太多太繁，使本书类似辞典之类，很觉累赘。且增改过多，对如期出版也造成不小的困难，这当然是次要的。实际上如再要注得多些，亦无不可，但原注释经多方

---

* 此篇是就《毛泽东诗词选》的编辑、注释问题与逄先知、龚育之的来往书信（共三封）。据手稿复印件收录。标题是编者加的。逄先知（1930～ ）：山东胶州人，时任中共中央文献研究室副主任。龚育之（1929～ ）：湖南湘潭人，时任中共中央文献研究室副主任。

〔1〕 随信送胡乔木的有：《毛泽东诗词选》书稿；毛泽东身边护士长、曾帮他保管诗词的吴旭君写的关于《吊罗荣桓同志》一诗写作时间的回忆。

〔2〕 吴正裕（1935～ ）：江苏宜兴人，时任中共中央文献研究室毛泽东研究组副组长，参加《毛泽东诗词选》的编辑、注释工作。

是次要的。实际上如再要注得多些，亦无不可，但原注释经多方增补，现看来已嫌太多，只是限于时间精力等，现已无能为力了。作者生前多次反对出他的诗词注释本，说大多数注家绝少是成功的，注愈详愈坏。直到一九六六年三月杭州会议时，有四位大区第一书记找到我，要我请求出他的诗词注释本，他才勉强答应可出一简要的注本在内部发行。我们现在虽不一定要一切按他的话办，但注释太多，对这样一本只约五十首的诗词选确有轻重不称，喧宾夺主的缺点。某些细节的考释，说多了，将来再看，也难免会受到时间的淘汰。吴正裕同志所作的大量劳动不会白费，建议另出详注本或毛泽东诗词考释、研究之类的书，不知是否可行？至注释中还有一些意见不一致的地方，已多作简单说明。这些意见当然都还将继续讨论，但为此书不延期出版，不得不提出一些解决办法。究竟如何处理，请你们两位商同正裕同志和人民文学出版社有关负责同志共同决定。2. 挽易昌陶诗仍建议不收〔1〕，因本书所选各篇都有鲜明的革命色彩，加入此诗则缺少了这种统一性，此诗从艺术上说也不是上乘的作品。当否亦请酌定。3. 吊罗荣桓同志一诗，我看了吴旭君同志的回忆，很难提出可疑之点，证以诗中“君今不幸离人世”一语，断非若干年后才能写出的。现存手稿同意你们的论证。盖中间一段他不可能再想到这首诗，到七十一年后再追想，记忆模胡，参以当时心境，故改处甚多。作者的诗常自书写或重写多次，此诗则为特例，因此作在作者生时决难示人，即林死后犹然，罗处当然不会听说。此中究竟实亦非不可理解，细想想就明白了。因此，建议

〔1〕 此集编定时五古《挽易昌陶》收入副编。

写作时间不动。

以上不敢擅专，当否统请酌定。希望有关各点不致外传。

胡乔木

五月二日

各件均退，未留底。有疑点或前后不一致、前后位置不当处请自定。[1]

二、龚育之、逄先知致胡乔木

乔木同志：

关于毛泽东诗词选，有两个问题，向您请示。

一、关于正、副编的划分，我们认为，根据您在出版说明里说的标准(是否经作者校订定稿)，一九七八年经当时中央常委批准发表的贺新郎、吊罗荣桓同志、读史等三篇，应列入副编。因为这几首未必是定稿，特别是吊罗一首，可能是“作者不准备发表的”。人民文学出版社的同志也主张这样挪动。

二、《吊罗荣桓同志》写作年月，经您同意，拟了一个注释。注文如下：

〔一九六三年十二月〕这首诗在作者的手稿上未署写作时间。一九七八年发表时所署写作时间，是根据原在毛泽东同志身边工作的同志的可靠回忆判定的。仅存的一份手稿，从笔迹看是写于

〔1〕 胡乔木在《毛泽东诗词选》稿本上作了详细的批改。

七十年代初期。毛泽东同志常对过去作的诗词加以修改。

龚育之、逄先知

1986.5.8

三、胡乔木致龚育之、逄先知

育之、先知同志：

八日[1]信悉。

正副编的分法(这类问题去年未能向你们和人民文学出版社同志说明,实为疏误,请予谅解),实际界限在于诗词的质量,读者当可意会。但用经作者校订定稿与否作为标准,个人认为还是适当的。这也就是不同档次的婉词,而亦符合事实。贺新郎作者久经琢磨,念念不忘,生前未发表只是由于私生活问题;吊罗、读史也都可以说是定稿,因为此后作者没有也不可能再作修改。吊罗作者生前不愿发表出于当时的政治考虑,现早已时过境迁,且非本书初次正式发表。如认为"不愿发表"意义仍不醒豁,改为认为没有达到自己的艺术要求亦可。这三篇都经中央郑重发表,现列入副编会引起读者的混乱和诘难,使中央的工作缺少应有的连续性严肃性(此与政治路线是非无关),编者也难以举出尚未定稿确凿充足的证据和理由,从而使本书的编辑出版既打破了原有的权威性又无法树立自己的权威性。(中央现虽不会过问这类细节,但出版后可能有读者投书中央质问,则中央势必查究责任。)尤其是把正副编的艺术界限打乱了,这很不利于作者在诗词界的声誉。副编

---

[1] 指1986年5月8日。

诸作,实际上显然都是作者从艺术上不愿正式发表的,如秋收起义,给彭、给丁诸作作者未必不记得(反彭反丁后当然不会发表,前此送他亦不会入选);和柳、答周、重上井冈山,同样的题目都写过两篇,但三首发表了,三首则未,可见作者分寸之严。好八连〔以及流传一时的读报、辨秦等篇,现均未收〕作者所以不愿发表则因中有某种戏作成分。给罗章龙诗作者生前可能未见,如见了也不会愿意编入选集的,挽易昌陶亦然。正编诸作气魄雄大,韵味浓郁,显为副编所不能比拟。私意现在的分法选法似较得体,但亦不敢自专,谨请反复推敲,权衡得失。作者的政治声誉因后期错误太大在知识界很难有大的恢复,但相当一部分知识分子对他的诗词还是很欣赏很以为宝贵的,这自是作品的客观价值使然,故对本书的处理务望考虑到这部分读者的心理状态,不要拘泥于某种形式上的界限,而要更多从政治上艺术上的高度决定取舍和编次,以免使这部分读者也感到失望(注解精简化也是免得这部分读者觉得被当成中学生;据此,似词牌、七律等解释仍感太繁)。以上都是个人意见,是否有当,谨供参考,请再酌定。

吊罗诗年月略予修改〔1〕,现附上,并请酌定。

胡乔木

五月十四日

---

〔1〕 胡乔木修改后的这条注文如下:"〔一九六三年十二月〕这首诗一九七八年发表时所署的写作时间,是根据原在毛泽东同志身边工作的同志的可靠回忆判定的。但现在仅存的一份手稿,从笔迹鉴定当是七十年代初期据原作的回忆重写的。作者常对自己的诗词反复书写和修改。"

谈王实味*

（一九八六年五月二十七日）

先知、育之同志：

王实味除文学翻译家外，建议再加上曾撰写过一些评论〔1〕。如此读者才能想得通他何以被捕。但说是评论家又太过了。他写过的评论除杂文外还有较长篇的文学评论，都曾在解放日报和延安其他刊物发表。在国统区可能也写过一些文章，但除译作外似未出过单行本。如何请酌。

胡乔木

五月二十七日

* 此篇是为《毛泽东著作选读》中怎样写“王实味”这条注释致逄先知、龚育之的信。据手稿复印件收录。标题是编者加的。

〔1〕该书编者采纳了胡乔木的建议。对毛泽东《在扩大的中央工作会议上的讲话》(1962年1月30日)中提到的王实味作以下注释：“王实味(1906～1947)，河南潢川人。翻译家，还写过一些文学评论和杂文。曾在延安中央研究院文艺研究室任特别研究员。关于他是暗藏的国民党探子、特务一事，据查，不能成立。”见《毛泽东著作选读》(下册)注释第486条，人民出版社1986年8月第1版，第890页。

记朱光潜先生和我的一些交往*

（一九八六年十月）

我认识朱光潜先生很迟，现在能记清的似乎就是朱先生在《美学文集》第一卷《作者自传》中提到的一九六二年夏天在中央党校为开设美学课而召集的座谈会上才第一次见面。那次也没有能多谈话，我只是在座谈会结束时讲了几句希望美学家对现有的文艺创作从美学角度进行评论的话。我没敢涉及到当时已进行了六年左右的美学讨论的实质问题，因为我自问没有这种资格。

实际上我读朱光潜先生的著作已经很早。收在他的《美学文集》里的大部分作品（包括似乎与美学关系很少或很远的《变态心理学》在内）我都在发表后就看了。我承认从中获益非浅，尽管也有些论点是不能同意的，这在我给他的一封信里曾经提到过。他对文艺和美学的看法也有了新的发展。为了给我国的美学研究者创造条件，解放以后，他刻苦学习马克思主义并为此而学习俄文。他努力翻译了大量的欧洲美学著作。他所翻译的著作我也读了大部分，但是没有读完，这是我常引以为憾的。他在解放以后年龄已

---

* 此篇收入《朱光潜纪念集》，安徽教育出版社 1987 年 4 月出版。朱光潜（1897－1986）：安徽桐城人，美学家，北京大学教授。

经不小,能用这样大的精力来翻译这些多数是难译的巨著——尤其是在经历十年浩劫以后晚年所译的维柯的《新科学》[1],这是使我极为敬佩的。这表示他对于祖国的热爱,对于祖国文化界的热爱,对于马克思主义美学事业的热爱。我想,在这个领域,我实在说不出第二个人来。

在所谓"文化大革命"结束之后,我曾经两次去拜访他。说是拜访,其实并没有谈多少话,无非问问他现在作些什么工作而已。但是给我留下了永远难忘的印象。他的住宅是多么简陋破旧啊!周围确实像一个旧式的小农家,但是决没有任何的"诗意"。他的夫人奚今吾女士,也是一个瘦弱的老人了,为他的工作和生活是付出了多大的辛劳啊!他在北京大学还有另外的工作室,我听别的同志说,他每天早起锻炼,吃了早饭后就带上午饭去工作室,到傍晚才回来。但是却不是回到一个可以比较舒适地休息的处所,而是一个很拥挤、很杂乱、堆满书籍和各种生活用具的地方。我知道北京大学在浩劫以后所面临的特别的困难,我只是禁不住一种难以言说的内疚的心情。

他的《西方美学史》在六十年代上半期出版,曾经给我以很大的喜悦。这部书自然还不能说详细,但是究竟是我国的第一部啊!书里面有多少精辟的见解啊!一九七九年出了第二版,有了一些改动,特别是书前的序论,曾经又引起了一次对他的批评。后来在中国社会科学院举行的一次招待会上,我和他同桌,曾谈起这件事。我说,你的论点是正确的,但是论证的方法不好。依靠引证,

---

〔1〕 维柯(Giambattista Vico,1668~1744):意大利哲学家。他的《新科学》在探讨人类社会发展规律方面在那个时代是里程碑式的著作之一。

而可以引证的资料是很多的，这就难免以子之矛攻子之盾。因为招待会上无法多谈，以后也就再没有机会接触当时所谈论的问题。我的看法仍然没有变化。经济基础和上层建筑的关系只是一个比喻，不能看成精确的公式，这里面需要进一步研究的问题很多，并不限于文艺或意识形态，我们只能从实际出发，不能从引证出发，不能削足适履。不过这不是这篇文章所能够讨论的。

一九八三年十月前后，我写过一篇《关于人道主义和异化问题》，文稿曾专函请求他审查。他在回信中除了对基本观点表示同意外，提出了马克思关于人的全面发展和解放全人类的观点问题。这虽不是那篇文章和当前革命实践所能直接解决的问题，但是可以看出他对马克思主义信念的坚定不移。

我想把朱先生一九八三年三月去香港中文大学讲学的事作为这篇短文的结束。他讲学一回来，我就邀请他（由他的女儿朱世嘉同志陪同）到我当时因病暂住的医院相见。他讲了他在香港讲学的经过和见闻，使我听了十分欣慰。他在中文大学讲学时一开始就宣布他的身分："我不是一个共产党员，但是是一个马克思主义者。"这句话说得好极了，我想，这可以作为他后半生的定论。

鲁迅对中外文化的分析态度*

（一九八六年十月十九日）

鲁迅是中国现代文学的主要奠基人。他对中外文化都有深刻的研究，并且对介绍近代外国文化，整理和批评中国旧文化，发展中国新文化，有特别重要的贡献。他成为共产主义者以后，仍然继续他在中外文化交流方面的研究。鲁迅厌恶偶像，在座的各位也都厌恶偶像，但是我们确实不能不尊敬和怀念这位英勇的先驱。

鲁迅从早期的反封建主义的民主主义作家，社会评论家和文化评论家，到二十年代末期成为左翼作家和共产主义者。这是他个人思想发展和当时历史发展的必然结果，跟近代世界上许多伟大的人道主义作家所经历的一样。他从不讳言自己的思想转变，相反，他是极郑重地作出自己的选择的，选择了，就极郑重地坚持到最后，无论在敌人的怎样的恐怖和压迫面前，没有任何动摇和退却。需要特别指出的是，就整体来看，他并没有对马克思主义和共产主义，对社会、历史、文化、文艺，作某种简单的、狭隘的、机械的理解。他坚决反对认为马克思主义、共产主义与人道主义、民主主

* 此篇是1986年10月19日在鲁迅与中外文化学术讨论会开幕式上的发言。发表在1986年10月21日《人民日报》。

义互不相容的观点,也坚决反对把文学与政治宣传混为一谈的观点,也坚决反对任何人以阶级斗争之名对别人实行恐吓、辱骂和专断。显然,他认为那些思想和行为,都是完全违反自己的科学信念的。这在二三十年代的左翼思想界,实在是非常之难得。

各位都知道,他十分热心于扶持青年的革命作家和革命美术家,十分热心于自己介绍和支持别人介绍外国的革命作家、革命美术家和革命的文艺理论,十分忠实于国内和国际的实际革命活动,并且对那些亲帝国主义的、反对革命和进步的中外作家、评论家进行了十分尖锐的指责。同时,他也热诚地跟并非左翼而有益于民族和社会的文艺界人士以及其他方面人士交往,或对他们给以肯定评价,热诚地介绍外国的虽与革命无缘但仍是人类文化财富的文学艺术作品和文学艺术论著。他为良友版《中国新文学大系》编辑的小说二集,他和柔石等人在朝花社对外国文学和外国美术的介绍,他和郁达夫合编的《奔流》,他在黄源协助下主编的《译文》,他的《壁下译丛》和《译丛补》,以及他用极大的努力翻译的《死魂灵》,都是这方面的明证。这里似乎也有一些复杂的情况。他对于某些自己早年曾受过影响的作家,晚年也仍然支持对他们的作品的翻译和出版,但又在自己的评论中对他们思想的消极性质进行明确的批评。其实这并没有什么奇怪,因为他是主张和实行"拿来主义"的,而按他的解释,拿来主义就是"占有、挑选","或使用,或存放,或毁灭"。他所说的"拿来",决不是简单的、不变的肯定或否定,而是两者的辩证统一。他认为,在近代的中国,没有这样的"拿来","人不能自成为新人,文艺不能自成为新文艺"。这是他开始文学活动以来的一贯主张,只是在晚年才这样明白说出罢了。

鲁迅对中国文化和中国历史,也采取同样的分析态度。在对中国封建统治和封建文化的批评方面，在对作为中国封建社会长期历史沉积物的“国民性”批评方面，无论在成为共产主义者以前和以后，始终是中国思想界最积极的战士。他在左翼作家联盟成立大会上曾着重提出：“对于旧社会和旧势力的斗争，必须坚决、持久不断。”他的最后的杂文集且介亭杂文三卷，评论旧思想的篇目比过去任何一部杂文集毫无逊色。这在当时的文艺界几乎是独一无二的现象。鲁迅的远见卓识，受到现今中国的评论家们的重视是理所当然的。值得同样注意的是，鲁迅从来没有全盘否定过中国文化和中国历史。在参加左翼运动以后，他虽不可能再像从前那样专注地进行中国文学史、中国小说史以及中国古代美术、中国古代思想的研究，但是仍然修订了《中国小说史略》，增订了《小说旧闻钞》，仍然最后一次校阅他所悉心校订的《嵇康集》，仍然同郑振铎合作编辑了《北平笺谱》和重印了《十竹斋笺谱》，仍然在《故事新编》中既写了《采薇》、《出关》、《起死》那样的讽刺性作品，又写了《理水》和《非攻》这样热烈歌颂禹和墨翟的作品。他在《中国人失掉自信力了吗?》一文中，对于丧失民族自信心的人作了最坚定的答复：“我们从古以来，就有埋头苦干的人，有拚命硬干的人，有为民请命的人，有舍身求法的人，……虽是等于为帝王将相作家谱的所谓正史，也往往掩不住他们的光耀，这就是中国的脊梁。”有直立的脊梁和双腿，这确实是最重要的，因为然后才能分析、批评和继承过去的中国，建设现在和将来的中国，并且为此而改革，而开放，而拿来。

总之，鲁迅对中外文化始终采取分析的态度。他究竟根据怎样的原则进行自己的分析和挑选，这些原则哪些还适用于现在，这是值得今天的思想界认真研究的课题。

老作家师陀的困难宜尽快设法解决*

（一九八七年二月三日）

大同同志：

春节好！

离上海前曾接待上海作协副主席、著名老作家师陀同志，他在谈话中表示希望能帮助他解决全家三代仅有住房两间的迫切困难，以便继续写作。我当时告以市委市府正面临严重的学潮问题，待回京后再相机提出。顷接师陀同志来信，再次要求增配一套房子。师陀同志在作协四大以后只因我为他的小说写了一篇短序〔1〕，即无端遭受歧视和压抑。实际上他自二十年代末三十年代初即参加左翼文学的创作活动，在短、中、长篇小说方面造诣很高，后来除继续写散文外也写过剧本，晚年转入文学史的研究，成绩都很可观。他年迈而精力旺盛，为人正派，从不介入派别活动。对这

---

* 此篇是致谭大同的信。据手稿复印件收录。标题是编者加的。谭大同，时任中共上海市委副秘书长。师陀：见本书第 302 页注〔1〕。

〔1〕 指发表在 1984 年 9 月 5 日《人民日报》的《序新版〈无望村的馆主〉》。此文收入本书。

样一位老作家的严重生活困难，似宜尽快设法。在上海解决住房问题当然很不容易，但望先给他打个招呼。我早想写这封信，近日因事忙拖延了，很觉抱歉。以上都是个人的意见，只供市委办公厅参考。

市委市府各领导同志请代为问候。

胡乔木

二月三日

希望重视音乐戏曲的改革工作*

（一九八七年七月十六日）

今天邀请各位来，主要想对音乐界、戏曲界提一些意见。这些意见早已酝酿了，但是我的知识和了解的情况都很有限，说话难免出错。现在只是为了抛砖引玉，把我的一些想法、建议和大家交换意见。

我不主管文化工作，书记处分工是启立同志负责领导宣传工作，政治局也没有分配给我这个任务，我是以一个党员、一个公民、当然也是各位的一个老朋友的身份来同大家叙谈的。

首先说说音乐和其他有关方面的问题。是否能做这样的估计，这些年来成绩很大，人才辈出，但问题缺点也不少。尽管有些客观困难，但我们采取的贯彻始终的得力步骤也不够。就像茅盾同志常爱引的古话："人谋不臧。"

拿创作来说，有的同志告诉我，前几年的春节联欢晚会每年可以推出一支新的歌曲，马上就能在全国普及，像《在希望的田野上》、《十五的月亮》。我们中国的作曲家人才很多，我们应该在这

---

* 此篇是1987年7月16日在音乐、戏曲工作座谈会上的谈话。标题是收入《胡乔木文集》时加的。

方面下功夫去帮助他们创作更多的受欢迎的好作品来。说帮助，是因为作曲家也常遇到一些使他们无法安心作曲的困难，况且作曲先得有好的歌词。

其次，我感觉到当前音乐界，特别是严肃的音乐，有很多框框。比如声乐就只有独唱、合唱、几重唱等一些形式，好像再没有别的办法了。不敢越雷池一步，越过了好像就要失掉正统音乐家的名望。现在我们自己培养出来的声乐家除了到国外去演唱外，在国内市场太小。我想，应该采取种种灵活措施，使我们的声乐家能在国内生根，扩大他们的活动天地。我们当然不反对他们出国表演，这也是为国争光，进出可以自由。但国内也应该创造一个很好的或较好的表演环境，这是音协、文化部、文联和中宣部的任务。我们无论何时绝不会反对而且将努力继续支持正统的声乐表演形式，可是为了让音乐家在国内多一些活动的天地，我们似乎还得多想点新办法，这首先得排除我们自己的心理障碍。比方说，我们能不能搞一些像维吾尔族那样载歌载舞还有对唱的热烈表演形式，这在汉族听众中也是很受欢迎的；我自己也算一个，我就有一点偏爱热烈。

在苏联和东欧也有这样的民间歌舞，虽然没有歌唱，但演出非常欢快，这些形式很能够强烈地吸引观众，我对此记忆犹新。对这些形式，我们汉族的严肃音乐界为什么不可以“拿来”呢？此外，广西壮族和云南、贵州等地少数民族也有像《刘三姐》、《阿诗玛》等优美的对唱，汉族也有《小放牛》一类的歌舞剧。的确，汉族比较缺少这方面的传统，或者难登大雅之堂，或者如《荷花舞》之类又太文雅了。我们为什么不可以为美声声乐家和民间声乐家创造或推广一些能受观众热烈欢迎的新传统呢？这种歌舞也可以发展成为歌剧。前面说的《刘三姐》就是著名的歌剧之一。我看过几部电影就是以民间歌舞剧形式出现的，反过来，有几部电影也完全可以改编为歌剧。

我国“话剧加唱”的歌剧是由来已久了。从《白毛女》、《刘胡兰》、《小二黑结婚》、《洪湖赤卫队》、《红珊瑚》、《刘三姐》到《江姐》。特别是《刘三姐》和《江姐》盛极一时，有口皆碑，但为什么现在没有这样优秀的作品？歌剧也应该随着时代的发展而变化，并不一定要照从前的老样子来唱才算爱国。我们要走的路，首要的是要有新的现实的内容，要能够打动当代群众，特别是青年的心弦，使他们产生强烈的共鸣；要反映时代，反映当前迫切和尖锐的问题。地方戏曲就表明了这种生命力。

因为我对音乐不懂行，却是音乐事业的热心者，所以提出了这些也许难以实现的想法。我认为各种唱法都可以尝试，除了主要的美声唱法、民间唱法以外，甚至也可以包括我个人决不顽固反对的通俗唱法，只要唱这种唱法的人真正热心于歌剧，愿意遵守歌剧的必要规范，而不要弄成滑稽戏。总之，应该敞开门户，让大家来竞争。这样就可以逼得美声唱法和民间唱法的声乐家不得不艰苦奋斗，以求生存和发展。我相信中国的音乐听众对美声歌剧是有鉴赏能力的，不然大家为什么要那样如醉如狂地买票去看《茶花女》的歌剧片？如果搞中国歌剧，也许先搞一些喜歌剧比较容易成功，但是这种猜想可能不正确，因为过去在中国舞台上以至银幕上成功的中外歌剧大多数还是正剧和悲剧。

关于音乐，我还想给音协的同志提点意见。在一个长得可怕的时间内，墨守成规、门户之见太厉害。我对聂耳、冼星海都很尊敬，也很支持他们的歌曲和乐曲的表演。但是，长期以来把他们抬得太高了，这个问题以及其他一系列问题，引起了音乐界的争论。在这个问题上，我希望音协的同志能够对过去有所反省，因为在争论中你们是处于主宰的地位。赵元任〔1〕、萧友梅〔2〕、黄自〔3〕他们都是爱国的音乐家，他们有的歌，我和许多人一样很喜欢，很希望各方面有人加以提倡传播。对门户之见一定要彻底扫光，不要再背上这个包袱。总之，我们应该广开乐路，中国人的好东西多得很。但在目前来说，无论是歌剧还是音乐作品的创作，我个人认为，首先是指导思想要正确，要反映我们当代生活中的问题。当然，不能对歌曲提出跟对歌剧一样的要求，艺术品种不同。但是无论在什么情况下，决不能搞低级趣味，搞性解放或其他煽动性的东西。我想这应该是不难做到的，因为在座的各位都讨厌这些东西，但是要真正做到却也不容易。我们所有的同志都要从各方面共同努力来提高青年听众的审美趣味。

再讲一讲戏曲主要是京剧的问题。京剧和音乐面临的问题有些类似。我很尊重老一辈的艺术家，特别是梅兰芳同志这一代，他们有很大的贡献和影响，他们在已有的艺术成就上继续创新，形成了各有特色的流派。现在我们还在努力培养他们的年轻的传人。困难的是，青年观众大都不再爱听京剧，使现存的老中青三辈京剧

---

〔1〕 赵元任：见本书第154页题解。他也是一位作曲家，作的歌曲《听雨》、《卖布谣》、《教我如何不想他》广为传唱。

〔2〕 萧友梅（1884～1940）：广东香山（今中山）人，音乐教育家，作曲家。1920年所作《聊云歌》是辛亥革命后中国政府颁布的第一首中国国歌。

〔3〕 黄自（1904～1938）：江苏川沙（今属上海市）人，作曲家，音乐教育家。《抗敌歌》（1931）、《旗正飘飘》（1933）是他的代表作。

家不能常常登台表演他们的精美艺术。我们应该尽可能改善这种状况,对此还有很多工作可做,这是问题的一个方面。另一方面,我们也不能不看到,既然京剧的观众在急剧减少,为了保存和发展京剧艺术,我们就必须努力寻求新的出路,也就是说,在保存传统京剧的同时,必须对京剧进行各种改革的尝试。当前京剧界不能谈改革,一谈改革就有一些热心维护京剧传统的人大吵大闹,甚至告到中央。他们的热心是可以理解的,但是单靠热心并不能维护京剧的生命。传统京剧打不开出路,我们无权强迫观众如何如何,这是明摆着的。因此,我们固然要设法说服维护传统的热心家,同时还得要坚持改革京剧。我个人认为,文化部在这方面魄力不够,在这个问题上不敢把手伸到火里面去。文化部完全可以理直气壮地讲这个问题。我们不能看着中国的有悠久历史的主要戏曲,如京剧、昆曲等剧种在我们这一辈人中死亡。现在这些剧种在舞台上很难竞争,我们并不希望出现这种局面。在毛泽东等老一辈在世时就不是这样。但现在不行了,我们不能把八十年代硬拉到五十年代。什么事也不能硬拉,不但对京剧。我很不明白,为什么我们党的路线、方针、政策都可以变,京剧就不可以变?今天没有请剧协的同志来,这事恐怕剧协也没法讨论,只好拜托文联党组和文化部了。

京剧和音乐、歌剧等一样,完全可以反映当代群众非常感兴趣的迫切的尖锐的现实问题,其他地方戏曲成功的例子很多,唯独京剧的堡垒打不开。堡垒打不开,结果也守不住。为京剧的前途着想,我觉得京剧非改革不可。第一是非保存不可,第二是非改革不可。京剧改革可能有各种角度和范围,但一定要保持京剧的唱腔和通常所说的京剧(或整个中国戏曲)所独有的戏剧观,如果这些都改了，那就不是改革了。其他像舞台、化妆、动作、伴奏音乐以至唱词的声韵、道白，我个人的浅见认为都可以改变，什么形式和方法都可以尝试（也许最引起争议的荒诞派一类作法可以除外，这要请大家讨论），在竞争中优胜劣汰。不管什么样的形式最后占据了上风，也总算得到了一个结果，就是把京剧保存下来，使它恢复生命力。京剧本来就是经过多次改革的，梅兰芳就是一位改革大师。现在我们为什么不能进一步改革呢？仅仅是理论上的争论是不会让所有人信服的，在这个问题上不存在少数服从多数的问题，唯有实践的结果才有说服力。对昆曲也同样寄以希望。我对昆曲了解得很少，但是相信，昆曲也能在改革中保持它的生命力。它的唱腔很丰富，不一定老守着《牡丹亭》那样的传统框框。京剧、昆曲和地方戏曲都可以搞些电视连续剧，开始恐怕不宜于太长，只要编得好、演得好，就会被电视台和电视观众所接受。

党的十一届三中全会提出要面对新情况，研究新问题。我们在这些方面没有跟上三中全会提出来的口号，没有按照党的精神来改革。改革的内容很丰富，我们的步调远远没有跟上，落后了一大截。文化界很多同志希望国家支持严肃艺术，无论是中国的还是外国的好作品都支持，但不必用国家的力量去支持那些商业性的演出，因为它早就够流行了，挣钱够多了。这个意见，我个人完全赞成。

总之，我今天发表的意见只代表我个人，而且我的主张是兼容并蓄，两全其美，不是用一个打倒另一个。希望无论如何不要造成某种一面倒的声势，造成内讧，吵得不可开交，以至于什么事情都办不成。

可以把《刘胡兰》加工成为一部真正的经典作品，用第一流的演员来唱,还是可以保持相当的号召力的。可以在各高校里做好准备工作,事前邀请各高校同学来看预演,征求他们的意见,也可以获得巨大的成功。但这类作品还是不能解决当前音乐界的主要问题。我们现在还是要动员各方面的力量,寄希望于创作反映当代的尖锐题材,才能引起社会的热烈反响。演出《刘胡兰》、《江姐》可以造成声势,但不能既风靡一时又传之后世。这决不是说演出《刘胡兰》、《江姐》没有重大的教育意义,相反,演出这类歌剧是完全有必要的;只是说历史题材的作品究竟与当代生活没有最密切的关系。写现代题材,最好少涉及真人真事。

我们一定要集中优势力量反映当代的社会现实,反映社会主义建设和改革的迫切要求。当然可以采取各种方式。希望文化部抓住这个指导思想不放,不要离中心太远。启立同志特别要让我讲一下指导思想,我们不要回避,要急流勇进。但也不要一窝蜂,都搞一种题材。题材很多,特别是当代文学作品还有不少可以作为底本。

我们不能有胆怯心理。因为怕犯错误而一事不做,就是最大的错误。有些同志过去说了一些过头的话,以后不说就行了。去年搞得太不像话了,造成了学潮这样严重的后果。丁玲同志以前讲得很对,一方面说创作空前繁荣,一方面又说创作还不自由,这不是自相矛盾吗?没有自由怎么会有空前的繁荣?党中央仍然坚持双百双为的方针。现在讲改革,一切都要兴利除弊,除旧布新,创作和整个文学艺术事业的天地很广阔,而且会越来越广阔。所以现在要鼓大家的气。当然对明显的错误也不是说就此不提了,这不行。俗话说,前事不忘,后事之师。

希望文化部、音协、剧协大力支持。提倡写现实生活的题材,在这方面要实行统一领导,大力协同,和衷共济的原则。也希望中宣部加强这方面的工作,中宣部讲话是有人听的。当然工作要做得恰当,不是提出一些叫人为难的要求来。不要愁人才不能集中。只要有了好的剧本和好的曲谱,人才可以随你择优选拔。这不是空想,因为有电视连续剧《四世同堂》的经验为证。工作确实应该做细做稳。但不能因细因稳而不前进。前进固然矛盾重重,不前进一样也是矛盾重重。我赞成工作做细做稳,但反对踏步不前。

现在门户之见太多,人为的樊篱太多。我们要总结过去的经验教训,胸怀宽广一些,要能容人。黄佐临同志[1]有一副对联说:"尊颜常笑,笑古笑今,凡事付诸一笑;大肚能容,容天容地,于人何所不容?"我不赞成无限制的凡事付之一笑,也不赞成无限制的于人何所不容,但是人要有一定的度量,这确实是真理。我们有的同志相互关系搞得那么紧张,有的是由来已久了。长时期这么内耗,浪费了许多精神,又破坏了团结,何必呢?如果大家的关系都搞得很紧张,互相很警惕,创造性和灵感何从表现?建议文艺界撤除一切樊篱,恢复应有的同志关系和团结。今后无论哪个文艺部门,再不要搞什么领袖制度,文艺家个人谁也不领导谁,都尊重党的政治领导。今年,大家都在坚持四项基本原则方面提高了认识,基本上消除了一些不好的影响和表现。文艺界还是要保持正常的自由的气氛,使创作和各种艺术活动更加活跃起来。大家都不要从自己的幻想中制造烦恼。党中央对人的处理是非常慎重的,这大家都知道。香港的《争鸣》、《九十年代》之类在那里造谣,可惜我们有几位作家也介入了《争鸣》、《九十年代》的某些活动。

---

〔1〕 黄佐临(1902~1994):广东番禺人,话剧、电影导演。

原来都是很有些名气的作家呀，他们竟会不知道它们都是些什么货色？我们实在难以理解。对这些作家要批评。我们要自我批评，也要批评，因为你的行动不对嘛。

对于流行歌曲，即所说用通俗唱法演唱的歌曲，我们不反对，但不大肆宣扬；承认它，但不推波助澜。这说不上是什么新章程，不过是世界各发达国家和地区，包括香港，行之已久的惯例。电视台是代表国家的，电视台宣扬什么就代表国家宣扬什么，我们应该有这样的觉悟和认识。

五十年代、六十年代初期有许多好的歌曲，现在也有不少好的歌曲，有的虽然不是革命歌曲，但很优美，人们喜爱。我们应该把那些最优秀或最优美的歌作为经典歌曲，让它们世世代代传下去。现在我们的观众、听众的爱好出现了一个多样化的现象，这很好。但是，我们的美育跟不上，一定要加强美育工作，提高青少年的音乐欣赏水平。这项任务的关键在教委，因为广大青少年的教育工作都由他们掌管；他们对于加强美育很重视，但是陈年老账指望一下子清理好也有难处。希望文化部、广播影视部积极配合，加强这方面的工作。

读韦君宜《病室众生相》*

(一九八七年九月八日)

韦君宜同志患脑血栓后长期不能写字。她坚持锻炼,后来曾在人民日报副刊(六月十二日)发表过一篇短文。最近,她告诉我在《人民文学》八月号上发表了病后的第一篇散文,写时只觉得手抖得厉害。我这才找了这篇《病室众生相》读了。我不但为老友庆幸,而且很快地感到,这是一篇难得的散文佳作,依私见看足以继武朱自清的《背影》。

韦君宜同志过去发表过几部长篇小说,我只读过其中的《母与子》(上海文艺出版社版)。我和其他读过的中年和青少年读者一样,深深地被这部真实的热烈的小说吸引和感动,而且认为,这是表现三四十年代地下党活动的无可替代的力作,可惜未能引起文艺界和读书界的注意。她听到过一种反映,说是写法太"老"了(我不知道如果按某种新的写法写出能否还像现在这样动人),但也因毕竟有不少读者特别有的初中学生爱读,她也就很满足了。我早想写篇文章来介绍这部作品,很惭愧至今未能如愿。她也是散文

* 此篇发表于1987年9月8日《人民日报》。韦君宜(1917~):湖北人,作家,曾任人民文学出版社副社长、副总编辑。

家，她的散文集《祖国恋》（天津百花出版社版）很有特色。但是相比之下，《病室众生相》似乎进了一步，文字清素而情致浓郁，韵在言外，至少不亚于我所读过的当代名家的很少一部分散文。至于这篇散文的内容，自非过来人不能道，但是过来人也未必就能如此道出。

说这番话只是情不自禁，信笔写来，限于孤陋，难期公允，欲知究竟，希读者细玩原篇，再加评判。

建议专事长篇创作*

(一九八八年十月二十四日)

柯灵同志:

前年一晤,常相怀念。日前遇黄裳同志[1],询以你的写作计划[2]进展如何,告以尚未着手,不知确否?杂事太多,文债老是还不完,不知可否觅地杜门谢客,专事长篇创作?虽曰老骥伏枥,究竟去日苦多。这个建议有无可行性?谨供参考。即颂

著安

胡乔木

十月二十四日

顷读《辽东风情》[3],不胜神往。长短各有千秋,鱼与熊掌难

---

* 此篇是致柯灵的信。据手稿复印件收录。标题是编者加的。柯灵(1909~),浙江绍兴人,作家,居住上海。当时胡乔木在上海休养。

〔1〕 黄裳(1919~):山东益都人,作家,记者。

〔2〕 指柯灵计划创作的长篇小说《上海一百年》。这部小说的第一章写出后,曾以《十里洋场》为题发表在《收获》杂志上。这个创作计划迄今尚未完成。

〔3〕 《辽东风情》:柯灵1988年夏在辽宁考察时所写的日记,发表在1988年10月24日《解放日报》。此文后来收入作者的散文集《浪迹五记》,于1990年7月出版。

以兼得,晚年为与不为贵有取舍。是耶非耶?姑妄言之,罪甚罪甚。

关于文总与文委的关系等问题*

（一九九〇年四月九日）

海珠同志：

今年二月和三月写的两封信和《新纲领》文章〔1〕都看了。很感谢你的发现，否则所说的事都早已全忘了。

文总下属的联盟是多是少，是什么组织叫什么名称，以及文总党组与文委之间的关系或异同，在各个时期并不一样。夏衍同志的说法〔2〕比较确切，因为我一九三五年上半年曾在社联工作过一段时间，以后才被提到文总去的。阳翰笙同志的说法〔3〕实际上也没有什么分别，因为苏联之友社确实存在，那是上层人士的一

* 此篇是复孔海珠的信。据手稿复印件收录。标题是编者加的。孔海珠(1942～　)：浙江桐乡人，当时在上海社会科学院文学研究所工作。为纪念中国左翼作家联盟成立60周年，她写了《关于左翼文化工作转向的新纲领》，请胡乔木指正。

〔1〕孔海珠的这篇文章发表在《鲁迅研究月刊》1990年第5期。《新纲领》，指中国左翼文化总同盟(简称“文总”)秘密油印刊物《文报》第12期(1935年10月25日)上刊登的文总、社联、教联、报联、妇联、左联的纲领草案。

〔2〕见夏衍《懒寻旧梦录》第176～177页。

〔3〕见阳翰笙《左翼文化阵营反对国民党反动派文化“围剿”的斗争》。

种松散的组织，文委文总长期与它保持联系，较知名的同志也参加它的活动(大致是一种宴会)，但决非文委文总的下属组织。第十一期文报出版于一九三五年十月二十五日，这个准确的时间很重要。一九三五年美联已不存在，剧联估计也已停止活动，在田汉被捕前从事话剧活动的积极分子因独立演出困难，多已转入电影方面(生活较易维持)。不过我从未介入有关事宜，这只是推测而已。语联我曾负责联系过一段时间，此时联系中止，回想起来大概是因为直接参与这一工作的一两位党员出于组织方面的原因(如避开被捕危险)离开上海，留下的几位当时都不是党员，各谋生路，所以文总不便再用他们的名义。教联的活动阵地较广，救亡运动中扩改为国难教育社，由陶行知、沈体兰等出面，原来是否正式用新兴教育者联盟的名义，须根据直接参与者的回忆为断，文报用的名义并不能作为定论，而只能看作是文总党团和有关组织负责人(教联是王洞若)商定的名称。妇联(当时由罗琼负责)的名称恐也是如此〔1〕。社联的名称所以改变〔2〕，是因为社联与左联不同，当时盟内已无知名的社会科学家。《新纲领》的内容，只能表明当时文总党团的意图，这个意图还未来得及执行，救亡运动已突然大规模发起。在此情况下，文总党团决定文总和所联系的各盟都自行解散，并争取与上海地下党各系统组织(即共青团、全总、武装自卫会三家)联合成立党的统一领导机构。这是势所必然。现在看来，前一决定失之仓促(左联解散未与主要人物鲁迅、茅盾商妥)，后一努力失之空想(其他组织不会认同，以后党中央来人也不认同)，但当

〔1〕 发表《新纲领》时妇联用的是“中国妇女运动大同盟”的名义。

〔2〕 社联的名称由“中国社会科学家联盟”改变为“中国社会科学者联盟”。

时别无更好的选择。总之,《新纲领》有其意义,代表一种新思路,但并未实施,故不宜过分重视。

文总成立的时间,紧急通告的说法可作为一种依据,还不能作为最可靠的证据[1],因通告起草者以及文委当时负责人周扬却并非文总发起者或第一任工作参加者。一九三五年文总党团与文委确实不是一套班子,但不能由此推论过去。

先此答复,下次到上海当谋面晤,当年的小孔对我是很熟悉和亲切的。

胡乔木

四月九日

[1] 刊载在《文报》第11期上的《关于发表新纲领的紧急通告》开头说文总"开始工作以来,已有四年的时日",孔海珠据此推算,认为:"文总"成立在1931年10月左右,而不是1930年或1932年。

读《叛徒与隐士:周作人》*

（一九九一年三月八日）

墨炎同志:

你去年秋天送给我的关于周作人的书,我最近才粗粗看完了,谢谢你的好意。现在略为说几句读后感。

你用了很大的苦功写成的书是值得看的。你搜集的资料很丰富,我看后知道了许多过去不知道或不清楚知道的事。你也尽力做到有好说好,有坏说坏。你的努力没有白费。

我想说的一点意见是,你用的书名我觉得不很切当。周氏的一生似不宜用叛徒与隐士来概括,那只是他早期的自许。他后来的行事表明他只是民族的叛徒,也说不上是什么“隐士”。这个书名未免有些把他理想化了。第十五节的题目和内容对不上号。第一百节所说,恐是当时特殊条件下的特殊反应,后来他的言行并没有表现出思想的重大变化。

---

* 本篇是读倪墨炎赠书《叛徒与隐士:周作人》后致作者的信。倪墨炎(1933～　):浙江绍兴人,现代文学研究者,编辑。当时在上海市出版局工作。《叛徒与隐士:周作人》于1990年7月由上海文艺出版社出版。

223页说斯威夫特的两篇作品[1]“是说理文，但它却富于知识而且写得很生动”，大误。那两篇都是讽刺文，《育婴刍议》尤为沉痛辛辣尖锐。我想你写时恐未再看这两篇作品，否则当不至于把反话当作正话，况且译者加了不短的后记和前记。

后记中关于回忆录的一段话如果单独写一段杂文是可以的，说得太过份，放在后记里很觉枝蔓。

以上的意见未必中肯，写出来供你参考吧。不必为此表示特别感谢。

我看时感到关注的是周氏的三种未出版的译书。[2]你既然比较了解情况，加上你在出版局工作，能否探听一下这些译稿的下落，有关出版社有何打算，上海的出版社能否承担某一二种书的赔钱的出版？显然，这些书稿不应一辈子埋没掉。这事我因精力差不想直接过问了。

祝好

胡乔木

三月八日，九一年

十八日发

〔1〕斯威夫特(Jonathan Swift，1667～1745)：英国作家。他的《育婴刍议》和《俾仆须知》两篇作品收在周作人译的《冥土旅行》一书中。

〔2〕指日本的《浮世理发馆》、《枕之草纸》(即《枕草子》)和希腊的《卢奇安对话集》。倪墨炎接信后即与人民文学出版社有关编辑联系，不久即由该社出版。

诗集《人比月光更美丽》后记*

一、初版后记

（一九八七年七月十六日）

过去若干年内写过一些新诗和旧体诗词。这些东西艺术水平都不高，只是由于人民文学出版社同志（最早的是韦君宜同志）多年来屡次要求结集出版，我也就同意了，并且趁此作了一些删改。

我学写新诗的时间虽已不短，但成绩欠佳。有些旧作自觉过于肤浅，另有一些一时难于寻觅，因而集中第一首便是一九四六年在延安《解放日报》副刊上发表的一首诗的后半截，而且用了这半截的末一句作书名。后来再写，却已是一九八一年到一九八五年了。这中间某几首曾先后受到卞之琳、艾青、萧三、曹辛之（杭约赫）、冯至等老诗人和几位评论家、选家、译家、作曲家以及一部分读者的注意（这里需要提一下北京朝阳区工读学校和上海黄浦区第二工读学校的师生，他们对《金子》一诗反应强烈），使我很是感

* 此篇包括作者的诗集《人比月光更美丽》的“初版后记”和“再版后记”。“初版后记”写于1987年7月16日，8月30日改定。初版于1988年4月由人民文学出版社出版。“再版后记”审阅于作者逝世前三天的1992年9月25日。再版于1993年7月。

谢。在形式上,集中除一首自由体和一首十四行体以外,其余都试图运用和提倡一种简易的新格律,其要点是以汉语口语的每两三个字自然地形成一顿,以若干顿为一行,每节按各行顿数的同异形成不同的节奏,加上适当的韵式,形成全诗的格律。这种努力由来已久,我的试验也只是对前人的探索稍有损益,希望便于运用而已。异曲同工的作者也不少,总还不成气候。当今的诗坛出现了某些迥然不同的主导的诗风(不幸这里有时夹杂着脱离读者,甚至玷污诗歌本身的东西),而我仍然抱残守缺,不能邯郸学步。我认为,诗的这样那样的形式毕竟是次要的。冯至同志最近来信说:"我认为,新诗不仅要建立新的美学,还要有助于新的伦理学的形成。"这当然也是我的格言。聊足自慰的是,无论写得成功与否(其中我自己也看出有一些落套的或过事雕饰的东西,和一些明显的败笔),动笔时确是出于一种不能自已的公民激情,愈不"入时"也愈觉自珍。这也是我终于同意出版的原因。最近两年多忽然沉默了,不过我还不甘心就拿这一点微不足道的东西向诗坛告别。

试写旧体诗词,坦白地说,是由于一时的风尚。我自知在这方面的才能比写新诗的更差。一九六四年十月至六五年六月间写的一组词(《词十六首》)和一组诗词(《诗词二十六首》,今删去其中二首),都是在毛泽东同志的鼓励和支持下写出来,经过他再三悉心修改以后发表的。我对毛泽东同志的感激,难以言表。经他改过的句子和单词,确实像铁被点化成了金,但是整篇仍然显出自己在诗艺上的幼稚(毛泽东同志曾指出《诗词二十六首》比《词十六首》"略有逊色",这是很对的,所恨的是后来也没有什么长进)。只是因为带着鲜明的政治印记,当时曾先后受到郭沫若、陈毅等前辈的奖誉,还承周振甫先生两番诠释,王季思教授对《词十六首》作了讲评。谨在此一并志谢。

毛泽东同志对我的习作终日把玩推敲,当时因京杭遥隔,我并不知道也没有想象到他会如此偏爱。不料在一九六六年七月底中央文革小组一次会议上,这竟成为我的重要罪状之一。江青说:“你的诗词主席费的心血太多,简直是主席的再创作。以后不许再送诗词给主席,干扰他的工作。”这一则荒唐时代的小史料,不可不记下以昭示后人。

在这以后,我只写过两次七律。《怀念》曾经多位友好指点。《有所思》曾经钱钟书同志厘正,但他不能对后来的定稿负责,我自己也不能满意。迫于时间,只好将就发表。再作修改,请俟异日。

下面把毛泽东同志所作的修改在这里依次对照说明一下,算是纪念性的附注,读者是可以不看的。为免混淆,一般都在谓语前面加“经”字。其中也注明了先经郭沫若、赵朴初两同志对《词十六首》修改过的部分;郭沫若同志对《诗词二十六首》也曾仔细修改,惜修改稿再三寻觅无着,所以这里无法征引。

《六州歌头》:副题原作“一九六四年国庆”,经删去“一九六四年”。“回首几千冬”,“回首”原作“沉睡”,经郭指出:“中国社会的发展,并不是几千年间都是在‘沉睡’中过来的。”“挺神功”一句原缺,经郭指出漏一三字句,补上。“画图宏”,“画”原作“彩”;“旭日方东”,“旭”原作“如”,均依郭改。

《水调歌头》:末两句原作“万里千斤担,不用一愁眉”,经改为“万里风云会,只用一戎衣”。

《贺新郎》:“镜里芳春男共女”,“共”原作“和”,依郭改。

《沁园春》:“桂国飘香”,“飘”原作“飞”,依郭改;“长埋碧血”,

"碧"原作"泪";"初试锋芒","初"原作"小";"西子羞污半面妆","羞"原作"犹",经改;"有射潮人健",原稿缺首字,依郭补;末三句原作"天与我,吼风奇剑,扫汝生光",郭指出"吼"前缺字,"扫汝生光"一句两读,太生硬,经改为,"谁共我,舞倚天长剑,扫此荒唐!"

《菩萨蛮》五首:副题原作"中国原子弹爆炸",经改为"一九六四年十月十六日原子弹爆炸";"英雄毕竟能偷火","清浊分千里",原作"英雄不信能偷火","清浊何时已",各依赵、郭改。

其二:"情景异今宵,天风挟海潮",原作"风景异今宵,长歌意气豪",经改。

其三:"英雄不识艰难字",前四字原作"此生不晓";"佳气盈天地",原作"天地盈佳气",均经改。"前峰喜更高","峰"原作"山",依赵改。

其五:"长缨人卅亿","卅"原作"卄";"魔倒凯歌高,长天风也号",原作"魔尽凯歌休,濯缨万里流",均经改。

《水龙吟七首》:"星星火种东传,燎原此日光霄壤",原作"当年火种东传,何期此日光霄壤",经改;"几度星霜","星"原作"冰",依郭改;"喜当年赤县,同袍成阵",原作"喜绿荫千里,从前赤地";"生机旺","旺"原作"壮";"北辰俯仰","俯"原作"同",均经改。

其二:"八方风雨","风"原作"晴";"要同舟击楫","要"原作"但",均经改。

其三:"目醉琼楼,神驰玉宇",原作"目醉千珠,魂惊九死",经改。"良苗望溉","溉"原作"饮",依赵改。

其四:"忽火飞梁坠","坠"原作"队;"万年粪秽","万"原作"百",均经改。

其五:"相煎如虏","虏"原作"釜";"膏肓病重,新汤旧药,怎堪多煮?”原作“新汤旧药,无多滋味,怎堪久煮”,均经改。

其六:“万旗云涌”原作“万方旗涌”,经改。

其七:“膏牙爪”,“膏”原作“诛”;“动河山”原作“动山河”;“妖氛初扫”,“初”原作“直”;“乘摇空雪浪,漫天雹雨”,原作“乘摇空浪猛,前冲后涌”,均经改。

《六州歌头(一九六五年新年)》其二:“方针讲”,原作“南针仰”;“兔死狐伤”,“伤”原作“藏”;“万国换新装”,原作“万国舞霓裳”,均经改。

《梅花引(夺印)》:“不插红旗定是不回还”,“插”原作“竖”,经改。

《江城子》:“为保金瓯颠不破,鞋踏烂”,原作“为保金瓯风景美,鞋踏破”,经改。

其二:“练兵塞上好风光”,“好”原作“美”;“猎猎军旗天际看飞扬”,原作“猎猎军旗意气共飞扬”;“多少英姿年少事戎行”,“事”原作“尽”;“胜家乡”原作“胜天堂”,以上几处均经改。对此处的“天堂”和《六州歌头》的“霓裳”,经加注:“要造新词,天堂、霓裳之类,不可常用。”

《念奴娇(重读雷锋日记)》其四:“细观摩满纸云蒸霞蔚”,后四字原作“珠光宝气”;“时代洪流翻巨浪”,“翻”原作“腾”,均经改。

《采桑子(反“愁”)》其二:“怎见人间足壮观”,“足”原作“多”,经改。

《生查子(家书)》其二:“毒菌争传种”,“争”原作“纷”;“百炼化为钢,只有投群众”,原作“铁要炼成钢,烈火投群众”,均经改。

其三:“如此嫩和娇,何足名花数”,原作“不耐雨和风,纵美何堪数”,经改。

其四:“常与波涛伍”,“常”原作“敢”,经改。

《七律(七一抒情)》:“旌旗猎猎春风暖”,“暖”原作“盛”。

其二:“滚滚江流万里长”,原作“滚滚长江万里长”,经改。

其三:“勇士乘风薄太空”,“风”原作“槎”。

其四:“六洲环顾满疮痍”,“满”原作“尚”;“休向英雄夸核弹”,“英雄”原作“健儿”;“欣荣试看比基尼”,原作“欣欣犹是比基尼”,均经改。

毛泽东同志还有许多重要的批语,词长不录。

胡乔木

记于一九八七年七月十六日

改于八月三十日

二、再版后记[1]

(一九九二年九月二十五日)

收入《人比月光更美丽》诗集第一辑最后一首《桃花》是一九八五年初写成的,以后我没有能写出多少新作,但在出版社的同志们的热心支持下还是再版了这本集子。这次再版除收进三首新诗和补齐一首旧作以外,我对诗集本身和出版后的一些情况,也觉得有需要作一些说明。

[1] 《再版后记》是秘书根据作者的意见代拟的,经本人看过,但因病重未能亲自修改定稿,委托钱钟书审定。

第一首《人比月光更美丽》在初版时只收入了全诗的后半部分，这次再版将前半部分也收进来了，仍标原来的题目。在第一辑末添进了一九八九年十月写的《天安门》。

第二辑添进了两首和改动了两处。添进的两首是一九八九年初所写《乐山大佛歌》和最近在病榻上写的《赠谷羽》。两处改动是将《有所思》题改为《有思》，这是酌采了钱钟书同志对原题《所思》易为《有思》或《有所思》的意见；另一处是将《怀念》一首中的“文武一身怀万国，股肱长恨死群奸”，改回初稿时的“文武一身能有几，股肱到老古来难。”此外一如其旧。

这次再版增添了附录。《附录一》是毛泽东同志修改《词十六首》引言时写给《人民文学》和《人民日报》的信。《附录二》是毛泽东同志审改《沁园春·杭州感事》词时写的旁注。《附录三》是毛泽东同志为发表《诗词二十六首》写的信。《附录四》是毛泽东同志审改《六州歌头》词时写的旁注。这些材料都是根据中央档案馆提供的原件复制件排印的，现在公布这几段文字，完全是为了纪念和缅怀毛泽东同志在我学习写作诗词过程中给予的热情指导、鼓励和爱护，以及我衷心铭记的感激之情。

罗念生同志是大众知道的一位翻译古希腊悲剧的名家（在他晚年还计划全部译注《荷马史诗》，还未完成此项工程他就离开了我们），很少人知道他还是一位早年颇有成就的诗人，曾努力研求过新诗的形式问题。在我赠送他《人比月光更美丽》以后，他很快来信谈了他的看法和附送《格律诗谈》一文。我认为他那信里的话不完全是客套，而多少表明我在写作新诗时的某些尝试和他的趣向是不谋而合的。我附录了他的信，聊以寄托我对这位老诗人和老同志的怀念。

钱钟书同志是我亲敬的学长和朋友。我们之间有关诗的通信是不少的，这里仅附录有代表意义的两件。一件是他收到《人比月光更美丽》的诗集后写来的信，从这封信里可以看出他对这本集子看得是很仔细的，指出了哪几首和哪几首中的哪几段写得较好。另一件是他最近对《赠谷羽》一诗的修改，看了他几乎是对每句都有仔细修改的旁注，我是很感动的，所以照原来格式源源本本的附录排印了。

胡乔木

一九九二年九月二十五日

胡乔木同志去世后，根据家属的意见，将作者一九三九年写的《安吴青训班班歌》、《青年颂》，一九四〇年写的《延安泽东青年干部学校校歌》、《青春曲》，和他今年病重期间写的《扬州中学校歌》五首歌词，也收入再版的诗集。但不按时间先后排列，放在第一辑最后，以区别作者生前确定的再版所要增加的篇目。

编者注

一九九二年十月十日

编 后 记

《胡乔木谈文学艺术》收文七十一篇，自一九三〇年四月胡乔木在中学时代写的文艺论文《近代文艺观测》始，至一九九二年九月二十五日他逝世前三天阅定的《〈人比月光更美丽〉再版后记》终。其中二十三篇选自胡乔木亲自编定的《胡乔木文集》；四十八篇从胡乔木的有关文学艺术的文章、讲话、谈话以及书信中选收，包括文章信篇（有一篇没有公开发表过），讲话、谈话十四篇（有十二篇没有公开发表过），书信二十六篇三十七封（有十五篇二十二封没有公开发表过）。编者对全书每篇文稿作了校订，做了题解和注释；对没有标题的讲话、谈话以及书信加了标题；对部分讲话、谈话作了文字整理。

《胡乔木谈文学艺术》这部专题文集，相当充分地记录了胡乔木一生对文学艺术的热爱，对文艺工作者的关心和爱护，对中国左翼文艺运动和社会主义文艺事业的关注和贡献。这部书的主要篇幅，展现了十一届三中全会以后，胡乔木既坚持解放思想、改革开放，又坚持四项基本原则、反对资产阶级自由化，不屈不挠地高举社会主义文艺的旗帜，为发展和繁荣社会主义文艺，为推进社会主义精神文明建设，所进行的坚持不懈的卓有成效的努力。胡乔木所作的这一切，也是中国共产党重视文艺，关注文艺事业，信任和爱护文艺家的生动体现，从一个侧面勾画出了从三十年代中期到九十年代初中国共产党领导文化战线斗争和建设社会主义文化的历程。

这部专题文集包含了胡乔木六十年间对古今中外文艺发展历史的批评，对众多古今中外文艺家、文艺作品（特别是当代中国文艺家和他们的作品）、风格流派的评论，具有较高的学术价值。他对中国诗歌内容与形式的论述（包括对毛泽东诗词的解释），对中国左翼文艺运动历史的总结和对三十年代作家作品的评论，具有精辟独到的见解。胡乔木的美学理想、文艺观点，以及思想方法和研究方法，对坚持"二为"方向和"双百"方针，对文艺理论、文艺批评和文学史研究，都会产生深远的积极的影响。

本书部分文稿选自中共中央宣传部、中央档案馆、中国社会科学院、新华社提供的档案、资料。

本书编辑工作中不妥、失当之处在所难免，敬请读者批评指正。

编　者

1998年10月28日

责任编辑:戴联斌
装帧设计:尹凤阁
版式设计:朱启环
责任校对:罗世缙

图书在版编目(CIP)数据

胡乔木谈文学艺术/《胡乔木传》编写组编 .
-北京:人民出版社,1999.9
(乔木文丛)
ISBN 7-01-002652-1

Ⅰ.胡…
Ⅱ.胡…
Ⅲ.文艺学-研究
Ⅳ.I0

乔木文丛
胡乔木谈文学艺术
HU QIAOMU TAN WENXUE YISHU
《胡乔木传》编写组编
人民出版社 出版发行
(100706 北京朝阳门内大街166号)

北京电子外文印刷厂印刷 新华书店经销

1999年9月第1版 1999年9月北京第1次印刷
开本:850毫米×1168毫米 1/32 印张:12 插页:2
字数:221千 印数:0,001-5,000册

ISBN 7-01-002652-1/Z·102 定价:30.00元